U0940563

多层次精准化城市养老服务体系研究

曹煜玲　著

中国财经出版传媒集团
经济科学出版社
Economic Science Press

图书在版编目（CIP）数据

多层次精准化城市养老服务体系研究/曹煜玲著．—北京：经济科学出版社，2018.11

ISBN 978-7-5141-9946-8

Ⅰ.①多…　Ⅱ.①曹…　Ⅲ.①城市-养老-社会服务-研究-中国　Ⅳ.①D669.6

中国版本图书馆CIP数据核字（2018）第265020号

责任编辑：张若丹
责任校对：王苗苗
责任印制：邱　天

多层次精准化城市养老服务体系研究
曹煜玲　著
经济科学出版社出版、发行　新华书店经销
社址：北京市海淀区阜成路甲28号　邮编：100142
总编部电话：010-88191217　发行部电话：010-88191522
网址：www.esp.com.cn
电子邮件：esp@esp.com.cn
天猫网店：经济科学出版社旗舰店
网址：http://jjkxcbs.tmall.com
北京财经印刷厂印装
710×1000　16开　14.5印张　字数260 000
2018年12月第1版　2018年12月第1次印刷
ISBN 978-7-5141-9946-8　　定价：52.00元
（图书出现印装问题，本社负责调换。电话：010-88191502）
（版权所有　翻印必究　举报电话：010-88191586
电子邮箱：dbts@esp.com.cn）

Preface

前　言

中国的人口老龄化问题已经成为一个重大的社会问题。联合国预测的数据显示，到2035年，中国老年人口数量将超过3.4亿人，占总人口的28.5%，大约每四个人中就有一个老年人；到2050年，中国老年人口数量将超过4.4亿人，占总人口的35.1%，大约每三个人中就有一个老年人。庞大的老年人口规模、“未富先老”的基本国情以及快速的人口老龄化和高龄化的发展趋势，不同程度地放大了人口老龄化对经济、社会和文化发展的影响。“空巢”老年人、“失能”老年人等特殊群体的存在表明，人口老龄化不仅是一个老年人口规模和比例上升的问题，而且是一个复杂多面的问题。

习近平同志指出，应对中国的人口老龄化，事关国家发展全局，事关亿万百姓福祉，要立足当前、着眼长远，加强顶层设计，完善生育、就业、养老等重大政策和制度，做到及早应对、科学应对、综合应对。目前，中国政府已将应对人口老龄化作为国家的一项长期战略任务，作出了“构建养老、孝老、敬老政策体系和社会环境，推进医养结合，加快老龄事业和产业发展”的重要战略部署，把妥善解决人口老龄化带来的复杂多样的社会问题上升到了“事关国家发展全局、事关百姓福祉”的战略高度。为积极应对人口老龄化，中国政府已经建立了世界上最大的社会保障安全网，在减少和降低人口老龄化对社会经济发展影响的同时，使得所有老年人能够老有所养、老有所依。

城市是国家或一定区域的政治、经济、文化中心，是政治文明、物质文明、精神文明、生态文明建设和发展的主要载体，是现代产业和人口的聚集之地，是人类文明和社会进步的重要标志。随着中国新型城镇化的发展，将会有越来越多的人口在城市中生活，从而使城市养老服务面临着新的挑战和新的发展机遇。

城市养老服务研究涉及多学科的知识，是一项复杂的多网格的系统工程。在多年的教学和研究工作中，笔者一直关注着城市养老服务这个现实而重要的问题，并进行了持续的调查研究。伴随着城市经济社会的发展，中国已经构建了相对完善的城市养老服务体系。然而，城市养老服务体系建设和发展的现实使我深刻地认识到，中国城市养老服务体系建设仍然存在着“短缺”问题，这种短缺可以归纳为内部“短缺”与外部“短缺”。城市养老服务体系的内部“短缺”主要是养老服务的结构性失衡、专业服务人员的短缺、养老服务投入的短缺等；外部“短缺”主要是政策法规的短缺、民间服务环境的缺失、服务监管体系与评估机制的弱化等。城市养老服务体系中“短缺”问题的解决，不能仅仅靠增加经济投入，政府必须制订完善的战略规划，探讨既能够适应社会经济发展水平，又能够满足老年人口个性化多层次需要的社会化养老服务模式。由此，一个直接的命题摆在了我们面前：如何构建多层次精准化的城市养老服务体系，满足城市居民日益增长的城市养老服务的多样化需求。为了能够找到解决问题的突破口，笔者和科研团队成员开展了多层面、多视角、多路径的研究，深入不同类型的城市区域进行实地调研和座谈交流，在充分感受城市养老服务革新发展带来的新景象的同时，试图发现城市养老服务体系建设和发展中存在的关键问题，并寻找破解问题之道。在系列性的研究过程中，得到了多项国家级和省部级研究课题的资助，为深入研究城市养老服务体系建设和发展问题提供了珍贵的条件和机会。

如今，呈现给读者的这个研究成果从八个方面对城市养老服务以及城市养老服务体系建设发展问题进行系统的梳理和分析，基于城市养老服务体系研究的学术取向，着力研究了老年人对城市养老服务的现实需求和未来不同时段的需求，分析了在现实和未来的经济社会发展背景下如何满足老年人的养老服务需求；论述了政府、社会、家庭在养老服务体系以及养老服务业发展中应分别扮演什么角色，如何协调与合作，应制定哪些具体而有效的扶持政策来应对养老服务模式的转变，确保中国城市养老服务的快速健康发展。据此提出了以下几个观点：（1）城市居民的养老服务需求与其社会属性紧密相关，由于受到多种因素的影响，不同阶层的人对养老服务方式的认同度出现较大的差距。依托社区开展养老服务的形式和内容在日益多样化，居家养老服务将发挥更加重要的作用。然而，由于受多种因素的影响，目前机构养老服务方式还没有被城市居民所普遍接受。因此，政府、企业和社会在提供多元化、多层次的养老服务时，要充分考虑不同群体的养老服务需求意愿，在充分考虑居民的年龄、职业、受教育程度、经济状况等多种因素的基础上，不断构建和完善分层次、多元化、精准化的城市养老服务体系。(2) 针对老年人的照护服务社会化的推进、服务质量的提高、服务体系的完善离不开人才队伍的建设。老年人的需求是全方位的，而且老年人对照护服务的需求在不断变化的同时，正在迈向更高的层次（例如金融理财、文化娱乐、法律援助与心理辅导等），老年人日益追求高品质的生活，注重精神生活的满足。这就要求老年照护服务人员的职业素质、道德素质、文化素质等都应当相应地不断提升。完善的人才队伍是提高老年人照护服务水平的基础。通过专业性的职业技能培训来提高老年照护服务人员的专业技能，提升老年照护服务人员的整体水平和素质；通过制度建设引入志愿者服务扩充老年照护服务队伍，提升老年照护服务人员数量。(3) 在众多影响中国城市养老服务发展的因素中，公共政策对养老服务的发展显得尤为重要，因为公共政策能够在养老服务发展的各个方面产生效应，包括财政政策、税收优惠政策、人才培养政策、补贴支持政策等。由此可见，政策因素贯穿于整个城市养老服务的始终，从养老服务的发展到监督都离不开公共政策的引导与扶持。(4) 通过政府购买服务的方式来缓解养老服务发展中面临的一系列困境，对于政府而言一方面可以提高执政效能，另一方面也可以节省公共财政支出，更能够促进向服务型政府的转变。目前，中国许多城市在实施政府购买养老服务政策过程中已经初见成效，在一定程度上缓解了养老服务所面临的各种难题。政府购买养老服务的政策实践，在一定程度上推动了政府职能的转变，缓解了养老服务的压力，在一定程度上也解决了一部分人就业难的问题。

因此，构建多层次精准化城市养老服务是不断满足中国城市老年人口多层次、多元化养老服务的需要，是不断提升城市养老服务发展水平、促进共享发展成果的客观需要，是构建和完善多层次养老服务体系必不可少的组成部分，对于加快建立适应中国人口老龄化的城市养老服务体系具有重要的作用。多层次精准化城市养老服务是从系统和动态的视角重新思考和应对中国城市人口老龄化的战略布局，有助于积极稳妥地推进适合中国国情的城市养老服务的发展与改革。

Contents

目　录

第 1 章

人口老龄化与城市养老服务

随着世界人口老龄化趋势的不断加剧，人口老龄化现象已成为全球性的社会问题和重大的战略问题。21 世纪是世界全面进入人口老龄化的世纪，养老问题已经成为各个国家关注的焦点。世界卫生组织总干事陈冯富珍博士说："今天大多数人，哪怕生活在最贫穷的国家，寿命都比过去长，但这还不够。我们还要保证在延长的寿命里人们活得健康、有意义、有尊严。朝着这个目标努力，不仅会让老年人过得更好，还会促进整个社会的良性发展。"

1.1　世界范围的人口老龄化

1.1.1　人口老龄化的发展态势

根据 1956 年联合国《人口老龄化及其社会经济后果》确定的划分标准，当一个国家或地区 65 岁及以上老年人口数量占总人口比例超过 7% 时，则意味着这个国家或地区进入老龄化。1982 年维也纳老龄问题世界大会确定 60 岁及以上老年人口占总人口比例超过 10%，意味着这个国家或地区进入老龄化。如果按照这样一个标准来衡量，人口老龄化在 20 世纪中叶以前还仅限于欧洲各国。法国于 1870 年率先进入人口老龄化社会，1902 年瑞典人口年龄结构也过渡到老年型，英国和德国则在 1925 年达到老年型社会标准。20 世纪四五十年代，发达国家的人口老龄化达到高峰。进入 20 世纪 70 年代，出现了全球范围的银发浪潮。2000 年，发展中国家的老年人口数量超过了世界老年人口的 60%。迅速发展的人口老龄化，引起了联合国及世界各国政府的重视和关注。

20世纪70年代以后，人口老龄化逐渐向亚洲和美洲地区扩散，目前已经成为全球现象。进入21世纪以来，世界范围内的人口老龄化速度进一步加快。

2015年，在世界老龄工作领域有着重要影响的国际性非政府组织——国际助老会发布的《2015全球老龄事业观察指数》指出，全球60岁及以上人口约9.01亿人，占世界总人口的12.3%；到2030年这一比例将达到16.5%。从世界范围来看，60岁以上的人口数已超过5岁以下儿童的人口数，2050年，60岁以上的人口数将超过15岁以下的人口数。联合国发布的《世界人口展望》2017年修订版报告对未来世界人口发展趋势进行了分析和展望。从世界范围来看，人口预期寿命从2000年至2005年间的男性65岁、女性69岁，上升到了2010~2015年的男性69岁和女性73岁。如果以2017年为基础，全球60岁及以上人口为9.62亿人，到2050年这一年龄段的人口数量将是现在的2倍多，达到了21亿人，2100年则是现在的3倍多，将达到31亿人。

联合国人口署对世界主要国家60岁以上人口占总人口的百分比进行了统计和预测，公布了2014年、2030年、2050年的统计预测结果，其中在三个不同年份位居人口老龄化程度前十位的国家分别是：2014年日本32.8%、德国27.5%、意大利27.4%、芬兰26.8%、保加利亚26.6%、希腊26%、瑞典25.6%、克罗地亚25.6%、葡萄牙25.1%、法国24.5%；2030年日本37.5%、德国36.4%、意大利34.6%、葡萄牙32.6%、希腊32.4%、荷兰31.7%、斯洛文尼亚31.7%、西班牙31.6%、奥地利31.5%、克罗地亚31.2%；2050年日本42.7%、韩国41.1%、葡萄牙40.8%、西班牙40.2%、德国39.6%、希腊37.9%、泰国37.5%、斯洛文尼亚37.1%、马耳他36.8%。从上述数据可以看到，2014年人口老龄化最严重的国家和地区是日本和欧洲，到了2050年亚洲部分国家人口老龄化程度迅速增加，而日本则在未来的几十年中人口老龄化程度都会高于其他国家。

相关学者的研究表明，在全球范围内老年人口每年以2%的速度增长，比整个人口的增长速度快很多。60岁以上人口的年增长率在2025~2030年将达到2.8%。与此同时，老年人口的数量和比例在不同区域有显著的差异。在较发达的国家，2000年有将近1/5的人口年龄在60岁以上；预计到2050年这一比例将达到1/3。在欠发达国家目前仅有8%的人口超过60岁；然而，到了2050年这些国家的老年人口将占到总人口的20%。老年人口本身也在不断老龄化，世界上增长最快的是80岁及以上年龄组，目前在以每年3.8%的速度增长，占老年人总数的1/10以上；到21世纪中叶将会有1/5的老年人年龄是80岁及以上。美国人口调查局公布的一份报告显示，2020年之前，年龄在65

岁以上的人口将开始超过年龄在 5 岁以下的儿童；此后，65 岁以上人口所占比重将继续上升，而 5 岁以下年龄人口所占比重将会继续下降；到 2050 年，65 岁以上人口将占全球人口的 15.6%，超过 5 岁以下人口比例的 2 倍。2050 年，欧洲依然是人口老龄化最严重的地区，那时有 25% 的欧洲人年龄超过 65 岁，尽管其人口老龄化步伐将会有所放慢。中国和印度 65 岁以上人口所占比重虽然没有欧洲国家或日本那么严重，但是由于人口总数庞大，意味着生活在中国和印度的老年人数量将大大超过生活在其他国家的老年人数量。

生育率的下降及平均寿命的延长是人口老龄化的主要原因。人口老龄化已成为当今世界一个突出的社会问题，引起了国际社会对人口老龄化问题的高度重视，1990 年 12 月 14 日，联合国大会通过决议，决定从 1991 年开始每年的 10 月 1 日为“国际老年人日”。联合国人口报告显示，在老龄人口比例没有显著差异的情况下，人口大国即成为老龄人口大国，因此，中国、印度、美国也将是老龄人口最多的国家。在未来的 30 年内，世界上 3/4 的老年人将生活在发展中国家。此外，不管城市化的步伐有多快，发展中国家的绝大多数老年人仍将生活在农村。

值得注意的是，目前全球的移民数量在稳步上升，显现出从欠发达地区向发达地区的单向流动性和移民人群年轻化的特征。由于移民因素的存在使得发达国家和地区的人口老龄化趋势得到了一定的缓解。

1.1.2 人口老龄化的应对策略

人口老龄化对人类社会生活的各个方面都产生了深刻的影响。在经济领域，人口老龄化影响着经济增长、储蓄、消费与投资、劳动力市场、税收以及代际资源配置。在社会领域，人口老龄化影响着医疗保健、家庭结构、生活方式、住房与人口流动等。面对日趋严重的人口老龄化问题，国际组织和世界上的许多国家都采取了一系列措施应对人口老龄化问题。

早在 20 世纪 80 年代，联合国就开始致力于探索如何解决人口老龄化问题。1982 年联合国在维也纳召开第一次老龄问题世界大会，通过了包括 62 项建议在内的《老龄问题国际行动计划》。1991 年联合国大会通过了《联合国老年人原则》，确立了关于老年人地位五个方面的普遍性标准：独立、参与、照顾、自我充实和尊严。2002 年联合国在马德里召开第二次老龄问题世界大会，总结维也纳会议之后各国在老龄问题上的行动进展，通过了《老龄化马德里政治宣言》和《老龄问题国际行动计划》，积极老龄化理念被纳入各国的社会发展框架。2002年9月，联合国在中国上海召开了第二届世界老龄大会亚太地区后续行动会议，来自亚太20个国家和地区的政府官员、非政府组织、联合国有关机构、国际老龄组织的代表以及国内外老龄问题专家出席会议。会议围绕“老龄化与发展”“老年期的健康”“老龄支持性环境建设”等主题展开研讨，在此基础上确定了今后实施国际老龄行动计划的地区战略，称为《上海实施战略》。上海实施战略就国家和区域一级行动确定了行动要点，以进一步扩大老龄问题研究的区域合作，推动各国政府和组织对解决老龄问题做出积极的响应。

日本是亚洲较早进入人口老龄化社会的国家之一。20世纪50年代，日本政府和社会就意识到了日本的人口老龄化问题以及将对日本社会经济发展产生的严重影响。在20世纪50年代末，日本加快了对人口老龄化问题的研究和相关法律规章的制定工作。经过数十年的研究，先后制定并颁布了多项涉及人口老龄化问题的法律和规章。例如，日本政府制定并实施的《国民年金法》《老年人福利法》《老年人保健法》等，这些法律法规对日本国民福利保障体系的建立、老年人服务机构的设置、养老服务硬件条件建设、技术标准、权利和义务、居家养老、居宅看护等创造了条件，提供了规范。这些规章成为养老、敬老、助老和保证老年人合法权利的法律基础，也成为日本解决人口老龄化问题、养老、敬老、助老的法律依据。日本总理府设有“老龄问题研究室”，厚生省设有“老人对策室”，都、道、府、县、町、乡设有“福利事务所”，主管老年人的福利事宜。各级政府把老龄工作列入政府工作计划，不定期地邀请专家学者参加“老龄政策和老年工作研究会”。日本是经济高度发达的国家，同时也是世界第一长寿国，日本的养老服务体系非常完善。日本的社区老年服务是以国家立法为基础的，并且相关的法律法规不断完善。此外，日本的社区老年服务体现了东方文化注重家庭的功能。可以说，日本在养老服务方面的一系列做法是最值得我国借鉴的。

20世纪60年代，新加坡65岁以上的老年人占新加坡总人口的9%，并且以很快的速度在增加，人口老龄化问题引起了新加坡政府的高度重视。为了应对人口老龄化所带来的一系列社会问题和经济问题，新加坡政府通过制定出台法律规章来确立国民和老龄人群的社会保障地位，使之具有制度上的合法性与稳定性。为此，新加坡政府先后制定并实施了养老、敬老、助老的政策和法规。20世纪90年代制定实施的《赡养父母法》以及与此相配套的《敬老保健计划》《三代同堂花红》等政策法规，为新加坡的养老服务提供了法律保障。

英国是世界上第一个工业化国家，也是较早进入人口老龄化社会的国家。

随着人口老龄化问题的日益加剧，英国面临着劳动力不足、养老金支付困难等一系列问题。在长期应对人口老龄化带来的问题后，英国积累了较为丰富的经验，采取了延迟退休、社区卫生服务养老、利用国际移民等措施，较好地应对了人口老龄化带来的各种社会经济问题。英国政府由卫生部、劳动保障部和社会服务部分工负责老年人的养老、医疗和服务工作。政府内阁设有“补充给付委员会”，下设区域分会和地方基层分会，负责申请、调查和发放老年救助金。政府通过老龄问题学术机构定期召开老龄学术研讨会，促进学术专家、政策制定者与实践者的交流与合作。英国政府还积极改革退休制度，主要举措是抑制提前退休和提高退休年龄；倡导积极老龄化，鼓励老年人的社会融入和自立；发挥外来移民在解决人口老龄化问题方面的积极作用；实施以促进就业为导向的社会政策。英国的养老模式在20世纪50年代为政府办福利院的“住院式”，自20世纪70年代以来，普遍实行了养老不离家的“社区照顾式”养老，费用由社区自筹、社会资助为主，政府视情况给予资助，这种模式大幅度减轻了政府的负担。

北欧国家人口老龄化形势较为严峻，为了有效应对人口老龄化的影响，近年来北欧国家采取了一系列举措：①改革养老护理照料体系。人口老龄化最突出的问题之一是老年人的护理和照料问题。在北欧的福利制度体系下，绝大部分所需资金来自中央拨款和地方政府税收，只有少部分来自老年人的个人缴费。以瑞典为例，2014年养老护理照料费用支出总额约为127亿美元，其中来自个人缴费仅占4%。与此相对应，北欧国家传统的养老护理照料机构大多数为公立机构。为了提高资金的使用效率，促使公立养老服务机构改进服务，近年来北欧国家实行了“养老券”制度，老年人可以持政府发放的服务代金券购买养老机构的服务，养老机构再凭代金券向政府领取资金。这一举措改变了政府预先向公立机构直接拨款导致其干好干坏一个样、没有竞争压力的局面，也为在养老服务行业引入私营机构参与竞争创造了条件。目前，在瑞典私营机构所提供的居家养老服务已经占到总量的1/4左右。②提供多样化的养老服务。除了传统的居家养老、日间照料、24小时看护等养老服务外，北欧国家积极探索和创新养老服务方式。例如，实施的预防性养老服务是除了提供传统的医疗保健之外，要求医生为老年就诊者设计有针对性的体育锻炼方案并跟踪评估实施效果；广泛推行老年人防摔倒宣传活动，并将日常的上门服务活动纳入市政服务体系，尽量降低老年人意外受伤的概率。与此同时，还积极推行监护居住服务。规划建设了以行动便利、安全易用为目的的老年住宅，配备无障碍设施和医疗监控、电子呼叫等设备，租住的老年人可以随时请求上门护理服务。在社区建立了互助养老中心，提供一定的资金帮助生活尚能自理的老年人共同生活、相互照料。③改革养老保险体系。为缓解政府主导的社会保障体系的压力，北欧国家积极鼓励和促进个人承担更多的养老责任，在确保国家养老金基础保障功能的同时，大力推动职业养老金发挥主导作用，鼓励个人自愿积累的养老金发挥补充作用。④积极鼓励民众推迟退休。北欧各国将延迟退休看作是应对人口老龄化问题的重要手段。为进一步保持社保缴费规模、降低支付压力，严格控制职工提前退休，取消了一系列原有的提前退休规定，并努力提高临近退休年龄职工的工作积极性。例如，挪威已经禁止仅仅依靠领取国家养老金者提前退休；芬兰则优化养老金计算规则，将63～67岁职工每年的养老金给付增长率调高到4.5%。⑤积极鼓励生育。北欧国家一直将提高生育率作为一项重要国策，其生育福利在全球居于前列。例如，瑞典规定新生儿父母可以享有16个月的带薪产假（双胞胎为22个月），休假时间由新生儿父母自行决定，政府每月为每个儿童发放1050瑞典克朗约合130美元的津贴，直至其年满16周岁。如果家庭有多个子女，则可以额外获得多子女补贴，金额从每月1500瑞典克朗津贴至每月4144瑞典克朗不等。

美国进入人口老龄化的时间较长，发展过程较为缓慢，客观上为美国社会应对人口老龄化问题提供了足够的时间。美国与其他西方国家的区别就在于实行的是投保资助型社会保障制度，即“受益人同时也是缴费人”，要享受社会保障权利必须先要缴费。1935年，美国国会通过了以养老保险为主要内容的《社会保障法案》。该法案实施之后经过多次修改与完善形成了比较完善的养老保障制度，包括养老保险制度、医疗保险与救助制度等。老年人在职时按月从本人工资中扣取一定数额的养老金，所在单位再配套一定的比例，虽然各州规定不尽一致，但都是为老年人构筑了社会保障安全网。

美国联邦政府和州政府为保证老年人安度晚年，提供了多样化的老年服务与照料，促进老年人身心健康。提供居家生活服务，养老服务机构会派出经过培训的护理人员到老年人家中帮助完成日常事务，协助老年人进行一些有益身心健康的活动。为减少生病老人的就医时间，节约医疗资源，推行了医疗高效诊治计划，完善后续医疗护理服务。通过建立康复中心或者上门治疗，为患慢性疾病的老年人提供治疗和关怀服务。住在康复中心的老年人在支付了所有资产和收入后，由政府提供医疗救助。同时，建立完善的老年人服务网络。美国政府在卫生与公众服务部设立了老龄局和九个区域性办公室，在各州设立了公共服务部负责养老服务工作，在州及以下政府组织设立了养老服务代理机构，在社区设立了养老服务中心，形成了覆盖全国的养老服务网络。各养老服务机构主要承担游说国会制定相关法规，完善老年人保护服务政策和制度，制定和监督实施老年人保护与服务的规划，筹集和划拨老年人服务经费，建立和完善老年人服务设施等。政府注重有效发挥非政府组织的作用，通过多种举措大力支持非政府组织参与提供老年人的照料与服务。在美国，多数老年服务中心是由政府支持的非政府组织承办。老年服务中心通过一部分政府拨款、社会捐助、申请基金会与科研经费支持以及向有支付能力的老年人收取房租和餐费等方式，为老年人提供上门送餐、清洁和代理服务、集中照料、医疗护理、精神与心理辅导、老年就业指导与培训等各方面的服务。

美国的养老制度历经改革与发展已经形成“三足鼎立”的格局：一是由政府主导、强制实施的社会养老保险制度，即联邦退休金制度。其资金来源是强制征收“社会保障税”，即强制企业在每月雇员工资中代扣代缴。二是由企业主导，企业雇主和雇员共同出资的企业补充养老保险制度，即企业年金计划。三是由个人自愿参加的个人储蓄养老保险制度，也称为“个人退休金计划”（IRA 计划）。这是一种联邦政府提供税收优惠、个人自愿参与的个人补充养老金计划。在美国，医疗费用大约占 GDP 的 18%，占联邦政府支出的 27%，其中 65 岁以上老年人的保险和救助保险两项就占到这笔巨额支出的 87%；此外，在占政府总支出 38% 的社会保障和社会福利项目中，也包含着老年福利，显示出政府为养老服务投入了巨额资金，老年人退休后的生活能够得到基本保障。美国人的养老方式主要有三种类型：低龄老年人与健康老年人乐于选择在家中安度晚年；有较强经济实力的老年人大多选择公寓型养老，享受养老公寓提供的保健、运动及娱乐设施等免费服务；高龄多病的老年人大多数在养老院生活。

从世界范围看，人口老龄化已经成为许多国家重大的社会经济问题，关系到经济发展、社会稳定以及人民的生活。重视对人口老龄化问题的研究，积极采取措施解决人口老龄化问题，已经成为许多国家的共识。积极应对人口老龄化，不仅是国家和社会的重要战略课题，而且是政府的重要责任和义不容辞的义务。纵观世界其他国家应对人口老龄化的重要举措，可以提炼出其中的一些主要特征：①在应对人口老龄化的过程中政府发挥着积极的不可替代的作用，政府通过发挥其应有的职能，通过多种路径建立了有助于养老服务发展的社会保障体系。②政府制定和颁布实施相关的法律制度，规范各种养老服务活动，努力提高社会化养老服务质量，在保障老年人合法权益的同时不断提升老年人的生活水平。③通过制订有针对性的养老服务计划，不断扩大养老服务的覆盖面，不理消除人口老龄化可能给社会带来的负面影响。④多举措加大对养老服务事业的资金支持，在不断加大公共财政资金投入的同时，改革养老服务资金的投融资体制。⑤随着经济社会的发展以及家庭结构的变化，养老服务方式日益呈现出多元化多层次的特点。

1.2 中国的人口老龄化

1.2.1 时间维度的人口老龄化

20世纪90年代以来，中国的老龄化进程加快。65岁及以上老年人口从1990年的6299万人增加到2000年的8811万人，占总人口的比例由5.57%上升为6.96%。截至2016年底，中国60岁及以上老年人口超过2.3亿人，占总人口的16.7%，65岁及以上老年人口超过1.5亿人，占总人口的10.8%，是世界上唯一老年人口超过2亿人的国家。“十三五”时期，中国60岁及以上老年人口平稳增长，2021~2030年增长速度将明显加快。预计到2040年，65岁及以上老年人口占总人口的比例将超过20%。同时，老年人口高龄化趋势日益明显，80岁及以上高龄老人正以每年5%的速度增加，到2040年将增加到7400多万人。到2050年，中国老年人口将达到4.8亿人，约占亚洲老年人口的2/5、全球老年人口的1/4，比现在美、英、德三个国家人口总和还要多。目前，中国人口已经进入老年型，性别间的死亡差异使女性老年人成为老年人口中的绝大多数。人口老龄化问题为中国社会经济发展和转型带来了新挑战。有专家测算，未来50年，中国是世界上人口老龄化形势最严峻的国家之一。在2070年之前，中国是世界上老年人口最多的国家，之后印度将成为世界上老年人口最多的国家。

在中国人口老龄化不断发展的同时，各省级行政区和各个城市的人口老龄化现象也都有着基本相同的变化趋势。这里再以辽宁省和沈阳市的人口老龄化变化情况说明其基本的变动态势。

辽宁省第六次人口普查数据显示，60岁及以上的老年人口为675万人，占常住总人口的15.43%，其中65岁及以上人口为451万人，占常住总人口的10.31%。与全国平均水平相比高出1.43个百分点。辽宁省发展和改革委员会发布的数据显示，2015年末辽宁省户籍总人口为4270.8万人，60周岁及以上户籍老年人口879万人，占总人口的20.58%，与全国老年人口占总人口

16.1% 相比高出 4.48 个百分点。预计到 2020 年，辽宁省老年人口将超过 1000 万人。从城乡分布情况看，在辽宁省 879 万老年人口中，城镇老年人口 473.2 万人，占老年人口 53.8%；农村老年人口 405.8 万人，占老年人口 46.2%。辽宁省 14 个低级以上城市中，沈阳、大连、鞍山、抚顺、本溪、盘锦六个城市的城镇老年人口多于农村老年人口，其他八个城市都是农村老年人口多于城镇老年人口。从区域分布来看，沈阳、大连、鞍山、抚顺、本溪、丹东、营口和阜新八个城市老龄人口占全市人口的比重均超过 20%；其中大连、丹东、鞍山三个城市人口老龄化程度居前三位，分别为 22.92%、22.88%、22.28%；锦州市老龄化程度最低，为 17.1%。未来 5 到 10 年辽宁省人口老龄化程度将进一步加剧，同时全省老龄人口的主要构成也将从 60～69 周岁年龄段攀升至 70～79 周岁年龄段。全省失能、半失能老年人 112.8 万人，占老年人口总数的 12.8%。

为了更清楚地说明人口老龄化的发展态势，这里以沈阳市为例进行统计分析。在充分考虑影响人口年龄结构变动的诸多因素的情况下，对 2011～2030 年沈阳市人口年龄结构变化趋势进行预测。通过对预测结果的进一步归纳整理，得到沈阳市 2011～2030 年人口年龄结构变化趋势预测值（如表 1.1 所示）。

表 1.1 沈阳市 2011～2030 年人口年龄结构变化趋势预测值

年份	少儿人口（%）	劳动年龄人口（%）		老年人口（%）		老年抚养比（%）	
	0～14 岁	15～59 岁	15～64 岁	≥60 岁	≥65 岁	≥60 岁	≥65 岁
2011	9.67	74.33	79.72	16.01	10.61	21.53	13.31
2012	9.61	73.56	79.55	16.83	10.84	22.88	13.62
2013	9.60	72.73	79.29	17.68	11.12	24.31	14.02
2014	9.64	71.57	78.79	18.78	11.57	26.24	14.69
2015	9.64	70.46	78.16	19.90	12.21	28.24	15.62
2016	9.66	69.45	77.53	20.89	12.81	30.07	16.52
2017	9.66	68.39	76.82	21.95	13.52	32.10	17.60
2018	9.81	67.27	75.93	22.92	14.26	34.07	18.78
2019	9.84	66.70	74.94	23.46	15.23	35.17	20.32
2020	9.83	65.88	74.00	24.29	16.17	36.86	21.85
2021	9.88	65.74	73.09	24.38	17.03	37.09	23.30
2022	9.84	65.06	72.20	25.10	17.70	38.57	24.88

续表

年份	少儿人口（%）	劳动年龄人口（%）		老年人口（%）		老年抚养比（%）	
	0~14岁	15~59岁	15~64岁	≥60岁	≥65岁	≥60岁	≥65岁
2023	9.86	63.36	71.33	26.78	18.81	42.27	26.36
2024	9.91	62.31	70.85	27.78	19.25	44.59	27.16
2025	10.05	61.35	69.94	28.60	20.01	46.63	27.51
2026	10.06	60.54	69.91	29.40	20.03	48.57	28.64
2027	10.08	60.25	69.30	29.68	20.62	49.26	29.76
2028	10.09	59.50	67.78	30.41	22.13	51.12	32.65
2029	10.11	58.83	66.91	31.07	23.00	52.81	34.36
2030	10.13	58.08	66.20	31.80	23.67	54.75	35.75

资料来源：基期数据来源于沈阳市统计年鉴，表中预测数据经计算所得。

从人口年龄结构变动趋势的预测结果看，在现行政策条件下，沈阳市人口老龄化将从2018年起进入深度老龄化阶段，65岁及以上人口占总人口的比重为14.26%，到2025年将开始进入超级老龄化状态，65岁及以上人口占总人口的比重达20.01%。未来20年间，沈阳市的老年服务和老年人的社会保障将面临巨大压力，即使按每人每年1万元（即833元/人·月）支付养老保障费，2020年就要比2010年多支付51.27亿~79.27亿元，2030年要比2010年多支付113.89亿~141.92亿元。如果考虑到通货膨胀、物价及城镇居民的生活水平提高等因素，那么2020年及以后的年份支付老年人的养老金数额将会远远超过2010年所支付的养老金数额，如果再将医疗保险、社会服务等费用考虑进去，社会所承担的老年社会保障费用还将大幅度增加。

1.2.2 空间维度的人口老龄化

中国地域辽阔，由于受到经济社会等多方面因素的影响，人口的老龄化现象在不同的区域呈现出空间差异性。从全国主要省份人口老龄化结构看，江苏、辽宁、浙江是人口老龄化程度最高的三个省份。其中江苏省老龄人口比例位居各省之首。2016年底，江苏省60周岁以上老年人口达1719万人，老年人口占户籍人口的22.1%，比全国（16.7%）高出5.4个百分点；80周岁以上老年人口达到269.18万人，占老年人口的15.66%；空巢老人有872.8万人，占老年人口的50.77%。上海市每三个户籍人口中就有一个60岁以上的老年人，而且在2025~2050年上海市将进入高龄人口集聚增长阶段。与此同时，由于上海、北京有大量的流动人口进入，在一定程度上对两个城市的人口老龄化产生了一定程度的“稀释效应”。

就目前的情况看，整个珠江三角洲区域的人口老龄化程度尚不算高，到 2020 年广东省的人口老龄化比重将接近 10%。广州市的人口老龄化程度要高于广东省，2015 年底，60 岁及以上老年人口占户籍人口的 17.27%，65 岁及以上人口占户籍人口的 11.56%。深圳市的人口老龄化程度就要低很多，2015 年底，60 岁及以上户籍人口占户籍总人口的 6.9%；如果再与 60 岁及以上非户籍常住人口相加，则占到总人口的 6.6%。

云南财经大学统计与数学学院谢玲玲曾经从绝对老龄化和相对老龄化的角度度量了中国各区域人口老龄化的程度和速度，并引入泰尔指数来分析中国东中西部老龄化程度的差异。

依据 2013 年各省级行政区划单位绝对和相对老龄化程度统计结果，从相对老龄化程度看，天津、山东、辽宁、上海、江苏、安徽、湖南、重庆和四川九个地区的绝对老龄化程度较高，绝对老龄化程度均在 10% 以上。其中重庆市最高，达 13.25%；其次为四川和江苏，分别为 12.76%、12.25%。西藏、新疆、青海、宁夏和广东五个地区绝对老龄化程度较低，均在 7.5% 以下。除广东外其他地区均处西部地区。其中最低的是西藏 5.17%；其次是新疆和宁夏，分别为 6.37%、7.08%。

从相对老龄化程度看，重庆、四川、江苏、天津和山东五个地区程度较高，计算得到的数值均在 1.1 以上。其中重庆最高，为 1.37；其次为四川和江苏，分别为 1.32、1.27。西藏、新疆、宁夏、青海和广东相对老龄化程度最低，数值均在 0.75 以下。其中西藏最低，为 0.53；其次是新疆和宁夏，数值分别为 0.66 和 0.73。

从总体水平看，无论是绝对老龄化程度还是相对老龄化程度，中国东部地区均高于中部和西部地区，广东和北京除外。西部地区中除四川省和重庆市老龄化程度较高之外，其他省份的老龄化水平都比较低。中部地区除湖南省和安徽省稍高之外，其他省份均在一般水平。

无论上述计算结果如何，均在一定程度上反映了中国的人口老龄化存在着明显的区域差异性。但是，总体的发展态势是人口老龄化程度在日益加重。

2011 ~ 2015 年，中国的人口老龄化在加速发展，人口老龄化的形势更加严峻，并且呈现出老龄化、高龄化、空巢化加速发展的三个新特征。中国是在未富先老、城乡二元结构依然存在的国情下进入人口老龄化社会的，人口老龄化的加速发展，与工业化、城镇化、现代化相伴随，与城乡差异、区域差异、收入差异的不断扩大相重叠，与经济转型、社会转型和文化转型相交织，为应对人口老龄化增加了新难度，提出了新挑战。

表1.2显示的是2018年3月份中国部分省（市、自治区）人口老龄化程度的统计数据，表中数字来自各省（市、自治区）的统计公报和统计局发布的数据，老龄化统计标准为65岁及以上人口。

表1.2　中国部分省（市、自治区）人口老龄化程度统计

省（市、自治区）	人口总量（万人）	老龄人口（万人）	老龄人口比例（%）
广　东	11169.00	962.63	8.62
山　东	10005.83	1399.82	13.99
河　南	9559.13	974.08	10.19
四　川	8302.00	1094.00	13.33
江　苏	8029.30	1073.20	13.37
河　北	7519.52	845.94	11.25
湖　南	6860.20	932.90	12.28
安　徽	6254.80	774.30	12.38
湖　北	5902.00	715.64	12.12
浙　江	5657.00	735.40	13.00
辽　宁	4368.90	626.80	14.35
福　建	3911.00	344.00	8.80
陕　西	3835.44	414.23	10.80
黑龙江	3788.70	455.80	12.00
山　西	3702.35	368.00	9.95
贵　州	3578.10	372.12	10.40
重　庆	3048.43	406.54	13.20
吉　林	2717.43	336.42	12.38
甘　肃	2625.71	286.73	10.92
内蒙古	2528.42	251.10	9.90
上　海	2418.33	317.67	13.14
天　津	1556.87	157.67	10.13
宁　夏	680.95	58.03	8.51
青　海	598.52	46.73	7.81

资料来源：各省（市、自治区）的统计公报和统计局发布的数据，老龄化统计标准为65岁以上人口。

1.3　人口老龄化对社会经济发展的影响

按照联合国人口报告的标准，老龄化社会分为进入老龄化社会、深度老龄化社会和超级老龄化社会三个阶段，60 岁及以上人口都占到 10% 或 65 岁以上人口占到 7% 是进入老龄化社会的标准；65 岁及以上人口占比达到 14.3% 为进入深度老龄化社会的标准；65 岁及以上人口占比达到 21.2% 为进入超级老龄化社会的标准。人口老龄化是不可逆转的，它会给社会经济发展带来诸多影响。

1.3.1　人口老龄化对经济发展的影响

人口与经济发展之间存在着密切的关系，人口老龄化对经济发展的影响是内在的和系统性的。劳动力是重要的生产要素，人口的数量和质量决定着一个国家和地区的劳动力资源供给状况，对经济的发展具有重要的影响。与此同时，人是经济活动各种产出的消费者，是决定消费需求水平与结构的主要因素。人口老龄化导致的人口结构的深刻变化对于经济活动的供给和需求都会产生深远的影响。

第一，人口老龄化减少了劳动力的供给。在一个国家和地区的经济活动中，人口总量和人口结构直接关系着劳动力的数量。人口老龄化程度提高意味着劳动力的供给在减少，在劳动参与率和人口出生率相对稳定的情况下，人口老龄化必然导致劳动力供给能力下降。在现实的经济活动中，人口出生率在许多国家和地区都呈现出下降的趋势，而提高了的参与率又受到多方面因素的影响，是一个相对复杂而困难的问题。因此，人口老龄化所导致的劳动力供给能力降低将成为经济活动中的一种新常态。

第二，人口老龄化对消费产生影响。人是消费活动产出品的主体，经济活动是为了满足人类对各种物质产品和精神产品的需求。由此形成了一个国家和地区特定的消费水平和消费结构。而这些与人口的结构紧密相关。随着人口结构的不断转变，消费品类型由未成年人向老年人消费类型转变，越来越多的适合老年人消费的产品持续增加，对国家和地区的消费结构产生了巨大的影响。人口老龄化催生了新的消费需求，适应于老年群体需要的生活性服务业、养老服务产业、医疗保健等产业有着广阔的发展前景。

第三，人口老龄化影响经济活动的内部结构。人口老龄化的结果之一是退休人员数量的增加，由此将为与老年人相关的商品和服务创造更大的市场，养老金的高储蓄可能会降低资本投资。如果一个国家和地区将较多的收入用作养老基金，在一定程度上会减少生产性投资的储蓄，从而降低经济的增长率。

第四，人口老龄化增加政府的公共财政支出。随着人口老龄化程度的提高，政府在医疗保健和养老金等方面的支出会随之而增加。退休人员由于不再从事工作，缴纳的所得税也会减少。这种更高的支出承诺和较低税收的组合是西方国家政府重点关注的人口老龄化问题之一，特别是那些存在债务问题以及缺乏公共财政资金和养老金存在较大缺口的国家和地区。

汇丰银行的经济学家认为，无论是对于美国和日本等发达国家，还是对于中国和印度等发展中国家而言，“人口金字塔”形状的改变将会在未来十年内阻碍生产力的增长。汇丰银行的经济学家在报告中写道：“如果一个国家拥有一大批年龄较大而且生产力比较低的员工，那么它的人口结构并不会赋予它提高生产力的能力。变化是巨大的，而老龄化人口特征显然不利于提高未来的生产力。”

1.3.2 人口老龄化对社会发展的影响

人口老龄化是一种新的社会现象，自其出现之日起就成为影响社会发展的重要因素。前联合国秘书长潘基文曾经明确指出：“老龄化以一种前所未有的方式，不仅会对老年人个人及其直系家庭产生影响，而且会触及更广泛的社会层面和国际社会。”

中国人民大学姚远教授运用生产力—生产关系、经济基础—上层建筑、功能论和冲突论理论分析了人口老龄化对社会发展的影响，认为人口是生产力的组成部分，社会是生产关系的物化形式。生产力的变化必然要求生产关系发生变革。人口老龄化和老龄社会形成以后，原有的社会关系（生产关系）已不适应生产力水平的发展，相应地就会出现各种各样的社会问题和社会矛盾。于是，人口老龄化通过老年群体需求推动制度和政策的调整，以建立与其相适应的社会关系（生产关系）。新的社会关系（生产关系）形成以后，人口与社会就会进入新的和谐发展阶段。因此，人口老龄化过程也是社会建设过程。在人口老龄化社会，社会建设的核心事务应当是通过对人口老龄化的接受、适应以及一系列的变革，建立起符合人口老龄化社会的制度和环境，努力实现人口老龄化社会的和谐稳定发展。人口老龄化既给社会发展带来了许多问题和挑战，也给社会的建设和发展带来了新的方向和新的机遇。

具体而言，人口老龄化对社会发展的影响主要体现在以下几个方面：

第一，人口老龄化养老服务方式的变革。随着家庭结构的变化和人口老龄化程度的提高，原有的以家庭为单位的养老服务方式面临着一系列的挑战，社会化的养老服务方式有了广阔的发展空间。许多国家和地区社会化的养老服务方式已经占据主导地位，通过各种形式提供多层次、多样化的养老服务。在养老服务不断变革的同时，也影响到社会的整体运行方式。

第二，人口老龄化使基层社会组织的管理面临着新的挑战。随着人口的快速老龄化，越来越多的老年人集聚在社区，社区已经成为他们日常生活的主要场所。由此也必然引致基层社区的组织模式、管理方式、运行机制和体制等许多方面发生变革，以顺应人口老龄化对社会化养老服务的需求。通过多元化的养老服务模式的组合基层社区可以更加精准地服务于老年人的养老需求。目前，许多国家和地区基层社会组织的运行模式以及社会的运行场景都与人口老龄化密不可分。

第三，人口老龄化进一步凸显了政府的责任。虽然养老服务的方式及其运行模式多种多样，但是，政府及其公共财政发挥着兜底的作用。无论发达国家还是发展中国家，政府都承担着更多的养老服务责任。老年人尤其是高龄老人、贫困老人、失能老人的基本养老服务和医疗保障需要政府提供最基本的养老服务，需要建立起完善的养老服务体系，其中公共财政肩负着重任。近年来，在欧洲持续蔓延的主权债务危机虽然受到多种因素的影响，然而其中一个主要的原因是人口老龄化导致高福利国家的公共财政难堪重负，由此导致社会上的不满情绪爆发，造成了社会动荡，甚至引发了全球性的金融危机。老年人对养老服务、生活质量等多方面的追求推动着国家和地区社会保障体系和社会服务体系的不断完善，推动着产业结构的变化、法律制度的不断规范、社会治理模式的进一步完善。

在中国，党的十九大报告明确提出：中国社会的主要矛盾已经转化为人民日益增长的美好生活需要和不平衡不充分的发展之间的矛盾。在人口老龄化社会，老年群体日益增长的各种需求与社会发展满足程度之间的矛盾将贯穿于现在和未来的社会生活中。规模庞大的老年人口、多元化的老年人口结构以及老年群体自身需求的不断变化，对养老服务、养老保障、老年服务工作的体制与机制等产生了深刻的影响，也提出了许多新的要求。老年群体日益增长的需要与社会发展的满足程度之间的矛盾将会对中国社会的改革带来深刻影响，能否很好地解决老年群体各种需求的满足问题是中国社会建设与发展的关键问题之一。

1.4 中国对人口老龄化的积极应对

1.4.1 战略性的应对措施

人口老龄化是由于人口年龄结构发生变化而产生的，人口年龄结构的变化取决于人口的出生率、死亡率和人口迁移三个因素，决定人口老龄化最主要的因素是人口生育率下降。中国的人口老龄化也不例外，它也是在社会经济发展、科技进步和生育率下降的情况下出现的。

2002年，在西班牙马德里召开的第二次老龄问题世界大会提出了“积极老龄化”的概念，希望各个国家和地区将老年人作为社会发展的重要力量，积极鼓励和支持家庭对老年人的赡养，倡导政府和社会力量通过制订相应的计划和政策积极应对人口老龄化问题，促进老年人的健康生活和各方面的参与和保障，以有效的方式积极应对人口老龄化带来的种种挑战。2000年8月，《中共中央、国务院关于加强老龄工作的决定》对做好老龄工作做出了全面部署。2006年，中国政府在《中华人民共和国经济和社会发展第十一个五年计划纲要》中首次提出积极应对人口老龄化。中共中央、国务院《关于全面加强人口和计划生育问题的决定》、“‘十二五’规划纲要”等重要文件从国家层面提出了积极应对人口老龄化的系列性举措。党的十八大报告提出“积极应对人口老龄化，大力发展老龄服务事业和产业”；2012年12月修订的《中华人民共和国老年人权益保障法》（以下简称《老年人权益保障法》）提出：积极应对人口老龄化是国家的一项长期战略任务。党的十八届三中全会提出要“积极应对人口老龄化，加快建立社会养老服务体系和发展老年服务产业”。国务院也先后出台了《国务院关于加快发展养老服务业的若干意见》《国务院关于促进健康服务业发展的若干意见》，民政部等十部委发布了《关于鼓励和引导民间资本进入养老服务领域的实施意见》，对养老服务产业发展做出部署。“十三五”规划纲要强调，开展应对人口老龄化行动，加强顶层设计，构建以人口战略、生育政策、就业制度、养老服务、社会保障体系、健康保障、人才培养、环境支持、社会参与等为支撑的人口老龄化应对体系。2016年2月23日，新华社发表习近平同志关于加强老龄工作的重要指示，提出有效应对人口老龄化必须“加强顶层设计”；同年5月27日，中共中央政治局针对中国人口老龄化的形势和对策举行第三十二次集体学习时，习近平同志再次强调要“搞好顶层设计”。

目前，中国政府已将应对人口老龄化作为国家的一项长期战略任务，做出了“构建养老、孝老、敬老政策体系和社会环境，推进医养结合，加快老龄事业和产业发展”的重要战略部署，把妥善解决人口老龄化带来的复杂多样的社会问题，上升到了“事关国家发展全局、事关百姓福祉”的战略高度。为积极应对人口老龄化，中国政府已经建立了世界上最大的社会保障安全网，在减少和降低人口老龄化对社会经济发展影响的同时，使所有老年人能够老有所养、老有所依。

全面推行了城乡居民大病保险制度和长期护理保险试点工作，大多数省份推行了老年人健康管理和健康指导，每年定期为 60 岁以上老年人进行免费体检，为老年人建立了健康档案，建立了高龄津贴、养老服务补贴、护理补贴等有助于养老服务健康发展的制度，对老年人的出行、就医等各个方面实行优先服务和优惠服务。社会保障覆盖了 90% 以上的人群，医疗保险覆盖了 13 亿多人，基本实现了全民医保；居家养老服务设施已经覆盖了所有的城镇社区和 50% 以上的农村社区，老年人多元化多层次的养老服务需求基本得到满足。城市中建立了居民最低生活保障制度，包括老年人在内的医疗保险制度和养老保险制度；农村实行以土地保障为基础的“家庭养老为主与社会辅助相结合”的养老保障制度。许多城市和农村地区针对贫困老年人和高龄老年人采取了一系列特殊的救助措施。

1.4.2　关注的重点领域

庞大的老年人口规模、“未富先老”的基本国情以及快速的人口老龄化和高龄化的发展趋势，不同程度地放大了人口老龄化对经济、社会和文化发展的影响。“空巢”老年人、“失能”老年人等特殊群体的存在表明，人口老龄化不仅仅是一个老年人口规模和比例上升的问题，而且是一个复杂多面的问题。老年人的日常生活照顾、精神慰藉、心理支持、康复护理、紧急救助等长期护理服务需求越来越迫切。积极应对人口老龄化不仅是中国政府的重大战略部署，而且是一个长周期事件，应当未雨绸缪。

第一，完善养老保障制度。根据相关学者的计算结果，到 21 世纪中叶中国用于养老服务的费用可能会达到 GDP 的 1/10，亟待建立健全国家、社会、个人三个方面有机统一的保障体系。国家层面应建立基本养老保障体系，保证老年人的基本生活需求；社会层面应进一步健全和完善养老服务体系，以便更好地适应老龄化社会多样化的服务需求；作为个人应当在中青年时期就要做好筹划，为老年生活做好充分的准备。

第二，构建更加完善的养老服务体系。政府要保障基本的城市养老服务，以政府为主导，发挥各种社会力量的作用，着力保障特殊困难老年人的养老服务需求，确保人人享有基本的养老服务。公办养老机构应充分发挥托底作用，重点为“三无”老年人、低收入老年人、经济困难的老年人和失能半失能老年人提供无偿或低收费的供养服务和护理服务。在城市养老服务的建设和发展进程中，充分发挥市场在资源配置中的基础性作用，逐步使社会力量成为发展养老服务的主体。切实发挥社会在养老服务中的重要作用，突出居家和社区服务在养老服务中的作用，广泛吸纳社会力量的参与，着力培养专业化的养老服务人才；积极鼓励医疗和养老服务机构将养老服务延伸到家庭，构建医养集合、家庭与社区相融合的社会化的养老服务体系，努力解决社会力量参与养老服务过程中面临的土地、资金和政策等方面存在的问题。建立长期照护保险制度及体系，从生理和心理等多方面照料老年人，在服务设施、服务人员、服务技术、服务管理、服务机制建设等方面为老年人中的最弱势群体提供及时的帮助。在资本金、场地、人员等方面进一步降低社会力量举办养老机构的门槛，为社会力量举办养老服务机构提供便捷条件。在投融资政策、土地供应政策、税费优惠政策、补贴支持政策等方面鼓励社会力量参与，并给予各种优惠待遇。

第三，智慧养老服务方兴未艾。随着大数据和移动互联网技术的快速发展，智慧城市成为学术界和政府管理层共同关注的话题，也成为城市聪明增长的重要内容。与此同时，养老服务的发展也在日益智慧化。目前，智慧养老企业的发展模式主要有三种类型：为地方政府建设区域养老服务信息平台，建设面向养老服务机构的信息系统（主要包含两部分：ERP 管理系统和底层业务系统），建设面向 C 端老年人群的智能硬件。官方的统计数字显示，中国社会年轻的老年群体正在以每年 1500 万人的速度增加，而新的老年群体使用智能设备和互联网的能力会越来越强。2017 年 1 月，“养老网”基于自身用户访问数据发布过一份研究报告，从报告中可以清楚地看到，通过线上渠道获取养老服务信息的人数正在快速增加，基于线上流量的商业模式已经成为可能，伴随着快速增加的新一代老年群体，“互联网 +”的新机会正在孕育中。以互联网为载体，为老年人提供养老服务和精神娱乐产品存在着多元化的发展模式和发展路径，并在被不同类型的老年群体所接受。伴随着中国社会经济的发展，人民的生活水平在日益提高，中产阶层的数量在不断增加。总体上看，他们的消费能力比较强，愿意支付较高的费用为父母选择合适的养老服务产品。将网络服务平台与家庭和养老服务企业相连接，能够更有针对性地提供养老服务活动，其中也孕育着巨大而潜在的养老服务市场，正在日益受到政府和社会的广泛关注。

第四，发展健康养老，推行健康管理服务。强化健康老龄化的理念，培育终身自立、积极参与的老龄社会文化。通过多种形式开展老年健康教育，重视老年疾病的预防、康复和老年人心理健康服务。推行健康科学的生活方式和养老模式，使更多的老年人生活得有质量、有价值、有尊严。实施全民健康管理，加强健康管理体系和学科建设，实现以疾病治疗为中心向健康管理为中心的转移。加强医疗保障制度及医疗卫生服务，为老年人提供科学合理及时的医疗和护理服务。

第五，关注老年妇女和流动人口的养老问题。老年妇女是老年人中的弱势群体，应当受到特别的关注，着力解决工作、生活、财产分配等各个方面的性别平等问题，使老年妇女的地位得到根本保障。随着经济社会的发展，各种类型的流动人口日益增多，而流动人口养老问题的根本途径是彻底变革户籍管理制度，建立起先进的公民登记制度。流动人口养老问题的解决有赖于农村现代化和流动人口真正融入城市生活，随着城乡一体化的不断发展，最大限度地减少城乡差别，从而使流动人口能够与原有的城市居民共同享受城市提供的养老服务，这在另一个侧面体现了流动人口（包括农业转移人口）的真正市民化。这也是中国新型城镇化的根本要义所在。

第六，大力发展养老服务产业。把养老服务产业列入国家重点扶持产业，积极鼓励和引导民间资本和社会组织参与养老服务产业的建设和发展，建设和发展特色医疗、休闲养生、文化教育等养老基地和养老产业园区，大力开发老年产品，逐步形成完整养老服务产业链。通过市场准入、财政、税收、金融、土地等各种政策的支持，激励和保护投资者。加强对养老服务产业的监管，优化养老服务产业发展环境。大力发展面向老年人的各项公益事业，营造重视老年人、关爱老年人、善待老年人的良好社会氛围。努力建设养老服务产业集群，养老服务产业具有产业链长、涉及领域广、环境友好、健康可持续等特点，对上下游产业具有明显的带动效应，辐射范围广泛。因此，应大力开发安全有效的食品药品、服装服饰、康复辅具等老年用品用具和服务产品，引导商场、超市、批发市场设立老年用品专区专柜；开发老年生活设施和金融理财产品；加强养老服务产业发展规划的引导作用，鼓励发展中小型养老服务企业，着力培育和扶持发展龙头企业，努力构建产业链长、覆盖领域广、经济效益显著的养老服务产业集群。

正确处理社会与经济发展的关系，把人口老龄化问题当作重大的社会和经济问题来对待，重视人口老龄化对社会发展和经济运行的长期影响。重点发掘人口老龄化给社会经济发展带来的新动能、新机遇和新增长点。研究和制定应对人口老龄化的公共政策，应特别关注年轻人如何做好老年期的健康、知识、技能和金融等终生准备的各项政策措施，确保经济发展为应对人口老龄化奠定物质基础，确保社会发展助力人口老龄化情景下的经济发展。实施有利于适应人口老龄化社会要求的新型城镇化的配套政策；实施面向人口老龄化社会的教育政策、产业政策、就业政策、住房和土地政策；进一步完善退休制度，在全面分析论证的基础上实行弹性退休政策和有利于充分发挥老年人作用的人力资源政策。

第 2 章

城市养老服务研究的学理分析

人口老龄化在中国城市社会的一个突出表现是，纯老年人家庭、空巢老人、独居老人的数量和比重不断提高，而且随着人口的日益高龄化，老年疾病率和不能自理人口的比重也在提高，这些对城市养老服务带来了巨大的需求和压力。与此同时，随着人们生活水平的不断提高，城市老年人口也在期待着能够获得更高水平、更高质量的养老服务。由此也必然要求城市的养老服务供给水平和养老服务品质能够有极大的提升。在城市养老服务体系建设与发展过程中，需要通过整合各种物质资源、人才资源和多元资本，才能构造出整合各种力量基础上的综合性的养老服务机制。其中，学术界的研究以及研究成果在养老服务实践中的应用能够发挥重要的作用。

2.1 城市养老服务研究的意义与学术价值

2.1.1 城市养老服务研究的意义

随着人类社会人口老龄化的不断加剧，中国的城市养老服务逐渐由传统的家庭养老向社会化的养老服务过渡，并朝着日益多元化、多层次的方向发展。与此同时，中国第一代独生子女的父母已经进入或陆续进入老年，其养老保障与养老服务问题开始凸显。面对老年人口数量多、老龄化发展速度快的特殊国情，针对老年人的养老社会服务事业随着经济社会的发展取得了很大的成绩，但是，从总体上看中国的城市养老服务业还处于初步发展阶段。

养老服务业涉及长期照料、医疗康复、居家支持、精神慰藉乃至饮食服装、营养保健、休闲旅游、文化传媒、金融地产等方方面面，蕴含着巨大的老年消费市场。发展养老服务业是应对人口老龄化问题的长久之计，亦是当前扩内需、增就业的巨大潜力所在。近年来，中国的城市养老服务业在快速发展，以居家为基础、社区为依托、机构为支撑的养老服务体系初步建立，老年消费市场初步形成，老龄事业发展取得了显著成就。但总体上看，养老服务和养老服务产品供给不足、市场发育不完善、养老服务的扶持政策不健全、体制机制不完善、城镇之间和城乡之间发展不平衡等问题还十分突出。解决好当前养老服务领域的突出矛盾和问题，通过不断推出和实施扶持政策，进一步加快发展养老服务业已成为全社会的共同呼声。

因此，在中国经济社会快速发展、不断加强社会福利和社会保障制度建设的背景下，对于促进城市养老服务业快速健康发展的扶持政策以及如何构建多层次精准化的城市养老服务体系进行深入系统的研究，不仅能够为城市养老服务体系的建设和完善提供科学依据，而且具有重大的现实意义和长远的战略意义。

2.1.2 城市养老服务研究的学术价值

城市养老服务研究涉及多学科的知识，是一项复杂的多网格的系统工程。在对城市养老服务体系进行系统性的研究过程中，需要将经济学、公共管理学、社会学的知识与技能进行交叉融合，实施多学科的综合研究和分析，在实地调查与考察的基础上，结合理论研究与比较分析，提出进一步完善和加快发展中国城市养老服务体系的政策措施。具体来说就是，广泛收集国内外相关的文献资料，全面掌握与城市养老服务体系建设与发展紧密相关的最新动态和技术方法；从理论分析与实证研究的综合视角来反映中国城市养老服务及其养老服务体系的发展现状、发展趋势及存在的关键问题；通过与相关领域专家学者、管理者及其实践者的交流与研讨，吸纳最前沿的研究思路、研究理念和研究方法，提出适应于中国城市经济社会发展实际、有助于养老服务体系可持续健康发展的政策建议。

基于城市养老服务体系研究的学术取向，着力研究了老年人对城市养老服务的现实需求和未来不同时段的需求，分析了在现实和未来的经济社会发展背景下如何满足老年人的养老服务需求；论述了政府、社会、家庭在养老服务体系以及养老服务业发展中应分别扮演什么角色，如何协调与合作，应制定哪些具体而有效的扶持政策来应对养老服务模式的转变，确保中国城市养老服务的快速健康发展。据此提出了以下几个方面的观点：

①城市居民的养老服务需求与其社会属性紧密相关，由于受到多种因素的影响，不同阶层的人对养老服务方式的认同度出现较大的差距。依托社区开展养老服务的形式和内容在日益多样化，居家养老服务将发挥更加重要的作用。然而，由于受多种因素的影响，目前机构养老服务方式还没有被城市居民所普遍接受。因此，政府、企业和社会在提供多元化、多层次的养老服务时，要充分考虑不同群体的养老服务需求意愿，在充分考虑居民的年龄、职业、受教育程度、经济状况等多种因素的基础上，不断构建和完善分层次、多元化、精准化的城市养老服务体系。

②针对老年人的照护服务社会化的推进、服务质量的提高、服务体系的完善离不开人才队伍的建设。老年人的需求是全方位的，而且老年人对照护服务的需求在不断变化的同时，正在迈向更高的层次（例如：金融理财、文化娱乐、法律援助与心理辅导等），老年人日益追求高品质的生活，注重精神生活的满足。这就要求老年照护服务人员的职业素质、道德素质、文化素质等都应当相应不断提升。完善的人才队伍是提高老年人照护服务水平的基础。通过专业性的职业技能培训来提高老年照护服务人员的专业技能，提升老年照护服务人员的整体水平和素质；通过制度建设引入志愿者服务扩充老年照护服务队伍，提升老年照护服务人员数量。

③在众多影响中国城市养老服务发展的因素中，公共政策对养老服务的发展显得尤为重要，因为公共政策能够在养老服务发展的各个方面产生效应，包括财政政策、税收优惠政策、人才培养政策、补贴支持政策等。由此可见，政策因素贯穿于整个城市养老服务的始终，从养老服务的发展到监督都离不开公共政策的引导与扶持。

④通过政府购买服务的方式来缓解养老服务发展中面临的一系列困境，对于政府而言一方面可以提高执政效能，另一方面也可以节省一部分开支，更能促进向服务型政府的转变。目前，中国许多城市在实施政府购买养老服务政策过程中已经初见成效，在一定程度上缓解了养老服务所面临的各种难题。政府购买养老服务的政策实践，在一定程度上推动了政府职能的转变，缓解了养老服务的压力，在一定程度上也解决了一部分人就业难的问题。

⑤根据中国城市经济社会的实际情况，针对老年人多层次养老服务需求，应逐步推进虚拟养老院、社区托老所和老年宜居社区养老等新模式，逐步实现虚拟养老服务中心的普及。通过各级政府搭建平台，建设养老照料中心，撬动民营资本参与养老服务业的建设。在养老服务业的发展过程中，金融机构要积

极探索养老金融产品，运用市场机制解决现实社会存在的养老服务费用支付的难题。为了更好地推进中国城市养老服务业的发展，可以借鉴丹麦实施的“群访制度”，也可以借鉴日本的新经验，建立“地域统筹照护体系”。

通过系统性的梳理和分析，将深化对中国城市人口老龄化发展态势和养老社会服务发展现状及存在问题的认识；据此设计出相应的政策措施、养老服务资源配置网络、养老服务体系的基本构架，从而引导整个社会积极发展养老服务体系的建设。研究所取得的成果也将有助于解决中国城市养老服务发展中的现实问题，使各级政府与社会组织开展更加广泛的合作，建立和发展符合当地实际情况的养老服务和养老服务体系，实现城市养老服务的精准化和可持续发展。

2.2 国外学者对城市养老服务的研究

随着时代的发展，世界各国的社会经济发展水平和科学技术水平都在不断提升。社会经济的发展和科技进步给人类生活带来了巨大的变化：生活质量不断提高，医疗服务水平有了长足发展，生态环境逐步朝着人类宜居的方向发展。这一系列的变化使得人的寿命不断延长，老年人的数量逐渐增多，人口老龄化问题日益凸显。近年来，人口老龄化问题以及与此紧密相关的养老服务和养老产业发展问题已经成为许多国家亟待研究和解决的重大问题。

因此，如何采取有效措施解决与人口老龄化密切相关的一系列问题，成了世界许多国家面临的重大任务。

西方发达国家步入人口老龄化社会的时间比较早，因此，他们对于养老服务及相关问题的研究也比较成熟，一些有益的经验值得我国在养老服务建设和发展过程中借鉴。

2.2.1 养老服务的综合研究

从学术研究的视角看，桑德拉·贝福德·沃克和米歇尔·斯波雅克斯克（Sandra Byford Wake & Michael J. Sporakowsk，1972）研究了年轻人对老年人的照料问题。皮尔莫、卡德、玛卡德姆、玛格丽特和沃尔夫（Pillermer，Kard，Macadam，Margaret，&Wolf，R. S.，1989）认为，家务助理服务可以减轻家庭照顾者的压力，家务助理提供的服务项目是老人日常生活所必需的。查波尔

（Chappell，N. L.，1990）回顾了在北美对家庭照顾者支持的各种研究和措施，认为应当一方面对老年人直接提供所需照顾；另一方面应组织自助小组，提供对家庭照顾者的培训，并协调组员之间的关系。菲利普森（Phillipson，C.，1992）提出，照顾者支持小组是舒缓照顾者情感压力的一种支持性服务。弗里德克茵和海尔斯（Fradkin，L. G. &Health，A.，1992）经过研究认为，美国的家务助理服务一般由非营利机构、宗教团体或家庭服务机构提供，所提供的服务是帮助老人料理比较轻松的家务。罗格斯（Rodgers，D. T.，1998）针对老龄化问题，分析了应当推出的相应社会政策。克里（Kohli，M.，1999）分析了欧洲国家在老龄化进程中家庭和社会的关系问题。班格森（Bengtson，V. L.，2001）研究了西方国家核心家庭的变化以及养老问题。波维尔（Powell，2003）、弗里德瑞克森（Fredrickson，2003）与科思和米尔伍德（Keith & Milward，2001）研究发现，公共服务是通过错综复杂的由公共的、私营的和非营利组织所构成的组织间网络来供给的，而且这种新型的协作性的公共服务供给体系已经成为新的政策执行模式的主导性特征。吉布森、格里高利和潘亚（Gibson，M. J.，Gregory，S. R. & Pandya，S. M.，2003）研究了发展中国家的老龄化及其老年照护问题，提出了相应的对策建议。斯克米特和欧宾格（Schmitt，C. & Obinger，H.，2013）从空间相互依赖以及福利政策的视角研究了老龄化社会的服务问题。

英国生命信托基金最早提出了“智慧养老”的概念，也被称为“全智能化老年系统”。在日常生活中，老年人可以不受时间和空间的束缚享受到高质量的生活。当时所提出的“智慧养老”也叫“智能居家养老”，是指通过先进的管理技术、电脑技术、无线传感网络，使老年人、社区、医护人员、医疗机构、政府、养老服务机构形成一个有机整体，为老年人提供便捷、高效的、物联化、互联化、智能化的养老服务。“智慧养老”概念的提出为世界性养老难题提供了一个新思路，是切实解决老龄化问题的新路径。国外学者对老年人使用互联网态度的调查结果显示，老年消费者是较好的使用互联网的一员，也倾向于在网上学习，收入水平高的老年人更愿意进行网上购物。这项研究采用定性和描述性的方法，通过扎根理论（Grounded Theory）对老年人的居住意愿、小区护理设施中的隐私权、居住环境进行了研究。结果显示，有越来越多的老年人愿意选择护理社区（CCRCs）进行居住，他们希望通过护理设施提高自己的生活质量和安全性。此外，通过对家庭远程医疗的满意度调查发现，远程医疗是有效减少门诊就诊次数并达到病人较好满意度的医疗方式，居家养老者比在养老院的养老者对远程医疗表现出更高的满意度，在四种远程医疗服务类型中，医疗咨询的满意度最高，其次是物理治疗。

在英国，社会化的养老是最适合国情的养老模式，为了进一步完善社区养老服务，他们在社区内建立了智慧养老服务中心，为老年人提供多样化和快捷的养老服务。新加坡政府提倡进行多样化的智慧养老服务，为了保障服务的顺利进行，在社区高度自治的基础上制定了一系列法律法规。

2.2.2 社会养老保险和养老保障制度研究

社会养老保险制度属于社会保障体系的一部分，国外许多学者对其进行了研究。贝弗里奇是英国著名的经济学家，早在20世纪40年代就提出了普遍保障的思想。他主张国家应该实行比较全面的社会保险，而且应当至少包括以下七个相关的项目：养老、疾病、残疾、失业、生育、死亡和寡妇。他认为，国家提供的社会保险制度要涵盖全体公民，要能基本上保障所有社会成员的基本需求。只有这样，社会保障制度才能真正发挥利民的作用。

由此可以看出，国外学者从很早的时候就开始了对于社会养老保险制度的相关研究，并认为这项制度十分有利于国家发展以及人民生活水平的提高。随着时代的发展和社会的进步，社会养老保险制度在不断完善并走向成熟。

地处欧洲大陆的德国是最早开始进行养老保险制度研究的国家，通过创建社会保险制度的方法来规范养老保障制度。作为老牌发达国家的代表，德国的经济发展水平、政策配套水平以及思想文化水平都很高，这为其创建养老保障制度提供了很好的平台。经过积极改革和不断修订，德国的养老保障制度一直在不断完善。可以说，目前德国的养老保障制度是相对健全的。德国的养老保障制度基本上覆盖了所有的项目，全体社会成员均能够享受到这项制度带来的保障。德国在社会保障制度建设和发展方面取得的经验值得包括中国在内的许多发展中国家借鉴。

在亚洲国家中，日本建立了比较完善的社会保障制度。作为中国的邻国，日本在家庭保障、家庭观念以及其他许多方面都与中国社会有相近之处。基于这一点，中国在建立和完善相关制度时可以借鉴日本的经验，这对于促进中国社会保障事业的发展有积极的意义。例如，日本政府颁布的《国民健康保险法》和《国民年金法》对我国的医疗保险制度和养老保险制度都有很好的借鉴意义。

2.2.3　养老服务主体和养老服务内容研究

1. 养老服务主体研究

（1）政府与市场的关系。

在对养老服务主体的研究过程中，一些学者认为，养老服务体系的建设应该以政府为主体，政府在养老服务体系建设和发展过程中发挥着不可替代的作用。在养老服务体系建设过程中，政府以社区为中心，根据社区的实际情况建设具有特色的养老服务机构。与此同时，政府在其他方面也发挥着巨大的作用。例如，政府会根据经济社会发展的形势制定相关的法律法规，为养老服务体系的发展提供法律保障。政府也会制定一系列政策来约束养老服务人员的行为。例如，政府规定养老服务人员在上岗工作时必须持有相关机构颁发的资格证书；组织相关养老服务人员学习先进的服务理念，鼓励他们努力提高创新意识、提升服务质量。这些措施都有效地促进了养老服务水平的提升。在政府发挥作用的过程中，最为关键的一点是，政府为养老服务体系的建设提供了大量的财政支持。政府每年都会给养老服务机构拨付养老基金，这对于养老服务机构设施的更新与完善是十分必要的。由于有了政府的支持，减轻了养老服务机构的压力，使他们将更多的精力放在如何提升自身的服务水平和服务质量上。

然而，学者们的相关研究也表明政府的作用不是万能的。在人口老龄化问题日益严重的情景下，不能仅仅依靠政府的力量来解决养老问题，政府也不可能做到面面俱到。因此，政府不能对养老事务大包大揽、更不能排斥市场的作用。在建设城市养老服务体系的过程中，政府应该充分尊重市场运行的规律，应当适当放权。一些新右派学者认为，在提供社会福利的过程中市场机制可能比政府部门更有效率。但是，这并不意味着政府就不重要了。在市场经济体制下，市场固然重要，但是并不能忽略政府的地位。在市场失灵的领域需要充分发挥政府的作用。因此，学者们一致认为，在发展养老服务事业的过程中，政府与市场同等重要。只有将二者有机结合在一起，才能真正促进养老服务体系的建设和完善。

（2）政府与社会的关系。

一些学者通过对养老服务主体的研究得出了一个基本结论：在建设养老服务体系的过程中，仅仅依靠政府的力量是不够的，还需要社会力量的积极配合。

首先，老年人最熟悉的社区在解决养老服务问题时能够发挥很大的作用。

这是由于大部分老年人都居住在社区，因此，社区是除了家庭之外最了解老年人需求的地方。实践证明，通过社区提供养老服务的方式是行之有效的。随着经济的不断发展，老年人的需求也在不断发生着变化。与此同时，老年人的养老服务需求也是有着很大差异的。这就需要养老服务主体能够为具有不同需求的老年人提供差异化的服务，而老年人这种差异化的需求往往在社区是能够得到很好的满足的。例如：一些老年人由于年龄较大，行动不方便，导致其自身的生活能力较差，社区常常会为这类老年群体安排专业的照护人员进行全面的生活照顾；针对一些身体条件较差的老年人，社区会安排专业的医疗服务人员为其进行医疗救助；社区也会向那些身体较好，但是缺少生活乐趣的老年人提供有趣的老年活动，并积极鼓励他们参与其中。除了能够提供丰富的养老服务内容之外，社区在开展养老服务活动时还具有许多其他优点。例如，由于社区主要是依靠自身的资源提供养老服务，所以成本较低；社区为老年人提供服务的人员多数是居住在同一个社区的成员，因此在享受服务的过程中老年人有更强烈的归属感；由于是一些彼此熟悉的人员提供养老服务，其服务质量相对较高；社区提供养老服务的方式能够给本社区的老年人带来极大的便利，是一种高效的养老服务方式。

除了社区之外，其他社会组织在提供养老服务的过程中也发挥了重要的作用。比较有代表性的社会组织包括：各种非营利性的社会组织、志愿者团体、工商企业等。在国外，志愿者组织发育得比较成熟，尤其是一些在校的大学生，他们经常自愿或有组织地到相关机构提供免费的志愿服务，为促进养老服务事业的发展作出很大贡献。一些具有社会责任感的企业也会定期对养老机构进行捐款，在一定程度上帮助养老机构减轻资金上的负担。

2. 养老服务内容研究

在对老年人的养老服务需求进行调查之后，学者们得出了比较一致的结论，即老年人的养老服务需求主要体现在生理需求和心理需求两个方面。因此，学者们提出建议，为了提高养老服务水平，养老服务机构应当依据老年人的需求提供多样化的养老服务。在国外，大部分社区和养老服务机构都是在围绕老年人这两方面的需求设计养老服务内容。

在解决老年人生理需求的过程中主要是向老年人提供专业化的医疗救助服务，并且服务水平较高。大部分养老服务机构都拥有比较先进的医疗设备，机构内设有专业的医生护士团队，每一位工作人员都经过了专业化的培训。因此，国外的养老服务机构基本上都具备了为老年人提供医疗救助服务的能力。

在解决老年人心理需求的过程中，国外的养老服务机构是聘请具有专业知识的心理咨询师来为老年人进行心理辅导。多数养老服务机构都会在机构内部开设一个心理咨询室，并配备专业的咨询师帮助有需要的老年人解决心理问题。

学者们普遍认为，如果老年人长期存在严重的心理问题，对于他们的身体健康是十分不利的。因此，养老服务机构都在努力提升为老年人提供心理健康服务的能力。除了提供专业化的心理治疗服务之外，许多社区和养老服务机构还通过多样化的方式提供服务。例如，定期举办娱乐活动或者娱乐比赛，调动老年人的积极性；安排专门人员进行走访，调查了解老年群体的实际情况，并给出专业化的服务建议，等等。这一系列措施在老年人的心理健康服务方面都发挥了十分重要的作用。

2.2.4　养老服务供给模式研究

1. 西方国家城市养老服务模式的沿革

在西方国家，人们选择养老服务的模式不是一成不变的。随着社会的不断发展以及养老问题的不断深化，养老服务模式的选择也在不断发生着变化。

起初，养老服务只是每个家庭自己的事情。依靠年轻的子女，很多家庭都有能力赡养老人。然而，随着老年人口数量的增多以及来自社会和经济方面压力的逐渐增加，一些家庭开始出现子女因为工作无时间赡养老人甚至是无能力赡养老人的情况。此时，养老问题开始被政府以及社会所关注。西方的一些学者认为，单纯依靠家庭来养老对于家庭成员来说是有压力的。因此，他们提出应该通过外部的力量为家庭养老服务提供一些有益的帮助。

于是，各国开始提出机构养老的设想，并纷纷着手兴建能够给老年人带来专业化服务的养老机构。当时，大部分西方国家的人口老龄化水平并不是很高，所以，养老服务问题业不是很严重。机构养老服务的模式基本上可以帮助各国有效减轻家庭养老的压力，是一种比较符合当时社会发展水平的新的养老服务方式。因此，政府鼓励有养老服务需求的老年人到养老服务机构居住。在养老服务机构中，有专门的工作人员为老年人提供服务，这为老年人的生活带来了很大的便利。养老服务机构的兴起对于社会化养老服务模式的产生和发展发挥了巨大的促进作用。

然而，随着老年人口的大幅度增加，养老服务问题进一步加深。学者艾瓦史维克、约翰和尼曼（Evashwick C.，John A. & Nyman）分析了老年人的个体因素后发现，随着年龄的增长老年人的身体健康状况会不断下降，对养老服务机构的需求会持续增加。面对这样的情况，政府加快了创办养老服务机构的步伐。然而，随着养老服务机构数量的增加，这种模式开始暴露出一系列问题。

首先，随着养老服务机构数量的增加，政府每年拨付给养老服务机构的经费也在不断增加，这对于政府来说无疑是一种压力。其次，虽然养老服务机构中配备的专业服务人员可以为老年人提供多样化的养老服务，但是，由于养老服务费用比较高，许多普通家庭的老年人没有足够的经济实力能够支持其长期居住在养老服务机构中接受养老服务，只有那些家庭较为富裕的老年人能够一直接受专门的服务人员的照顾。最后，对于一些思想观念比较传统的老年人来讲，离开自己的家庭到养老服务机构养老使他们在心理上产生了疏离感，不能真正融入养老服务机构的环境中，从而使他们产生了一些心理问题。

在养老服务机构自身存在的问题被人们逐渐认识的同时，西方社会也在不断地发生着改变。随着生活节奏的加快和经济的不断发展，大量的年轻人开始转变生育观念。一些年轻夫妇们开始考虑只要一个孩子，甚至一些夫妇做出了不生育后代的决定。这种思想观念的转变使得北欧一些发达国家的人口出生率开始下降，甚至出现了负增长。随着国家新生儿数量的不断下降，老年人口占总人口的比重不断上升，人口老龄化问题更加严峻，养老服务的压力越来越大。

随着机构养老服务模式缺点的逐渐暴露以及时代的发展变化，学者们开始意识到依靠养老服务机构解决养老问题的方式已经不能满足时代发展的新要求，必须寻找新的方式和力量来解决日益突出的养老服务问题。于是，他们将目光聚焦于社会力量，认为在不断建设养老服务体系的进程中，各个国家应该积极动员本地区的社会力量，充分发挥其对养老服务事业的强大支持作用。由此，便出现了社区养老服务模式。该模式一经推出，就被许多发达的西方国家接受，并陆续在各国发展起来。实践证明，依靠社会力量来发展养老服务事业是非常正确的选择。20 世纪 60 年代，英国实施的社区居家养老服务模式就是社区养老服务模式的典型代表。社区居家养老服务模式允许社区工作者充分调动社区内部的资源为老年人提供多样化的养老服务，满足他们的差异化需求。这一方面提高了社区资源的使用效率，另一方面帮助社区有效解决了当地的养老服务问题。这种模式一个突出的优点是：老年人在享受养老服务的同时，并没有离开自己熟悉的生活和居住的环境，因此，他们能够获得强烈的归属感，十分有利于老年群体的心理健康。这正是机构养老服务模式所缺乏的。实践证明，社区养老是一种成本较低的养老服务模式。

2. 社区养老服务研究

在学术界，关于社区的概念有许多不同的解释。首次提出“社区”一词的学者是德国社会学家费迪南多。他认为，社区就是同质人群的共同体。还有学者认为，由那些居住在相同地域的人或者具有共同文化的人组成的群体就是社区。不同的学者对于“社区”这一名词给出了不同的解释。这些解释虽然不尽相同，但是都认为社区就是一个具有共性的群体。

在国外，对社区养老服务的研究主要体现在社区照顾、社区服务的价值与社区服务的类型这三个方面。

社区照顾是指对全体社会资源进行整合后，通过正规照顾和非正规照顾两种方式，为那些需要被照顾的老年人群体提供照顾，以此帮助他们正常地生活。这些为老年人提供的照顾可能发生在家中，也可能发生在社区。西方学者沙凯认为，为了能够达到社区照顾的功效，使社区照顾真正发挥作用，必须从多方面入手。他认为，社区工作者应该通过各种方法鼓励本社区的居民对社区资源进行发掘和利用。只有充分提高社区内部资源的利用率，社区养老服务模式才能够真正取得理想的效果。学者海恩波特在其出版的著作中提出了“源自关怀社区的照顾”的五点理想，这五点理想可以看作是他对社区照顾模式提出的一系列要求。布鲁贝克夫妇认为，负责在家中照顾老年人的家庭成员在照顾老人的过程中会遇到各种问题并产生较大的压力。为了减少这种压力，使家庭成员更好地对家中的老年人进行照顾，他提出：不仅仅老年人是社区照顾的对象，家庭成员同样也需要接受一些服务。例如，家庭辅导以及专业的心理治疗等。这些服务都会对家庭成员起到一定的照顾作用。同时，社区服务中心可以将老年人和其家庭成员同时作为需要接受服务的对象进行多方面的服务。例如，私人照顾机构、心理治疗机构、精神健康中心等都可以为他们提供服务。

多数学者认为，社区服务是能够为居民带来福利价值的。例如，在学者瓦思看来，作为处于政府和居民中间位置的社区服务机构，通过为人民提供社区服务的方式，从人民的利益出发，为人民谋福利的做法就体现出了社区服务的价值。他认为，在现存的制度中只要对社区服务工作进行适当的改革，使其与当前的形势和经济发展状况相适应，就会促进社会的发展。但是，在学术界也有一些反对社区服务价值的声音。学者戴维就对社区服务所起到的价值感到无奈。他认为，社区服务工作并没有部分学者所描述的那样具有为人民谋求福利的价值，相反，社区服务工作有时只是政府和统治阶层控制社会的工具，其价值只体现在控制方面。

对于社区照顾的分类，通常分为“社区内照顾”和“由社区照顾”两种模式。“社区内照顾”一般是指由社区内部专业的照顾人员在小型机构或者老年人的住所内为他们提供养老服务的模式。由于是专业人士提供服务，因此，该模式下的养老服务水平是比较高的。一些身体条件较差、对医疗服务有较高需求的老年人通常会选择这种模式。与“社区内照顾”不同，“由社区照顾”的服务主体通常是老年人比较熟悉的群体，例如其家庭成员、朋友或者是在社区居住的邻居等，当然还包括一些热心的志愿者。这种模式的优点在于：一方面，由于是比较熟悉的群体为他们提供服务，所以老年人在心理上更容易接受，归宿感较强；另一方面，该模式能够充分地运用社区内部的人力资源，成本比较低。一些学者认为，理想的社会状态是将这两种社区照顾模式结合在一起，根据不同的需要相互补充，这样更有助于社区服务价值的体现。

3. 国外社区养老服务的几种具体模式

由于各国的经济发展水平和具体的国情不同，因此，每个国家所采取的社区养老服务模式是有差别的。下面介绍一些国外发展比较好也比较典型的社区养老服务模式。

（1）英国的社区照顾。

英国选择的社区养老服务模式是与本国的社会发展相适应的社区照顾模式。该模式向那些无依无靠、身体有残疾的老年人提供服务。在该模式下，有需要的老年人会享受到专业服务人员的高水平照顾，这在很大程度上提高了他们的晚年生活质量。其主要服务内容包括生活照顾、物质支援和心理支持。这种模式因具备低成本、高效率、专业性强等优点，在国际上备受赞赏。

英国的社区照顾模式是在下述两个理念的基础上建立和发展起来的。第一个理念是要使老年人在自己熟悉的环境下享受养老服务。与普通的福利院不同，英国的社区照顾没有将被照顾者从原来的生活区中分离出去，而是选择了在老年人居住的社区中提供全面的服务。这样的服务方式对于老年人来说会增加其归属感。第二个理念就是动员社区支持体系开展社区服务。社区照顾模式非常重视利用社区内部的资源来为老年人提供服务。该模式因为充分利用了社区内的人力资源和社会资源，因此大大降低了照顾的成本。这也是社区照顾模式的突出优点之一。

在实际的发展过程中，对社区照顾体系的建设发挥着重要作用的有三类人，即经理人、主要工作人员以及照顾人员，这三类人员分别承担着不同的责任。对于经理人来说，主要承担着两项重要的任务。一是对机构内部的日常事务具有管理权，同时他决定着养老经费应该如何高效地使用。二是负责监督机构中服务人员的工作，以此来保证工作人员的高效率和服务的高水平。对于社区的主要工作人员来说，他们在接受来自经理人的监督的同时，要对生活上有困难的老年人进行帮助并提供服务。当然，在工作结束时，他们会获得一定的补贴。第三类发挥作用的主体就是照顾人员。他们的任务就是为有需要的老年人提供照顾照料的服务。上述三类人员在各司其职的同时，也在相互促进，共同为社区照顾体系的发展贡献力量。

英国的社区照顾有以下几个特点：首先，社会照顾的机构体系是十分完整的。在机构的组成上，有一部分机构是政府主办的，一般具有非营利的性质，还有一部分是私营性质或者是商业性质的机构，这些机构为老年人提供多种多样的照顾服务；在监督方面，英国政府对机构的监管是十分到位的，政府对工作人员的资格做出了详细的规定并严格按照标准进行监督；在人员构成方面，机构内的工作人员除了政府人员以外，还有大量的社会人士以及相关的志愿者。英国的社区照顾机构在发展过程中，不论是工作体系的建设还是人员队伍的建设都十分完善，从而确立了更好地为老年人服务的基本前提。其次，充分依赖社区。社区照顾模式的一个主要特点就是：能够充分利用社区内部的资源为老年人提供服务。这也是该模式的一个重要优点之一。社区照顾模式在发展过程中以社会为依托，积极调动社区内部的人力资源为老年人解决养老问题。再次，主张以人为本。这是英国社区照顾最突出的特点。在服务过程中，社区充分考虑到老年人的实际需要，尊重老年人的意愿，为他们提供多元化的服务。老年人年纪较大且行动不便，所以社区一般会建设比较方便实用的养老设施。同时，为了帮助老年人解决心理问题，促进其心理健康，每个社区一般都会建立专门的心理咨询室，为老年人提供专业的心理咨询服务。最后，社区照顾的建设以政府为主体。政府每年都会支付大量的养老资金，被照顾的老年人基本上只需要支付很少的费用就能够享受到周到的服务。同时，政府会出台很多有利于社区照顾机构的政策以及相关的法律，在制度上给予社区照顾很大的优惠以及保障。照顾服务人员也以政府工作人员为主。

（2）日本的居家养老服务模式。

日本作为全球老龄化人口比例最高的国家，其面临的养老服务压力是十分巨大的。面对如此严峻的人口老龄化问题，如何高效快速地解决养老服务问题一直是日本政府关心的头等大事。从很早以前，日本政府就开始着手建设养老服务体系。如今可以说，日本的养老服务体系建设是比较完善的。日本所选择实施的社区居家养老服务方式取得了显著的成效，被许多国家学习和借鉴。

在正式采用社区居家养老服务模式之前，日本政府也推行过许多其他的养老服务方式。例如，传统的家庭养老服务方式和机构养老服务方式等。实践证明，上述养老服务方式在当时都为国家养老问题的解决发挥过作用。然而，随着时代的发展和老年人思想观念的转变，传统的养老服务方式已经不能够满足老年人的养老服务需求。因此，日本政府开始寻找新的养老服务方式。

20 世纪 70 年代，日本政府经过研究和分析之后开始采用居家养老服务模式。日本的居家养老服务模式是指以家庭为核心，依托社区和社区中的专业服务人员，为居住在家的老年人提供养老服务的模式。

这种养老服务模式的特点是：首先，法律保障是其发展的基础。在居家养老服务模式的发展过程中，日本政府十分重视法律的支持作用。政府陆续出台多项法律来保障居家养老服务模式的地位。同时，这些法律在鼓励居家养老服务模式发展的同时，也明确规定了相关工作人员的行为规范，对这些服务人员进行监督。这样的做法可以有效保障老年人得到高质量的养老服务。当然，法律在规范服务人员行为的同时，也明确保障了他们的社会地位和经济地位。这样做既保障了服务人员的实际利益，也为养老服务行业留住了更多的人才。可以说，正是因为有比较完善的法律体系的支持，日本的居家养老服务模式才得到高速的发展。其次，日本的居家养老服务模式的一大特点就是服务内容的广泛性。例如，医疗服务、心理治疗、日常生活照料、文化娱乐等。不论老年人需要何种服务，相关的组织基本上都会满足其要求。不仅如此，为更好地提高服务水平，服务人员还会不断地对养老服务的内容和形式进行创新，推出各种丰富多彩的新颖的服务。最后，居家养老服务模式的组织形式多种多样。有些是政府组织形式，有些是民间组织形式，但是以政府出资为主；还有的则是私人组织形式。这些组织对养老问题的解决发挥着巨大作用。不仅如此，社会人士也付出了努力。在日本，有许多社会人士到养老服务机构担任志愿者。例如，一些家庭主妇会在周末去养老机构担任志愿者；大学生也会经常以社团为平台参与养老服务；一些企业会固定为有合作的养老服务机构捐款。

（3）美国的退休社区模式。

在美国，由于年龄上的差别，不同年龄的老年人对于养老服务的需求是不同的。一些年纪较大、身体健康状况略差的老年人喜欢居住在以提供医疗服务为目的的社区。在这里，社区安排专业的服务人员对老年人的身体负责，同时对不同病情的老年人提供不同的医疗帮助。因此，这样的社区深受那些身体条件较差的老年人的欢迎。而一些身体健康的老年人则更喜欢居住在以休闲娱乐为主题的社区中。这些老年人有比较好的自理能力，他们缺乏的并不是专业的医疗救助，而是休闲娱乐场所。在美国，这种以提供休闲生活为目的的社区被叫作退休社区。这是一种比较新颖的养老方式。

退休社区可以看作是那些退休后的老年人为自己选择的一种居住方式。其主要包括“退休新镇”、“退休村”和“退休营地”这三种以休闲为主要目的的方式，以及“老人照顾中心”和“继续照顾退休社区”这两种以提供医疗服务为主要目的的方式。同时，退休社区还有一些特殊的形式，例如，专门为那些因为经济衰退而失业并且无人照顾的老年人建设的“只留老人社区”；还有为打算在社区中安度余生的老年人设计的“居住在此直到老的社区”。居住在这里的老年人一般都家境较好，每一位居住在此的老年人都有一套单独的卫生间以及厨房套间，同时，社区还会安排专业的服务人员上门为老年人提供清洁服务和做饭服务。

美国的退休社区的特点体现在：第一，退休社区内的养老服务设施十分完善。为满足所有居住在此的老年人的需求，退休社区建立了各种功能的养老服务设施。例如，老年人活动室、老年心理咨询室、老年舞蹈室等。第二，社会力量十分壮大。退休社区的发展不仅仅依靠政府的努力，社会各界人士也都积极参与其中。每年都有大批的志愿者来到社区自愿免费为老年人提供服务，企业也会通过捐款等形式促进社区养老服务的发展。第三，服务人员素质较高。机构中的工作人员都有较为专业的能力和知识。这是退休社区能够为老年人提供高水平养老服务的前提条件。在社区内，针对不同的老年人有不同的工作人员为其服务。同时，员工队伍具有创新性思维，面对不同的服务对象能够提供多样化的服务内容，有效保证了服务水平。

作为具有美国特色的养老服务体系，退休社区为政府有效解决了大部分的养老问题。该模式灵活便利，内容丰富，有效帮助政府缓解了养老服务的压力，是与当前美国社区的发展水平相适应的高效的养老服务模式。

2.2.5　国外城市社区养老服务模式的特点

随着时代的发展和科学技术的进步，人们的生活水平逐渐提高，老年人的养老服务需求和思想观念也发生了巨大的改变。面对这样的变化，自 20 世纪 80 年代开始，西方各发达国家陆续对本国的养老服务模式进行调整和改革。实践证明，充分发挥社会力量来发展养老服务事业是较好的选择。因此，西方发达国家逐渐将本国养老服务发展的重点转向了社区养老服务体系的建设，并取得了显著成效。在对西方国家社区养老服务模式进行研究之后，可以总结出其特点，对于我国城市养老服务事业的建设和发展具有很好的借鉴意义。

1. 以政府为主导

在国外社区养老服务模式的发展过程中，许多力量都发挥着积极的作用。在这些力量中政府是唯一的主导力量，发挥着不可替代的作用。政府会定期出台相关的优惠政策来促进社区养老服务的发展，并运用这些政策来调配社会资源，监管养老服务机构，以此来保证优质的养老服务水平。同时，政府的主导作用主要表现在财政支持方面。政府每年都要拨付大量资金到养老服务体系的建设之中，这是社区养老服务模式不断发展的基础。例如，澳大利亚各级政府之间相互配合，在养老服务事业上投入了大量的资金。其中，大部分资金由联邦政府来负责，而州政府和地方政府也要提供配套资金。这样的资金投入方式是其养老服务事业不断发展的重要保证。在英国也是如此，政府在促进养老服务事业的发展过程中承担着主要的角色。一部分政府雇员会从事一些相关的照顾服务工作。同时，政府出资建设社区中的服务设施。这些服务设施大部分都是免费使用的，只有小部分设施会收取使用费用，但是费用较为低廉，均在老年人的承受范围之内。在日本，许多社区养老服务机构都是由政府创建的。由此可以看出，社区养老服务事业的发展离不开政府主体作用的发挥，正是政府的大力支持才使得养老服务事业不断向前发展。

2. 养老服务主体多元化

在国外，政府在养老服务体系建设中一直发挥着主导性的作用。但是，实践证明，仅仅依靠政府的力量建设养老服务体系是很困难的。政府不是万能的，它在发挥作用的同时也会遇到一些无力解决的问题。因此，为了保证养老服务事业的不断发展，政府会鼓励社会各界参与到养老服务体系的建设中，共同为养老服务事业的发展贡献力量。这些社会力量主要包括非政府组织、非营利组织、志愿者组织以及工商企业等。它们分担了政府的压力，在资源、资金、创新等方面弥补了政府的不足，有效提升了养老服务的质量。

在美国，社区养老服务机构十分重视民众的参与，国家不仅鼓励市民以志愿者的形式参与到社区养老服务机构中，同时也鼓励大学生以及青少年的积极参与。有的大学将加入社区服务作为一门课程，要求每一位大学生去参与社区服务，有的学校甚至将学生参与社会服务的成果与评选奖学金的标准结合在一起。这些措施促使学生参与到社区服务中，有利于其全面发展。在日本，除了政府主办的养老服务机构之外，还有大量的民办和政府与民间资本合办的社区养老服务机构。民间组织的参与在一定程度上弥补了政府财政资金不足的问题，同时也促进了养老服务内容的多元化。

3. 养老服务设施较为完善

西方国家在城市养老服务体系建设和发展过程中比较重视养老服务设施的建设。因此，社区养老服务机构内部的养老服务设施比较齐全。这是许多国家城市养老服务体系建设过程中呈现出的一个显著特点。

以美国为例，美国的城市社区养老服务机构多种多样。例如，专门为身体条件较差的老年人提供服务的老年护理公寓；仅在白天为有需要的老年人提供服务的日托所；针对经济条件较好、身体健康的老年人开设的高级老年公寓，等等。同时，美国城市社区的养老服务机构的基础设施也比较完善，一般都会设立心理咨询室、老年活动站、老年康复中心等。完善的养老服务设施为老年人享受高质量的养老服务提供了基本保障。

4. 社区养老服务内容多样化

西方发达国家不仅重视养老服务体系中的养老服务设施建设问题，同时，为了能够真正满足老年人的养老服务需求，也在不断创新养老服务的内容。经过不断的调整与发展，西方各国根据各自的国情与经济发展水平，开展了多样化的养老服务活动。例如，美国根据本国的国情建立起了老年活动中心。在这里，老年人不仅可以接受传统的老年人服务，而且可以接受免费的老年人教育。同时，老年活动中心还经常组织丰富多彩的老年人活动，并鼓励老年人参加。在英国，养老服务人员会提供居家服务、医疗服务、心理支持、整体关怀等老年人服务，使老年人能够得到全方位的照顾。澳大利亚启动了“家庭及社区服务计划”，该计划涵盖了多元化的服务内容，例如，为老年人提供日常的送餐服务、帮助老年人进行家庭打扫、协助老年人购物或者为老年人提供日常的生活照顾等。在澳大利亚，养老服务的方式也是多种多样的，有定期服务也有临时服务，等等。与此同时，如果老年人需要帮助，只要拨打电话，就会有相关的工作人员或者志愿者进行上门服务。这些多元化的服务内容和服务方式对提高老年人的生活质量发挥着很大的作用。

5. 养老服务人员的专业化水平较高

在西方发达国家，专门从事养老服务工作的准入门槛比较高。同时，国家和养老服务机构都在积极发展多元化、专业化、品牌化的养老服务产品。这一系列的要求使得国外的养老服务人员具有较高的专业化水平。这也是我国养老服务事业发展过程中比较欠缺的内容。

在美国，从事养老服务事业的工作人员必须具有专业化的素质，这是国家和相关养老服务机构都非常重视的方面。养老机构在提供养老服务的过程中采取多种措施提升机构内部服务人员的整体素质。例如：许多社区内部的养老服务机构会聘请专业的服务团队为老年人提供服务；养老服务机构还会定期对机构内部的工作人员进行培训和考核，只有考核成绩合格的人才能在机构中工作。在日本，养老服务人员的素质也是上岗的标准之一。日本颁布了《社会福利士及看护福利士法》，该法律规定：看护福利士必须具有相应的工作能力和专业知识，必须要通过相应的资格证书的认证才可以上岗工作。在一些发达国家，许多高校开设了与城市社区养老服务有关的专业，鼓励有兴趣的学生选择相应的课程。

6. 国家为社区养老服务提供法律保障

面对日益严峻的人口老龄化问题，许多国家选择了社区居家养老服务模式。这些国家不仅将这种养老服务模式纳入公共福利政策之中，而且在财政方面积极鼓励这种模式的发展。各国还出台相关的法律法规来鼓励和引导社区居家养老服务模式的发展，为其提供法律保障。

美国政府颁布了一系列的法律法规来促进社区居家养老服务模式的发展，例如:《老年法》《老年人社区服务就业法》《老年人个人健康教育和培训方案》等，这些法规明确了社区老年服务参与主体的权利与义务，规范了社区养老服务的运作体系，提高了运作效率，提升了社区养老服务的质量，促进了养老服务事业的发展。再例如，英国政府在 1977 年和 1990 年分别出台了《全面健康服务质量》和《全民健康服务与社区照顾法案》，从法律的角度给予照顾服务巨大的支持。日本政府从 20 世纪 50 年代开始，就通过立法的形式解决养老服务问题。1959 年，政府颁布了《国金法》，在一定程度上解决了老年人的经济保障问题；1982 年，政府出台了《保健法》，确立了社区养老服务的方向；2000 年出台了《护理保险制度》，解决了老年人护理照料的费用问题。

7. 广泛开拓资金来源

随着人口老龄化程度的不断加深，各国开始纷纷重视养老事业的发展。众所周知，任何问题的解决都需要资金作为基础，养老问题的解决需要大量的资金作为支持，这是解决问题的基本保障。由于养老问题日益严重，各国政府开始出资建立社区养老服务机构。然而，随着养老服务机构的不断增多，政府的财力开始力不从心。不能仅仅依靠政府自身的力量来应对日益严峻的人口老龄化问题，如果仅仅依靠政府的财政资金也只会给政府带来沉重的财政负担。因此，要想更好地解决养老问题，政府必须鼓励和支持社会组织和广大的民众参与到养老服务事业中。政府可以通过税收政策鼓励民间组织参与，例如，通过税收优惠或者税收减免政策吸收民间资本；政府可以通过契约的方式向社区组织购买养老服务，等等。这些措施都能够缓解政府的财政压力，有效拓宽资金的来源渠道。

在日本，国家明确规定，养老资金应由政府、社会和个人三方共同承担。主要的资金由政府承担，同时养老服务机构通过筹募的方式来发挥辅助的作用，这种方式在很大程度上保证了资金来源的多样化，较好地解决了资金来源单一的问题。在英国和北欧国家，以福利的形式为居家养老服务提供了大量的资金。政府在提供某些服务时，根据服务对象的经济状况收取一定的费用，这在一定程度上弥补了政府财政资金不足的问题，同时也提高了养老服务的质量和服务的效率。此外，一些国家社区养老服务的资金还来源于富裕人群的慈善捐赠，以及老年人自身的储蓄等。上述这些方式的共同作用在很大程度上减轻了政府的财政压力。

通过上述分析可以发现，国外学者对于城市养老服务体系的研究主要聚焦在两个方面。一是对养老服务模式的转变过程进行了分析。在发展初期，机构养老服务模式确实发挥了巨大作用。然而，随着老年人数量的增多以及较低的人口出生率，使得人口老龄化问题日益严峻，养老服务机构已经难以发挥作用。这时，学者们提出了社区养老服务模式。这种模式不仅成本低廉，而且贴近老年人的生活，在提供养老服务时更能被老年人所接受。因此，各发达国家开始积极推进社区养老服务模式的发展。二是对城市养老服务体系建设主体的研究。学者们普遍认为，在城市养老服务体系的建设过程中政府发挥着主导作用。社区作为服务载体，对政府的力量进行补充，二者共同促进了养老服务体系的发展。

国外学者对城市养老服务的研究，为我国建设城市养老服务体系提供了宝贵的经验，并且具有一定的启发作用。我们应该积极学习和借鉴这些先进经验，同时结合我国的国情，选择一条具有中国特色的城市养老服务之路。

2.3　中国学者对城市养老服务的研究

2.3.1　养老服务主体和养老服务内容研究

1. 养老服务主体研究

中国大部分学者认为，养老服务主体分为四大部分：政府、社会、家庭和个人。学者们普遍认为，养老服务事业具有明显的非排他性，在性质上属于准公共物品。因此，政府应该将提供养老服务当作自己的义务，在自己的职权范围内安排好相关的工作。蒋正华认为，无论国家选择哪种养老服务模式，在其建设和发展的过程中政府都应该发挥不可替代的主导作用。他认为，这种主导作用主要体现在：政府每年都应该在财政上拨付一定的资金来支持养老事业的发展。张丽认为，政府可以采取采购的方式来推进养老服务事业的发展。通过这种方式为养老服务机构提供公平竞争的市场环境，并鼓励相关机构进行良性竞争。最终，由政府完成购买服务的工作。采购的方式可以提高社会资源的使用率，有力地推进养老服务市场的健康发展。

除了政府发挥主导作用以外，在中国，为老年人提供养老服务的主体还包括家庭、社区和个人。

在初期阶段，养老服务问题主要是家庭和个人的事情，老年人主要依靠家庭来安度晚年。从古至今，爱老、敬老一直是我国的传统美德，“百善孝为先”的思想也一直被中国人所认同。在这样的传统影响下，许多家庭的子女对年迈的父母是负有赡养责任的。子女在家中照顾老年人，为他们提供无微不至的照顾，使他们过上幸福的晚年生活。总体来看，在家中养老不仅是一种成本较为低廉的方式，而且有助于家庭的和谐以及老年人的心理健康。

然而，随着中国经济社会的不断发展和老年人口的不断增多，家庭养老方式开始出现了一系列问题。例如，由于经济上的压力，子女们不得不压缩照顾老人的时间；许多家庭在养老方面出现了资金不足的问题，等等。这些问题的出现使得家庭养老模式无法满足老年人的养老服务需求。这时，社会化的养老服务开始出现，并有效解决了养老服务资金不足和时间不足的问题，弥补了家庭养老的缺陷。

学者们在进行充分的研究之后认为：中国应该积极依靠社会力量建设和发展养老服务体系，充分发挥社会力量的强大支持作用，使他们成为养老服务重要的提供者，与政府和家庭一道共同为解决养老服务问题贡献力量。多数学者赞同和支持养老服务社会化的发展趋势。邬沧萍在《提高对老年人生活质量的科学认识》一文中提道：“目前，中国养老服务模式的发展趋势是：要积极推动家庭养老模式向社会养老模式的转变，将社会养老模式成为当前的主要模式。”张惜梯在《市场经济条件下的家庭养老与社会化服务》中提道：“社会化服务是符合市场经济要求的。”

当然，也应该意识到，即使社会化的养老服务模式是未来的发展趋势，但是它依然不能够完全取代家庭养老的模式。对于一些思想观念比较保守、家庭观念较重的老年人来说，社会化的养老服务模式往往不能满足他们的要求，他们还是渴望家庭的温暖和家人的照顾。

学者们认为，个人同样也是养老服务的供给主体。那些身体条件比较好、能够生活自理的老年人在接受他人照顾的同时，也应该承担起自己照顾自己的责任。徐勤、郭平认为，中国作为一个发展中国家，财政资金是有限的，在这种情况下，国家财政投入养老服务事业的资金也是有限的。同时，养老服务体系外部支持的获得是一个系统性的过程，受到许多条件的制约，外部支持的连贯性是难以保证的。所以，想要真正解决老年人的养老服务问题，真正促进中国养老服务事业的不断发展，必须加强对老年人个人提供系统的建设，使老年人提升自己照顾自己的能力。

2. 养老服务内容研究

在中国，老年人的需求在很大程度上决定着养老服务的内容。因此，大多数学者对养老服务内容的研究都是从养老服务需求这个角度开始的。多数学者认为，中国老年人的需求主要包括医疗救助和护理的需求、持续而稳定的经济收入需求、精神关爱的需求。中国的养老服务内容正是围绕这三点展开的。

董红亚认为，老年人的需求不仅包括经济收入需求、医疗照顾需求与精神关爱需求，还包括护理需求。基本养老服务体系是一个具有丰富内涵的概念，需要有经济层面的保障作为基础，也需要有社会层面的老年护理以及心理层面的精神慰藉。穆光宗经过相关研究之后认为，生存性需求、发展性需求以及价值性需求是老年人主要的需求因素。刘晓梅认为，养老要充分调动有利因素，合理整合优化资源，进一步构建老年生活多元援助体系，以此满足老年人多层次、多样化的养老服务需求。

2.3.2　养老服务模式研究

目前，中国对于养老服务模式的研究主要集中在以下三个方面：家庭养老服务模式、机构养老服务模式和社区居家养老服务模式。

家庭养老是比较传统的养老服务模式，指的是需要被照顾的老年人居住在家中，完全依靠家庭成员和亲戚朋友们提供经济上的支持和生活上的照顾。在中国古代以及后来的农业社会，这种模式一直发挥着主导作用，并为国家的养老服务事业发展作出了巨大贡献。然而，随着时代的进步和老年人思想观念以及需求的变化，家庭养老的功能开始不断弱化。对待这种变化趋势，中国一些学者提出了自己的看法。崔丽娟、徐硕、王小慧认为，虽然一些思想比较传统的老年人依然会选择家庭养老的模式，但毋庸置疑的是，随着时代的不断发展，家庭养老服务模式必然会面临越来越多的挑战。王东和秦伟认为，经济不断发展带来的快节奏生活必然会改变年轻人的生活方式和思想观念，他们会面临越来越大的生活压力和精神压力，家庭规模也会随着时代的改变而逐渐缩小。这就意味着只依靠家庭成员来照顾老年人的方式会给年轻人带来巨大的压力，家庭的养老服务功能开始弱化。风笑天在研究了城市独生子女的父母如何养老的问题之后得出了一个结论：城市中的独生子女仅仅依靠自身的力量来承担养老服务重任是十分困难的，他们一边要处理快节奏的工作，一边要照顾家庭和家中的老年人，这使得他们开始力不从心。这样的现实表明，传统的家庭养老模式正在失去其存在的客观基础。

由于家庭养老的模式已经不能够再适应社会的发展水平，学者们开始积极寻找其他适合中国的养老服务方案。经过深入研究，学者们提出了新的养老服务方式，即机构养老。

机构养老，是指需要被照顾的老年人居住在诸如养老院、老年公寓等社会养老机构中，并接受机构中专门服务人员照顾的养老方式。这些老年人主要依靠自己的收入、家人的资助，或者是国家的补助来负担机构提供的养老服务费用。针对机构养老服务模式的研究，中国许多学者选择了实地考察的研究方法。例如，王方刃、李金钹、陈上仕就福州市养老服务机构的分布和规模、入住率和医疗卫生服务等问题进行了调查研究。最终发现，入住率较高的通常为政府和集体创办的养老服务机构，而对于那些个人创办的养老服务机构则存在着入住率较低的问题。陈雪萍和章冬英随机抽取了杭州市的几家养老服务机构，通过信函反馈和实地调查的方式就这些养老服务机构的基础设施、老年人的入住情况以及机构中的护理人员等进行了研究。研究发现，这些养老服务机构虽然有着较高的入住率，但是其服务人员的专业素质较差，内部基础设施的数量较少。由此可以看出，该地区的养老服务机构在建设上存在一些问题。曾琳、郭顿玲、施清清则选择到福州市鼓楼区的养老服务机构进行实地调查。他们就这些养老服务机构的布局结构、服务设施、功能定位等进行了深入调查和分析。发现鼓楼区的养老服务机构存在数量严重不足的问题，根本无法满足当地老年人的养老服务需求。同时，养老服务机构提供的养老服务内容单一，没有创新性，养老服务机构内部人员数量不足且素质不高。学者们的调查研究结果表明，中国的养老服务机构在建设上还存在很多问题，机构养老服务模式存在一些缺点。

中国学者研究的第三种养老服务模式就是近年来比较流行的社区居家养老服务模式。学者们认为，传统的家庭养老服务模式和机构养老服务模式虽然为中国养老服务问题的解决奠定了坚实的基础，但是，它们依然无法满足我国老年人日益增长的养老服务需求。为了更好地解决养老服务问题，中国的养老服务事业必须向社会化的方向转变，养老服务体系的建设必须依靠社会力量。在这样的背景下，中国学者提出了社区居家养老服务模式。

与传统的养老服务模式不同，社区居家养老服务模式不仅依靠家庭成员的力量，而且依靠社会力量为老年人提供服务。其中，社区发挥着重要的作用。社区力量的加入有效缓解了家庭的养老负担，同时也提升了养老服务水平。洪国栋在对社区居家养老服务模式进行研究之后认为，该种养老服务模式将家庭的功能和社会的功能结合在一起，能够有效提升养老服务的质量。潘小娟则对社区居家养老服务模式的优点进行了分析，她认为，该模式不仅能够为老年人提供诸如饮食起居、卫生打扫、医疗救助等日常服务，同时，还可以为老年人提供多样化的休闲娱乐服务。通过调查她发现，许多城市社区都会定期为老年人提供丰富多彩的老年活动，例如歌唱比赛、朗诵大会等。还有一些社区为了丰富老年人的精神世界，建设了老年图书馆、老年大学等。这些老年活动都是传统的家庭养老服务模式做不到的，而且这些活动的开展丰富了老年人的精神世界，满足了他们的精神需求。

除了上述三种养老服务模式，中国学者还对许多其他养老服务方式进行了研究。例如，异地养老模式、以房养老模式、候鸟式迁徙养老模式、搭伴养老模式等。中国应当将多种养老服务模式结合起来，努力建设一个多层次、高水平的城市养老服务体系。

2.3.3　城市养老服务综合研究

中国老年人口已经显现出增长速度快、老龄化明显、空巢率加速、孤寡老人比例持续增加等特点，这对中国的城市养老服务提出了严峻的挑战，实施精准化的城市养老服务迫在眉睫。

中国学者从不同视角对养老服务体系和养老服务模式进行了研究。龚静怡（2004）认为，居家养老与社区养老服务具有既不会割裂老年人的社会网络，又可以减轻家庭照料负担的优点。所以，居家养老—社区养老服务成为最符合中国国情的城镇居民养老模式。任炽越（2005）认为，政府有关部门应充分发挥其作用，不断推出解决居家养老服务的配套政策，强化居家养老服务的社会化和专业化，促进居家养老服务的规范化发展。王梁（2006）基于在扬州、南京、镇江、泰州四城市进行的老年生活状况调查，描述了这四个城市居民理想的养老居住方式的选择情况，并且利用 Logistic 回归分析方法研究了影响居民理想养老居住方式选择意愿的主要因素，认为体制因素在影响居民的选择意愿方面起到了比经济因素更加重要的作用。肖洁（2007）通过对湖北省武汉市居民对待养老方式态度的调查，从认知、情感、行为倾向三方面对影响养老方式选择的因素作了代际比较研究，对行为倾向方面存在代际差异的原因进行了探讨。王树新、周俊山（2007）利用2005 年北京老龄协会提供的调查数据，从经济支持、生活照料支持和精神慰藉支持三个方面分析了北京老年人养老家庭支持力及老年人对这方面的评价，认为应完善老年医疗保障体系（特别是农村），提高养老金水平，加大老年社会福利，建立健全社区养老服务体系。

唐仲勋、叶南客（2002）认为，中国应借鉴国外通过立法加强社区服务工作人员的专业化程度和提高社区服务水准的做法，利用现在大学开设的社会工作专业和民办院校培养的学生，建设一支专业化的队伍。韩振燕、辛天霞（2005）通过对温州老人公寓发展状况的分析，认为中国的福利机构应朝着对象社会化、运行市场化、服务高质化等方向发展，不断提高中国老年福利机构的整体水平。李斌、夏青（2006）以天津为例，分析了城市老龄化所带来的问题，通过对现有两种养老模式（家庭养老与福利养老）的局限性进行研究，探讨了一种新的养老模式——老龄社区。他们认为，随着中国城市老龄化的进一步发展，老龄社区必将成为社会养老方式的主流形式。段俊（2006）认为，应建立政府主导、民政牵头、部门配合、社会参与的养老福利事业发展管理体制和工作机制。周尚意、姜苗苗（2002）针对北京海淀区所有的敬老院进行了空间可进入性的对比分析，对未来海淀区敬老院的发展规划和调动民间力量兴办敬老院提供了有价值的参考。空间可进入性既是衡量敬老院未来发展潜力的重要指标，也是衡量社会福利及公平性的新视角。

赵芳、许芸（2003）从空巢老人的养老视角出发，认为家庭成员虽然仍是空巢老人最主要的照顾资源，但家庭的照顾功能因“空巢”的现实正逐渐弱化。所以，居家照顾必须配以适当的社区照顾，将老年人服务与其他不同年龄和类型的服务区别开，独立发展，形成一个有助于“空巢”老人养老的社会支持体系。王国忠（2005）认为，单位福利和子女抚养构成了家庭养老时期的主要养老资源。在社会福利社会化政策实施过程中，养老理念的转变关系到养老资源的重新配置、整合及服务模式的创新，因此，也直接影响到了老年人的生活质量和护理质量。黄乾、原新（2006）认为，老年人协会是政府老龄工作职能转移的促进者与主要承接者，是促进民主建设的重要力量，而且老年人协会能够促进良好的社会秩序的形成等。但是，目前老年人协会发展不平衡，老年人参与率低、经费短缺等影响了老年人协会的发展。需要建立健全相关的法律和制度，为老年人协会的发展提供稳定的保障，增强老年人协会的功能。许海燕（2007）分析了城市养老方式的发展趋向，认为“候鸟式”迁徙养老、“搭伴养老”等是城市养老的发展趋向。何芸、李建权（2007）认为，应当将家庭养老、社会养老和社区养老结合起来，形成多层次、多样化的养老保障体系，这是中国养老模式转型的现实选择。杜选（2007）从粤澳养老经济保障与养老服务保障的现状入手，分析了两地存在的问题，并提出两地应进行合作，发挥各自的资源优势，重点发展异地养老与社区信息化养老模式。

董红亚（2011）比较全面地论述了中国养老服务体系建设问题；郭竞成（2010）、郅玉玲（2010）、郭风英（2011）、高红（2012）基于对北京、苏州、杭州、上海、宁波、青岛等地居家养老社区服务系统的研究指出，目前中国城市的居家养老服务大多形成了由政府购买、街道与社区承办、民间组织补充、市场介入、家庭参与的供给体系；杨静慧（2014）对中国互助式养老问题进行了较深入的分析，提出了一些有益的建议；胡宏伟、李延宇、张澜（2015）运用定量分析方法对中国老年长期护理服务需求状况进行了评估与预测；潘峰、宋峰（2015）对互联网+社区养老的基本路径进行了研究和分析；席恒（2015）以分层分类养老为目标，认为应当提高养老服务目标的瞄准率，满足不同人群的养老服务需求；王琼（2016）运用“中国城乡老年人口状况追踪调查数据”研究了城市老年人的养老服务需求及其影响因素，认为城市老年人有较高的养老服务需求，然而需求被满足的程度较低。陈莉、卢芹、乔菁菁（2016）认为，政府应通过搭建智慧社区养老服务平台，改革社区管理制度等，促进社区养老服务的发展。边恕、黎蔺娴、孙雅娜（2016）采用定量分析研究方法，利用 Logistic 模型，在分析影响养老服务需求因素的基础上，提出了以政府为主导、以服务链理论为指导、以社区为载体的城市养老服务体系，以满足老年人的养老服务需求。郭延通、郝勇（2016）在比较分析失能老人和非失能老人对养老服务需求差异的基础上，提出城市养老服务需要社会力量的广泛参与，应当让社会爱心组织和社会工作者人尽其才，为城市养老服务作出应有的贡献。王晶晶（2017）认为，“十三五”时期中国应当创新服务方式，构建多层次养老体系。辜胜阻、吴华君、曹冬梅（2017）认为，应进一步明确政府在养老服务体系中的职能定位，利用“互联网+”技术发展智慧养老。冯艳平（2017）针对中国现有的养老模式，提出在建立健全养老保险模式的基础上，实施医养结合型的综合养老模式。温海红、王怡欢（2017）在建立养老服务政策实施效果评价指标体系的同时，提出应构建多元化的养老服务体系。武荣（2017）认为，随着中国人口老龄化的加剧，建立完善的养老服务体系需要从提供主体、服务方式、服务内容三方面着手。萧子扬（2017）在分析中国城市社区养老服务体系存在问题的基础上，提出政府应加快城市养老服务人才队伍建设，大力发展民间组织和非政府组织，促进中国养老服务业的快速发展。黄海波（2017）认为，随着中国传统养老模式的退化，应构建以新兴养老服务方式为主、传统养老服务方式为辅的养老服务体系。张丽霞（2017）认为，政府应加大对养老服务机构的财政投人，构建“双红利导向型”的社会企业发展模式。

综上所述，中国学者对现行养老服务的运行与发展状况进行了较为全面的研究和分析，但是，对精准化城市养老服务建设问题尚缺少系统性的研究。

2.3.4 代表性的城市养老服务模式

1. 上海的居家养老服务模式

随着中国经济的不断发展以及人民生活水平的提高，近些年中国老年人口数量持续增加。如何有效缓解国家的养老服务压力已经成为党和政府的重要任务。作为全世界著名的大都市和中国的经济中心，上海在取得飞速发展的同时，其面临的人口老龄化问题也在不断加深。

经济的快速发展使得上海的社会节奏在不断加快，年轻人在这样的生活节奏下根本没有时间照顾家中的老人。同时，生活质量的提高延长了上海老年人的平均寿命，老年人口不断增加，传统的养老模式根本无法满足持续上升的养老服务需求。数量多、增长速度快、老龄化程度高、需要护理的老年人口较多，而且一部分老年人出现未富先老的情况，这些都是上海市人口老龄化问题呈现出的特点。面对如此严峻的社会形势，上海市政府将解决养老服务问题看作头等大事，加大了城市养老服务体系的建设力度。

为了解决老年人的养老问题，上海市政府选择了社区居家养老的方式为老年人提供养老服务。政府选择了静安、黄浦等六个区开展了试点工作，充分调动社会资源建设社区养老服务机构。同时，鼓励广大社会人士为养老服务事业献出力量，积极促进养老服务事业向惠普型转变。上海市政府在各个社区内建设了社区老年活动室，并投入资金建设了许多方便老年人活动的基础设施。这些活动室经常定期举办一些文艺活动，为老年人的晚年生活带来了许多乐趣。除了老年活动室，上海市政府还创建了能够为老年人提供方便服务的老年服务中心。在这里，有专门的工作人员为需要被照顾的老人提供日常服务，包括洗衣、打扫卫生、做饭等。这些服务人员在从业之前都经过了系统的培训，因此，具有较高的专业化水平，保证了养老服务的质量。

上海市的社区居家养老模式主要有护理员上门服务、组建志愿者救助队服务、日托中心三种。

护理员上门服务，是指社区指派专门的护理员到需要照顾的老年人家中进行上门服务。由于是上门服务，因此对被照顾者来说是十分便利的。

对于组建的志愿者救护队服务来说，其功能的发挥主要依赖于志愿者的素质。因此，如何提高志愿者素质是相关机构非常重视的问题。在这种服务模式下，相关组织对志愿者的挑选不是随机的，而是经过严格的选拔之后任用的。这些被选拔上来的志愿者在正式上岗之前，还要经过由民政局的相关部门组织的统一培训。这样就基本上保证了志愿者的高素质，使他们能够为老年人提供高质量的养老服务。同时，志愿者提供的服务并不是完全免费的，有偿的服务形式吸引了许多感兴趣的群众参与到志愿者组织中。

日托中心主要向那些仅在白天需要照顾的老年人提供服务，其服务的形式也是多样化的。例如：为有需求的老年人提供早餐和午餐服务；提供午间休息场所；等等。这种方式的灵活性很强，受到许多老年人的欢迎。

作为老年人日常的居住地，社区对于老年人来说是除了家庭以外最熟悉的地方。通过社区向老年人提供服务的方式不仅十分便利，而且能够使老年人在享受服务的同时获得强烈的归属感，有利于他们的身心健康。总之，社区居家养老服务模式以其较低的成本和较高的效率，很好地解决了上海市大部分的养老服务问题，有效缓解了当地政府的养老压力，为上海市的养老服务事业作出了很大的贡献，是一种值得大多数城市学习和借鉴的养老服务方式。

2. 大连市的居家养老院

大连市也是步入人口老龄化社会比较早的城市。对于大连市来说，如何更好更有效率地降低人口老龄化给社会带来的负面影响就显得十分重要。大连市政府一直在努力探索高效的方式来促进养老服务事业的发展。

在全国推行社区居家养老服务模式的大环境下，大连市结合自身的特点开创了“居家养老院”的服务模式。首先在大连市沙河口区进行试点，之后各个城区结合自己的实际对原有的养老服务模式进行改革，探索出了适合本区域的养老服务模式。例如，中山区实施了“送服务、送健康”的“双送”服务，“双送”服务的推出为中山区的老年人提供了极大的便利。

同时，小型家庭养老模式在大连市也非常流行。因为其成本比较低廉、方式较为灵活，被很多地区所借鉴。小型家庭养老模式是指创办者在照顾自家老人的同时，利用自家的住宅，接收同一个社区中有养老需求的老年人，为他们提供有偿的养老服务。这种小型家庭养老服务模式与大型机构养老服务模式的不同之处在于，开办者不需要很多的资金，也不需要有较大的住房，只需要在自己家开办即可，从而极大地降低了养老服务的门槛，使许多有善心的人士可以加入老年服务行业中。

小型家庭养老服务有很多优点。对于开办者来说，这种服务模式易于开办、所需的资金较少。对被照顾者来说，居住在这样的小型家庭养老院中更有家的“味道”，更加感觉温馨。同时，由于是社区居民开办的，被照顾者很可能与开办者相熟识，服务起来会更加便利、细致、周到。因此，小型家庭养老服务模式深受老年人及其家庭的欢迎。

除了小型家庭养老服务模式以外，在大连市比较流行的社区居家养老服务模式还包括日托养老模式。这种模式与托儿所相类似。那些在白天出门工作，没有时间照顾老人的子女们将老人送到日托养老机构。在这里，有专门的服务人员提供日间照顾。在日托养老机构中设有很多文化休闲室，老年人可以在这里参加丰富多彩的文化活动，丰富自己的晚年生活。到了晚上，子女们再将老人接回家中进行照顾。这种模式将传统的家庭养老模式和机构养老模式的优点结合在一起，不仅能够为老年人提供比较专业的养老服务，同时也能够让老年人感受到家庭的温暖，满足了老年人居家的需求。因此，对于那些白天无人照顾，但是不想长期居住在养老院的老年人来说，这种养老模式是很好的选择。

2.4 学术界研究成果评述

2.4.1 中国学术界研究成果评述

随着时代和社会经济的不断发展，人口老龄化问题日益严峻。老年人口数量持续增加、老龄化问题日益严重的现实引起了中国政府、社会以及学术界的广泛关注。近些年，中国的学术界加大了对相关问题研究的力度，从不同的角度对养老服务体系的建设问题进行了研究和分析，并取得了丰硕的成果。例如，研究领域不断拓展、与此有关的专著数量持续增加等。同时，经过多视角的研究，学者们指出了中国养老服务工作的重点领域，即政府和相关组织在保证养老服务供给普遍性和公平性的基础上，应该更加关注老年人的实际需要，根据不同老年群体的不同需求提供多样化的养老服务，以此来确保养老服务的质量。

然而，中国学者对于养老服务理论的研究起步较晚，与许多西方发达国家相比，现有的研究尚存在一些不足。目前，大多数对社区居家养老服务的研究停留在现状描述和地区先进经验与个案的介绍上，缺乏对产生问题的深层次原因的解释性研究。同时，研究比较分散，缺少规律性和系统性。从所采取的研究方法看，大多采用定性的方法，定量的分析较少，理论与实际之间存在差距，结合度不高。缺乏对养老服务需求差异性的深入研究。大多数学者研究的都是老年群体的需求，很少有针对老年人个性需求的研究，这样在某种程度上会忽略一些老年人的真正需求。就研究内容而言，学者们的研究主要集中在为老年人提供生活料理以及医疗卫生救助这两方面，而对于其他方面的研究则比较缺乏。例如，老年人群的精神世界以及相关的养老服务环境等。与西方发达国家相比，针对社区养老服务供给方面的专门研究不足。不断完善社区居家养老服务体系的建设，是中国当前发展养老服务事业发展的关键。如何将社区内的居民、居委会成员、养老服务机构、民间组织、社会组织以及志愿者带动起来，从而实现有效利用社会资源的目的，是学者们应该关注的重点领域。为此，要积极学习和借鉴西方发达国家的经验，结合中国的实际情况不断提升研究水平；要不断提高创新能力；在具体的研究工作中应重视定量方法的使用，使研究成果更加精准；要不断拓宽研究范围，深化已有的研究，真正为中国城市养老服务体系的建设和发展提供有益的政策建议，真正发挥出理论对实践的指导作用，不断推进中国城市养老服务事业的发展。

2.4.2 国外学术界研究成果评述

国外学者对城市养老服务体系的研究主要体现为对城市社区居家养老服务模式的研究，而且研究得比较全面具体。在进行了一系列的有关城市养老服务体系建设和发展问题的深入研究之后，他们得到的主要发现包括影响老年人照料需求的主要因素是身体状况和经济收入。老年人照顾类型包括家庭内部提供的支持和在家庭外部提供的支持，家庭为本的服务和社区为本的服务，工具性服务和感知性服务，由机构提供的养老服务和由社区提供的养老服务等。在老年服务资源投入方面，政府应加大资金的投入力度。社区养老服务模式与机构养老服务模式相比，是一种更为便利的养老服务方式，而且社区养老服务模式基本上符合目前的经济社会发展情况，是比较适宜的养老服务方式。就城市养老服务体系的建设主体来说，政府在养老服务体系的建设中发挥着主导作用，社区作为服务载体同样发挥着重要的作用。

综观国内外相关学者的研究成果可以看到，随着时代的进步和经济社会的不断发展，老年人的思想观念和养老服务需求发生了巨大变化，传统的家庭养老服务模式已经不能够满足社会发展和养老服务的需要。随后发展起来的机构养老服务模式虽然缓解了一部分养老服务压力，但是其缺点也非常明显。例如，养老服务机构的服务水平良莠不齐、床位数量不足、无法满足老年人内心的归属感，等等。因此，机构养老服务模式的地位在不断下降，无法适应现实的社会发展水平。面对这样的现实，学者们纷纷提出社区居家养老服务模式。基于对世界各国养老服务现状的研究，学者们基本上达成了这样的共识：社区居家养老服务作为一种新型的社会化养老服务模式，能够与当前的社会经济发展水平相适应，能够缓解养老服务压力，是一种值得广泛推广的养老服务制度。

因此，应该不断加强对社区居家养老服务模式的研究，这方面的深入研究能够帮助我们更好地建立和完善现有的城市养老服务体系，更好地寻找出解决养老服务问题的方法和应对策略。

第 3 章

中国城市养老服务的演进过程

俗话说“百善孝为先”，在中国，孝顺父母、赡养父母的思想自古以来就得到了人们的认可。作为中华民族的传统美德，敬老、爱老的思想更是被国人广泛推崇。从近代到现代，养老一直是中国政府关心的问题，尤其是在人口老龄化问题十分严峻的情景下。为了解决养老问题，每一个不同的发展阶段，国家和政府都会根据当时的实际情况制订不同的解决方案。随着时代的发展，中国的社会和经济发展水平发生了翻天覆地的变化。系统地梳理和分析中国城市养老服务的演进过程，有助于更好地设计中国的城市养老服务体系。

3.1 中国近代城市养老服务的发展

在中国近代，家庭在赡养老人的过程中发挥着十分重要的作用。一方面，受到儒家思想的影响，中国一直以来都有尊老、爱老的优良传统；另一方面，近代的中国实行的是自给自足的小农经济体制，这就决定了家庭赡养老人的方式是近代中国养老问题解决的主要方式。这种方式在当时的社会发展中发挥了巨大的作用。之后，西方的慈善思想逐渐对中国产生了深刻的影响。一些先进的、有觉悟的国人在了解了西方的慈善思想后，开始对中国的养老服务体系提出构想。这些构想虽然现在看来不太成熟，但是在当时却产生了较大的作用，并对中国养老制度的发展提供了宝贵的思想和经验。

3.1.1 以家庭赡养为主的养老服务

尊敬老人、关爱老人的思想是中华民族的传统美德，很早之前这种思想在中国就十分流行，并且一直延续到现在，被国人所传承。先秦时期已经出现了这种思想的雏形。例如，作为儒家的经典著作——《礼记·大道之行也》中就有这样的记载："故人不独亲其亲，不独子其子，使老有所终，壮有所用，幼有所长，矜、寡、孤、独、废疾者皆有所养，男有分，女有归。"由此可以看出，在先秦时候，中国就开始推崇尊老、爱老的思想了。

近代社会，人们普遍认同"百善孝为先"的思想，并认为后代有赡养父母的义务。这一时期，老年人在家中的地位是比较高的。他们不仅能够得到后辈和家人们的细心照顾，而且也受到国家的尊重。在当时，整个社会到处弥漫着尊老、敬老、爱老的思想，可以说大部分老年人的晚年生活都是幸福美满的。

在近代最能体现出国家尊老、爱老思想的活动就是"乡礼"了。这是当时最为盛大的、全国性质的尊老活动。为了达到"正龄位、序人伦、敬老尊贤敦睦"的目的，"乡礼"会宴请一些德高望重的老年人。在宴会上，60 岁以上的老年人可以在席间就座，50 岁以下的则要站在一旁侍候。宴会一般由乡里的先生、大夫主持，宴会上所花费的费用全由国库开支。"乡礼"的举办很好地推动了当时社会敬老的风尚。

除了举办乡礼，"千叟宴"也是近代比较著名的敬老活动。清朝的康熙、雍正、乾隆等多位皇帝都曾在皇宫中举行过这种活动。宴会一般只邀请 70 岁以上的、德高望重的老年人参加。举办这一活动的主要目的是向全社会传达出尊敬、爱护老年人的思想，进而培养国民的优良品德和素质，最终促进社会的和谐和国家的稳定。

除了举行上述这些活动之外，近代的许多法律规定也都明确提出一些针对老年人的优待政策。例如，《大清会典》中就有这样的规定："70 岁以上者，免其丁夫杂差。"这一系列的规定都可以说明在近代，敬老之风十分盛行。

正是由于在近代敬老之风十分盛行，以及中国自古以来比较浓厚的家庭观念，因此，近代的养老服务模式主要是家庭养老。子女们有赡养家中老人的义务，这是孝顺的要求。年轻的子女在家中要为老年人做家事，照顾家中老人的起居、饮食等各个方面的生活。同时，家中各项事务的决定也要事先争得老人的同意，年轻人不能擅自做主。除了生活上的照顾，在精神方面，子孙也要尊敬老人，要使老年人体会到强烈的归属感，顺利安度晚年。

这种主要由家中子女承担老年人赡养义务的养老方式比较符合当时的社会发展现实。其在实施的过程中表现出以下优点：首先，家庭赡养的方式极大地减轻了朝廷的负担。由于是在家中赡养老人，因此成本较低，不需要朝廷从国库中大量拨付养老资金。其次，在家中照顾老年人的养老方式有利于传播敬老、爱老的思想，有利于家庭内部的和谐，进而促进社会的稳定发展和国家的安定。再次，这种方式有利于促进良好家风的形成。良好的家风是十分重要的。在中国历史上，那些正气凛然、刚正不阿、舍生取义、能够拼死维护祖国利益的人大都是在具有良好家风的家庭中成长起来的。他们从出生开始就受到了长辈身上具有的那些优良美德的影响，因此自然也就拥有良好的品格。与此相反，那些在家风不正的家庭中成长起来的人往往都小肚鸡肠、见利忘义、只顾追求个人利益而置国家利益于不顾。由此可以看出，良好家风的培养、维持和传承对于国家的发展是十分必要的。最后，家庭赡养老人的做法与近代自给自足的小农经济十分吻合，符合当时中国的经济发展现状，能有效解决养老问题。

3.1.2　西方思想对近代中国的影响

在近代，西方的慈善思想对中国的养老服务产生了较大的影响。中国对慈善思想的了解是从西方在华创办慈善机构开始的。鸦片战争之后，西方许多教会开始来到中国传教。这些教会和传教士在中国的通商口岸以及内地创办了许多慈善机构，例如，安老院和孤老院等。中国一些先进的思想家们正是通过这些慈善机构开始了解西方的慈善思想。可以说，西方的慈善思想对中国近代养老服务事业的发展发挥了很大的推动作用。

辛亥革命年间，比年耶教会在上海创办了安老院。中国学者张謇了解到这件事情之后，认为洋人创办的这家安老院与孔子曾提出的“老吾老以及人之老”的思想很相近，因此，亲自前往该安老院进行参观。参观结束后，张謇深受启发。他认为，这种安老院的开办能够很好地帮助一些无家可归的老年人过上温馨的晚年生活。于是在1912年，他在自己60岁的生日宴会上宣布要出资创办一家养老院。从上述事例中可以看到，西方的慈善思想对有觉悟的国人产生了潜移默化的影响。

随着鸦片战争的结束，外国人为了开辟新的传播西方学说的途径开始在中国编译报刊。这些报刊的出现加快了西学在中国的传播速度，许多中国民众开始受到西方学说的影响。这其中，影响最大的就是洋人在上海创办的墨海书馆。

19世纪中期之后，一些思想比较先进的国人开始有了去外国深造的机会。作为第一位驻外大使，郭嵩焘在英国伦敦参观了几所当地创办的慈善机构。在参观的过程中他发现，这些慈善会中善堂繁多，许多因生病而不能照顾自己的老人在这里能得到很好的照顾。不仅如此，政府也会出资来对这些老年人进行供养。他对这种慈善会大加赞赏并向国内积极宣传。这种国人在异国的所见所闻也加快了西方慈善事业对中国的影响速度。

随着西方慈善思想的不断深入，中国有越来越多的学者开始主张将慈善思想运用到中国的养老服务事业中。

洪仁轩是中国第一个提出具有近代意义的社会慈善思想的学者。他认为，要实现真正的近代化国家建设的目的，仅仅建设近代化的工业、农业、金融行业是远远不够的，中国必须要创建比较完善的社会慈善事业。这样做不仅能体现出中国自古以来尊老、爱老的传统美德，同时也有利于社会的稳定和国家的发展。

著名学者康有为针对中国慈善事业的发展也提出了自己的想法。他认为，中国可以通过创建养老院、敬老院的方法来达到孔子曾提出的“大同社会”的境界。即：将社会中那些无家可归的老年人、因为疾病而不能照顾自己的老年人们接到慈善机构中，由国家和社会出资帮助他们安度晚年。

在认真学习并吸纳了西方慈善思想的基础之上，孙中山先生也提出了“安老怀少”的慈善思想。他认为，国家应该提供一种真正有用的社会制度。该制度可以让老年人安度晚年，使成年人有所经营，使年幼的儿童接受到良好的教育。同时他提出了发展慈善事业的具体设想：年幼的男子在五六岁的时候去小学堂学习知识，这样等到 20 岁的时候他就可以自食其力，到 50 岁的时候，国家可以给予他一定的养老金来帮助他安度晚年。孙中山先生对于中国慈善事业发展提出的设想虽然带有乌托邦的理想色彩，但是这种制度对当时的社会管理起到了很大作用，在一定程度上有利于社会的稳定发展。

综上可以看到，西方的慈善思想在中国的养老服务事业发展过程中发挥着巨大的影响作用。许多有觉悟的国人都选择了学习和借鉴西方的慈善思想，并开始创办慈善养老机构，以此来促进中国养老服务事业的进步。

3.1.3 民国时期的社会养老保障机构

1. 非血缘关系的“养儿防老”团体

在国民政府时期，有一种比较特殊的养老保障机构—丐帮。丐帮是指具有共同生活方式的乞讨者们汇集在一起，组成一个没有血缘关系的“家”。在这个“家”中，丐头即为“家长”，具有最高的权威，丐民们都依附其生存。在当时的社会，丐帮作为一个团体，也在一定程度上承担起了对丐民们的养济职能。例如：在丐帮中，若一些丐民因年龄较大或者因患病等原因不能外出乞讨时，丐帮中的年轻丐民就要承担起外出乞讨并赡养老年丐民的责任。这样的方式在无形之中发挥着养老的作用。

2. 血缘关系的“养儿防老”团体

在中国农业社会时期，流行的经济体制是自给自足的小农经济。孩子自从出生开始就由父母来抚养，等到成年之后，孩子们要承担赡养年迈的父母的责任。这种生活方式用民间流传的话就是“养儿防老，种树得荫”。这在当时的社会被认为是天经地义的事情。这种“养儿防老”的方式不仅解决了当时的养老问题，同时对于稳定社会秩序也起着关键作用。

3. 民办供养救助团体产生

对于民国时期的人们来说，生活似乎不是那么一帆风顺的。各种战争和自然灾害不断发生，人民的生活苦不堪言，吃不饱、穿不暖是当时人民生活的常态。

特别是在抗战时期，由于连续的战争，社会上出现了大量的老弱病残等弱势群体，其数量随着战争的持续不断增加。这样的社会现实使得国家仅靠养老院来解决养老问题是远远不够的。于是，民办的供养救助团体开始出现。在当时，这些救助团体主要是以民办孤老院和民办养老院为主的救济机构，对解决养老问题有很大的作用。这些承担救济作用的民办团体的服务对象除了老年人之外，还包括因为频繁战争而无家可归的难民。在战争年代，创建这类社会保障机构是十分必要的。

然而，在看到社会救助机构对老年人服务事业起到一定作用的同时，也应该意识到存在的问题。从数量上来看，中国确实存在很多的社会救助机构，但是，其中的大部分却不是为老年人而设立的。在当时，国家提供的社会保障以社会救济的形式为主，许多机构把妇女和儿童作为主要的救济对象，而老年人则不是主要的救济目标。国民政府仅仅把对老年人的救助当作一种安抚民心的手段，以此来保存战争力量。由此可见，老年人的社会救助在当时只是政府的一种表面手段，这使得养老问题不能从根本上得到解决。

3.1.4　民国时期的社会保障制度

1. 政府重视对贫穷老人的社会救济

国民政府时期的救济对象主要是老年人群，当时的政府很重视老年人的养老问题。值得一提的是，国民政府提出了“教养并重”的新型救济方式。这种救济方式不仅仅包括普通的救济职能，政府也十分重视对老年人群的教化职能。在当时，许多养老机构将收养的对象规定为60岁以上无人赡养的或者是无法生活自理的老年人。这样被机构收养的老年人在进入机构之后，会根据身体情况来进行一些简单的劳动。身体比较健康的老年人可能会从事一些室外劳动，而身体状况一般的人也会在室内从事一些力所能及的劳动项目。除了这些，养老服务机构还会提供一些适合老年人身心健康的课程，这些课程不仅可以教会老年人一些基本的文化知识，同时也丰富了他们的日常生活。

1928年5月，当时的内政部出台了《各地方救济院规则》，对当时设立救济院的基本原则做出了具体的规定：各地区在创建救济院时应根据各地的实际情况，或分别缓急设立，或者将一些过去的机构合并在一起后重新创办。同年，广州市就根据上述基本原则，将过去的几个普济院、贫民教养院进行了重新规划和整合，创办了更大规模的养老救济机构。之后，广东省政府又根据本省的实际情况，通知省内各地建设一批救济院来解决当时的养老问题。广东省的这一系列举措对于当时贫穷的老年人来说是十分及时的。

这一时期，国民政府对老年人救助的特点是：（1）救助职能是面向全社会的难民老人而提出的，同时救济机构数量众多，地域覆盖面比较广泛，救济成果比较显著。（2）救济活动由政府直接干预，并由政府承担责任。（3）对救济对象的救济内容既包括生活上的照顾，也包括精神上的帮助。（4）救济活动所依赖的理论并不是传统的儒学思想，而是比较先进的社会救助理论。

2. 社会养老保险的实践

国民政府时期，中国传统的社会保险制度开始向现代社会保险模式转变。养老保险开始萌芽。在1947年的国务会议上政府出台了《社会保险法原则》，该原则对伤害保险、失业保险、老年保险、遗族保险做出了明确的规定。其中，老年遗族保险法以及失业保险法还形成了单行法规。这为中国以后的社会养老保险事业的发展打下了坚实的基础。

3. 社会福利和社会抚恤

这一时期，政府还通过向部分老年人提供社会福利和社会抚恤的方式来保障他们的利益。例如，1940年7月13日公布了《学校教职员养老金及抚恤金条例》，该条例规定以下这些满足条件的教师有资格领取到养老金：在学校中连续工作15年以上、年龄超过60岁自愿申请退职或是由学校请其退职的教师；连续工作满15年，并由医生证明其因身体较差不能再继续工作的未满60岁的教师；连续工作时间不满15年，但是因公受伤以致残废而不能继续胜任工作的教师。1933年，政府颁布了《公务员退休法》，明确规定了国家公务人员可以享受的社会福利待遇。退休法规定：工作时间超过15年的公职人员到69岁时可以申请退休；任职超过25年、表现优秀并有突出成绩的公职人员们可以申请退休；年龄超过60岁或者是因丧失心智、身体残疾而不能继续工作的公职人员们会被单位命令退休，以上这些退休者都可以领取到退休金。对于这些退休的老年人来说，退休金是他们安度晚年的基础。1934年，政府出台了《公务员恤金条例》，对公务员享受社会抚恤的资格做了相关说明：凡是因公致残、死亡的公职人员，或者是任职很长时间并取得卓越成绩的退休公务员都可以申请抚恤金。经有关部门对申请进行检查并合格之后，这些申请者就可以得到政府颁发的抚恤金。

除了教职人员和公务员能够享受社会福利和社会抚恤之外，还有许多职业都有这样的福利待遇，例如退役的军人等。这些社会福利和抚恤有效帮助老年人维持基本的生活水平，在一定程度上发挥着养老的功能。

在民国时期，从社会对老年人的救济到社会养老保险的出现，这一时期的养老服务体系建设取得了一些成效。

首先，社会救济使得许多贫穷的老年人得到了帮助，在一定程度上提高了他们的生活水平。其次，在民国时期，政府通过立法的方式解决了“谁为人民的生老病死来负责”这个根本问题。政府吸收了西方先进的责任思想，组织建立了在当时比较先进的社会保障制度体系，以此对人民的生老病死进行保障。最后，民国时期的养老制度与之前的养老制度最大的区别在于，它打破了血缘和地缘的限制。在过去，由于中国经历了几千年的封建社会时期，传统的宗法制深深影响着中国的养老制度。人们受到传统血缘思想的影响，认为赡养老人是家族内部的事情，与那些和自己没有血缘关系的外人没有关系。民国时期的养老制度打破了这样的思想禁锢，在肯定了家庭赡养老人的作用的同时，还倡导国家的主导地位，并鼓励民间的慈善团体也要积极参与到养老制度的建设过程中，形成合力，共同推进国家养老体系的发展。

在看到上述优点的同时，也应意识到民国时期的养老服务模式也存在一些问题。首先，养老制度在建设的过程中存在严重的资金短缺问题。养老问题的解决仅仅依靠国家财政补贴不能完全满足养老服务体系发展的需求。其次，政府对养老资金的使用情况没有合理的监督机制。这就使得原本就不足的养老资金在使用时存在浪费的情况，导致资金使用方面的低效率。最后，民国时期的养老服务体系层次较少，可以提供的养老服务内容也十分有限。养老保险金没有实现在地域之间的自由流转，比较僵化。同时，许多企业和劳动者的思想较为落后，将缴纳养老保险看作一种无用的负担。

通过上述分析可以看到，民国时期的养老制度建设虽然存在一些问题，但是也取得了相当的成就。在这一时期不仅对传统的养老模式进行改革，而且也解决了一些社会养老问题。与此同时，政府提倡的责任理念也对中国之后的养老服务事业的发展提供了思路和宝贵的经验。

3.2 计划经济时期的城市养老服务

城市养老服务体系的发展总是随着时代和社会的发展而不断变化的。在中国的计划经济时期，主要依靠家庭养老的传统模式来解决养老问题，家庭成员和亲属朋友一般会在家中照料老年人。由于当时经济发展水平有限，政府创办的福利机构只为社会“三无”人员提供生活保障和供养，国家的养老福利事业属于水平较低的补救型福利制度。这一阶段的养老服务基本处于孕育期。

3.2.1 家庭养老模式占据主导地位

尊老、敬老、爱老的思想自古以来就是中国的传统美德。由于深受儒家文化的影响，“养儿防老”“父母在，不远游”“百善孝为先”等孝道伦理深入人心，早已成为天经地义的行为准则。孝顺父母、在家中安度晚年这样的思想是很普遍的。那些只追求自己的生活，远走他乡而不赡养家中父母的年轻人，将会受到人们的谴责。这种孝顺的思想为家庭养老模式的流行打下了坚实的思想基础。

除了思想因素的影响，当时政府选择家庭养老模式也具有一定的历史原因和经济原因。新中国成立前，中国人民在国民党的统治和压迫下一直过着艰苦的生活。革命胜利后，人民终于摆脱了原来的统治。然而，由于中国当时的经济状况很差，再加上帝国主义在经济上进行了封锁，因此，中国经济一直处于很低的发展水平。人们的吃穿使用粮票、布票的定量供应，生活水平非常低。在这样的经济条件下，人民的生活需求处于很低的层次，只要吃饱、穿暖就已经非常满足了。“文革”期间，中国的经济发展水平几乎到了崩溃的边缘，人民根本无心考虑其他的需求。这种很低的生活需求使得中国的老年人常年生活在家中，没有其他的想法；只想着操持家务，照顾子孙，最终安度晚年。计划经济时期中国的经济发展水平较低，国家根本没有能力承担全部的养老责任，只能收容一些无劳动能力、无依无靠的老人年，保障他们的基本生活水平。这样的历史现实和经济条件使得国家和人民普遍认同家庭养老的模式。

家庭养老主要以家庭为单位，需要照顾的老年人居住在家中，由家庭成员以及亲戚朋友肩负起照料、关心、支持、赡养老年人的责任。在这种模式下，家庭成员不仅能够照顾家中老人的日常生活，同时，居住在家中的形式也赋予了老年人深厚的家庭归属感，利于其身心健康。可以说，在当时的时代背景下选择家庭养老服务模式是比较适宜的。这种方式基本上满足了老年人的需要，保障了他们的基本生活；同时，也有效促进了家庭的和谐以及社会的稳定，能够有效减轻政府的压力，养老服务成本较低，与当时的经济发展水平相适应。由于是家人对老年人进行照顾，因此其养老的质量也是比较高的。

3.2.2 单位提供的养老服务

在中国的计划经济时期，除了占据主要地位的家庭养老模式，值得一提的还有由单位提供的养老服务模式。城镇中的许多老年人就是依靠这种模式来安度晚年的。例如，单位面向职工提供的职工福利、面向城镇居民的价格补贴或者是单位提供的职工疗养院等，这些都是单位为老年人提供的养老服务内容。这种模式作为家庭养老模式的补充，也为中国养老服务事业的发展作出了贡献。

但是，单位提供的养老服务是有局限性的。首先，对服务对象有严格的限制，它所面对的对象只是单位的职工。其次，所提供的养老服务都是低水平的，只是一些基本的护理服务和食宿，基本上不包括精神文化方面的服务内容，对于一些有特殊要求的老年人来说，这种模式不能满足他们的要求。

3.2.3 救济型社会福利对养老服务的影响

在解决养老问题的过程中，除了家庭和单位的力量，中国政府也在积极发挥作用。政府为保障老年人的生活水平，出台了许多社会救济福利政策。新中国成立初期，政府创办了社会福利机构，其核心任务就是救济、教育以及劳动改造，使大量流离失所的人员在生产教养院中得到安置。截至1953年底，这类社会福利性机构在全国一共有920个，收容的老年人数量达到十万以上。在完成社会主义改造后，生产教养院限定了收容对象，只有残、老、孤、幼等社会弱势群体才能被收容，那些有劳动能力的人员将不再被收容，机构的名称也变成了养老院、儿童福利院等；工作内容不仅仅只是过去的改造、救济，开始转向教育。同时内部也加大了整顿力度，明确了方向，即向福利服务方向转变。1964 年，全国拥有的福利机构数量已经达到733 个，共收养了近7.9 万名城镇“三无”老人。同时，福利机构开始发展自费收养项目，这项措施扩大了机构的服务人群，体现了社会福利工作的本质。但是，由于当时中国经济实力较弱，养老资源欠缺，导致社会福利的受益人群十分有限，福利水平较低。

总体而言，在中国的计划经济时期，虽然国家政府出台了养老福利政策，但是，养老服务模式主要以家庭养老为主体。这种老年人居住在自己家中并享受到家人无微不至照顾的方式有效解决了当时的养老问题。然而，随着时代的发展，中国的国情开始发生变化。家庭规模逐渐变小，“4-2-1”（4 个老人、2 个中年人、1 个小孩）的家庭结构模式开始出现并逐渐增多。这种家庭结构模式是指4 名老年人、2 名成年人和1 名儿童生活在一个家庭中。在这种家庭模式下，子女们一面要照顾年迈的父母，一面还要照顾年幼的孩子，生活压力和经济压力越来越大，他们开始变得力不从心。家庭对老年人的赡养能力逐渐下降。同时，时代的变化使得许多年轻人的思想观念发生了变化，过去的那种“父母在，不远游”的思想开始面临挑战。许多年轻人为了更好地发展，选择远离家乡去大城市“打拼”。随着离家的年轻人越来越多，空巢老人开始出现并且持续增加。以上这一系列的变化，都意味着家庭养老功能开始衰退，传统的家庭养老服务模式已经不能满足时代的需求。

单位提供的养老服务存在着服务对象狭窄、内容欠缺等问题。国家包办的福利模式在发挥作用的同时，也存在着许多不足。收容的对象十分狭窄，只面向那些“三无人群”；资源不足的问题十分严重，尤其是在物质资源方面，严重缺乏资金；总体上看，机构的数量远远不足，不能满足老年人的实际需求；现有的机构规模较小；机构中的工作人员素质较低，总体服务水平不高。

由此可以看出，无论是家庭养老服务模式、单位提供的养老服务模式还是福利救助制度，都会随着时代的变革而出现问题。因此，必须要对城市养老服务体系进行不断的完善，使得其与不断发展的社会经济水平相适应。

3.3　改革开放以来中国的城市养老服务

改革开放以来，伴随着中国经济发展水平的提高，养老服务事业的发展开始表现出社会化的特征。1978 ~ 1999 年是中国养老服务体系社会化进程开始起步的阶段，在这一阶段，机构养老服务和社区养老服务开始发展，并取得一些成就。但是，家庭养老服务模式在这一阶段依然处于主体地位。2000 年之后，随着老龄人口的急剧增长和家庭支持功能的不断下降，多元化、层次化、体系化的社会养老服务发展模式受到了国家的重视，并不断发展壮大。

3.3.1　社会养老服务体系的探索阶段

中国的城市养老服务体系自改革开放以后便进入探索期。在这一阶段，救济型社会福利格局逐步打破，社会福利与社会救济开始分流。国家开始积极修建养老机构为老年人们提供养老服务，并在当时取得了巨大的成功。社区服务成为国家养老服务事业改革的新视角。中国养老服务事业的发展开始向社会福利的方向转变。

1. 社会福利的社会化改革

改革开放之后，中国经济进入了快速发展时期，人们的生活水平得到了显著提高。这一系列的变化使得中国老年人的寿命开始延长，老年人口的数量持续增加，养老问题不断加重。为解决养老服务问题，各级政府通过设立各种收养性的社会福利机构为无家可归、无劳动能力的老年人提供服务，然而，这种救助的方式依然无法解决严峻的养老服务问题。同时，在改革开放初期，中国依然采取以家庭养老为主体的养老模式，养老问题无法从根本上得到解决。随着养老服务问题的不断深化，主管社会福利工作的民政部门开始认识到：中国的养老服务问题仅仅依靠政府、家庭和单位集体的力量是远远不够的，根本无法满足老年人日益增长的养老服务需求。因此，中国必须提高养老服务体系的社会化水平，政府要鼓励广大社会团体参与到养老服务的建设过程中，一同促进养老服务体系的发展。

民政部在 1979 年重新规定了机构的福利性质和机构的服务方向。1984 年 11 月，召开了全国城市社会福利事业单位整顿经验交流会，在这次会议上，政府第一次明确提出了“社会福利社会办”的思想，指出社会福利事业不再由国家一手包办，而是应该向着国家、集体、个人一起办的方向转变。这是中国支持多元福利主体的第一步，是一次巨大的进步，是提高中国社会福利事业水平的基础，积极促进了中国社会福利事业向着社会化方向发展。

2. 养老服务机构迅速发展

改革开放后，中国开始实行具有中国特色的社会主义市场经济体制。这一阶段，为了解决养老服务问题，使老年人能够安度晚年，政府开始构建与传统的企事业单位和相关集体相独立的新型的社会保障体系。这期间机构养老模式开始流行起来。

机构养老的模式主要是指，有养老需求的老年人可以在专门的养老机构中接受专业人员提供的养老服务和照顾。这些养老机构有公立的，也有一部分是私立的，老年人可以根据自身情况自由选择。机构养老模式提供的养老服务较为丰富，例如，照顾老年人的饮食起居、对老年人的健康进行管理或者是帮助清洁卫生等。

随着改革开放的不断深入，机构养老模式不断发展，养老服务机构的数量不断增多，规模也越来越大。1978 年，中国各类养老服务机构仅有 8365 个，这其中绝大部分还是退役军人或者干部的疗养机构。而到了 1999 年，数量就增长至 40030 个。从收养人口的角度来看，增长更为明显。1978 年，全国各类养老服务机构收养人员仅为 14 万人，而到了 1999 年，收养人口数量则达到了 77.6 万人，由此可见，收养人员数量的增长十分迅速。

迅速发展起来的机构养老模式有很多的优点：首先，养老服务机构在发展过程中为了得到老年人的认可，一般都会聘用那些具有专业养老服务知识的工作人员。因此，在养老服务机构中，老年人会享受到专业化水平比较高的养老服务。其次，养老服务机构在提供服务的同时比较重视服务内容的多元化。工作人员不仅会提供一些日常生活方面的照顾，还会提供一些心理层面以及精神层面的服务。例如，养老服务机构会修建供老年人使用的休闲娱乐设施，会定期举办老年晚会等活动来丰富老年人的生活。这些多层次的养老服务内容更能够满足老年人的养老服务需求。再次，机构养老模式有利于规模经济的实现，它将需要照顾的老年人集聚在一起，充分发挥规模经济的作用，提高了资金的使用效率。最后，随着经济的不断发展，年轻人的工作压力不断增加，家庭的赡养能力在不断下降。这时，对于一些工作较忙但是有经济能力的年轻人来说，选择将父母送到养老服务机构接受专门的服务是一种不错的选择。机构养老模式开始被更多的家庭和老年人所接受。

但是，机构养老模式不是万能的，在其发挥作用的同时也有一些缺点逐渐暴露出来。一是机构养老需要老年人自己承担费用而且费用较高，这导致了许多需要照顾的老年人由于经济上不富裕而不能进入养老服务机构中接受养老服务。二是中国在 1999 年步入了人口老龄化时代，老年人数量不断增加，养老服务机构提供的床位数量根本无法满足老年人的需求。三是选择机构养老模式就意味着要在养老服务机构中居住，这使得老年人远离家人，感受不到家庭的温暖，缺乏归属感，一些具有传统家庭观念的老人无法接受去养老服务机构养老。四是一些养老服务机构只是在最初阶段关注人员的素质问题，在后续的发展过程中为了压缩成本转而选择一些素质较低的工作人员。因此，养老服务提供的水平也在不断下降，引起了老年人的不满。五是机构养老模式在发展的过程中没有受到强有力的监督。许多机构为了抢占养老市场进行无序的竞争；一些养老服务机构由于缺乏监督，导致管理人员贪污的现象出现。

从上述的内容可以看到，随着中国进入老龄化社会以及社会的不断变化，机构养老模式在发挥作用的同时也开始面临着诸多挑战。

3. 社区服务开始兴起

20 世纪 80 年代的企业改革使得单位的社会保障功能被削弱，大部分“单位人”变成了“社会人”。原本那些在单位上班的人群或因为退休或因为下岗开始向社区内部流动。由此，“社区服务”开始出现。

社区服务，是指社区为满足其内部成员的物质生活与精神生活的需求而进行的多样化的服务活动。社区服务的内容是比较广泛的，既包括有组织的服务活动，也包括自愿性的服务活动。

社区服务的发展是循序渐进的。1986 年，民政部开始意识到社区服务的重要性，并加以提倡。1987 年，组织召开了城市社区服务工作座谈会，明确了中国社区服务的“民政福利性”。由此，社区服务工作开始在全国范围内展开。1991 年，民政部明确界定了社区服务的具体内容，即老年人服务、残疾人服务、优抚对象服务以及便民利民服务等。1993 年，政府将社区福利服务与有偿性服务结合在一起，从此，“社区服务”开始向“社区建设”的方向转变。1999 年，民政部在国内选择了 26 个城区进行社区服务的试点工作，并取得了成功。此后，社区建设的范围开始不断扩大，社区建设不仅仅局限在大城市和东部发达地区，小城镇和中西部地区也开始了社区建设的浪潮。至此，社区服务成为全国改革的新视角。

中国的社区服务建设对于经济的可持续发展、社会的安定和谐、人民生活水平的提高以及养老服务事业的不断发展都起到了巨大的推动作用。

3.3.2　社会养老服务体系的形成阶段

改革开放对中国的促进作用是毋庸置疑的，一方面，它加快了产业结构的优化升级，促进了中国整体经济水平的提高，加快了中国医疗卫生事业的发展，并且极大地提升了人们的生活水平。这一系列的变化，导致中国老年人的数量在不断上升。截至 2017 年底，中国 60 岁及以上老年人口有 2.41 亿人，占总人口的17.3%。2017年新增老年人口首次超过1000万人，预计到2050年前后，中国老年人口数将达到峰值4.87亿人，占总人口的34.9%。随着人口平均寿命的延长，中国中年子女群体的赡养负担逐渐加重，这给传统的家庭养老模式带来了巨大的挑战。

另一方面，改革开放使中国的社会结构出现断裂，利益分配出现了失衡，在某种程度上造成了社会的不公平。因此，必须对现有的养老模式进行改革和完善。

经过了认真的分析和探索，中国政府提出建设适合中国国情的适度普惠型的社会养老服务体系。

1. 适度普惠型的养老服务体系

随着改革开放的深入，中国的整体发展水平较改革之初发生了翻天覆地的变化，经济进入快速增长期。在国际上，随着中国国际地位的逐渐提高，我国的国际影响力也在不断变大。在国内，人民的生活水平和生活质量都得到了很大的改善。然而，较快的发展速度也给中国带来了一些负面影响。

其中一个比较严峻的问题就是：国家在发展的过程中出现了较大的贫富差距。富人更富，穷人更穷的社会现实开始暴露出来。较大的贫富差距引起了许多国人的不满，开始引发各种社会矛盾。在这种情况下，中国政府开始逐渐意识到维持公平的重要性。

为了尽快缩小贫富差距，维护社会的安定和谐，民政部提出了新型社会福利发展目标：社会福利的对象不能仅仅包括特定的老年人、残疾人和孤儿，而是应该向着更广阔的覆盖范围转变，应包括全体老年人、残疾人和困境儿童。这样的目标设定使得社会福利的受益对象开始增多，福利的内容开始不断丰富，使得中国的社会福利制度更加公平。由此，中国原来的补缺型福利模式被打破，开始向着普惠型养老服务模式转变。

2. 多层次社会养老服务体系建设

2000年可以被看作是中国养老服务事业发展过程中的关键一年，因为在这一年中国正式步入人口老龄化社会。伴随着人口老龄化社会的到来，中国传统的养老服务模式开始受到挑战，渐渐不能满足老年人日益增长的养老服务需求，养老服务功能逐渐下降。在这样的背景下，中国政府开始意识到仅仅依靠传统的养老服务模式根本无法解决当前所面临的严峻的养老问题，必须对养老服务体系进行改革，使其适应社会经济的发展水平。

学者们经过了仔细的调查和研究之后得出结论：为推进中国养老服务事业的不断发展，必须充分调动一切可以调动的力量为养老服务事业作出贡献。要积极动员社会力量参与到养老服务体系的建设中，将国家、社会、个人等多种力量结合在一起，充分发挥合力的作用。因此，学者们提出了社区居家养老服务的模式，并认为中国应该建立多层次的城市养老服务体系来应对人口老龄化问题所带来的各种挑战。

为了促进城市养老服务体系的多层次发展，中国政府先后出台了多项政策进行引导和支持。2000 年 8 月，国务院发布了《关于加强老龄工作的决定》，该决定明确提出了中国社会养老服务体系在之后一段时间内的发展原则。即：将家庭养老与社会养老相结合，将政府引导与社会兴办相结合。2001 年，在民政部关于《“社区老年福利服务星光计划”实施方案》的指示下，各地开始积极兴建老年活动站、老年生活服务中心等社区养老服务设施。在这一阶段，社区开始成为老年服务的主要提供者。2005 年，民政部颁布了《关于支持社会力量兴办社会福利机构的意见》。由此，社会力量对中国养老服务事业的发展起着越来越大的作用，逐渐成为不可或缺的主体。之后，国家出台的《中国老龄事业发展“十一五”规划》中明确提出要开展多层次、多种类、多方式的社会养老服务。2008 年，国家开始将居家养老模式作为推进社会养老服务工作的重心，并颁布了“民办公助”的政策。2009 年，民政部牵头制定了《机构养老服务基本规范》的国家标准，开始在黑龙江、江苏、湖北、重庆、甘肃 5 个省份进行养老服务机构的试点工作，并取得了成功。

由此，以居家为基础、社区为依托、机构为补充的多层次社会养老服务体系在中国确立下来。实践证明，多层次社会养老服务体系的建设有效提升了中国养老服务的质量，并与目前中国多样化的养老需求相适应，是一种正确的选择。

3. 管理模式不断创新

随着中国老龄化问题不断突出，国家日益重视对养老服务体系的建设。为了满足国内多样化的养老需求，相关部门在发展养老服务事业的过程中不断对管理模式进行改革，使其与当前中国的经济发展水平相适应。

2011 年，国务院颁布了《中国老龄事业发展“十二五”规划》，该规划再次强调了社区居家养老服务网络的重要性。随后，政府将社区和机构养老服务设施纳入公共设施的统一规划中，积极鼓励城镇街道兴建养老服务设施。同时，政府还出台优惠政策鼓励社区进行养老服务管理模式的改革和创新，充分调动社区相关养老机构的积极性。2012 年，国务院印发了《服务业发展“十二五”规划》，明确了中国养老服务事业的发展要坚持规模化、专业化、品牌化和网络化的方向，不断创新管理模式。

党的十八大以来，依法治国成为政府工作的主要原则。养老服务事业的发展当然也要体现这种精神。因此，中国开始不断完善养老服务的法律体系，依法创新管理体制。国务院根据中国养老问题的现实情况，出台了《关于加快发展养老服务业的若干意见》。该意见指出：中国应该依据养老服务的需求情况以及养老服务购买能力来培育养老服务体系，发展老龄产业；进而基于“土地、房产及硬件设施、服务及软件设施”三大要素，构建国家、企业和社会共同参与的养老事业投资体制；基于“地租、房租和服务费”三大要素，构建不同收入人群分类的、明确标价的养老服务购买机制；最终实现老有所养的目标。这一系列的措施都在不断推动中国城市养老服务体系的建设发展。

4. 社区居家养老模式的选择

随着中国改革开放政策的实行以及社会主义市场经济体制的确立，中国的经济得到了飞速发展。尤其是最近几十年，人民的物质文明生活与精神文明生活均发生了重大的变化。随着这些改变的出现，人民的需求也开始发生转变，这其中就包括老年人的养老服务需求变化。与过去只求温饱的情况截然不同，中国老年人的需求有了很大的变化。他们的需求层次从较低级的基本需求提升到新的更高的层次上。例如，他们开始需要追求尊重和友情；开始积极参与社会活动，主动出去交朋友，追求更为宽松和自由的生活环境；开始关注自己对精神世界的追求，经常参与文化体育活动。

随着医疗卫生事业的不断发展，中国老年人口持续增加。老年人口数量的增长以及人们思想观念的转变导致中国的养老服务需求在不断增加，国家面临的养老服务压力越来越大，人口老龄化问题日益突出。传统的家庭养老服务模式与机构养老服务模式已经难以继续发挥主导作用。为了缓解养老服务的压力，必须寻找一种适应当前社会发展的养老服务模式。

由此，中国的养老服务体系开始逐渐向社会化的方向转变，社区居家养老的模式开始出现并逐渐发展起来。实践证明，该模式的确缓解了中国的大部分养老服务压力，基本满足了老年人的养老服务需求，是值得被推广的高效的养老服务模式。

居家养老服务模式是一种通过能够提供专业化服务的社区来提供养老服务的方式。这是一种创新型的养老服务模式，它以家庭为核心，同时依托政府的力量，被照顾的老年人在家中就可以享受到社区提供的照顾，十分方便。它结合了家庭养老服务模式和机构养老服务模式的优点，并在此基础上充分发挥社会资源的作用，对传统的养老服务模式进行改革和创新。

学者们在对居家养老服务模式进行研究之后，凝练出了其具有的主要优势。

（1）居家养老服务模式最突出的特点就是能够满足老年人的家庭归属感。在过去，老年人需要居住在养老服务机构中才能接受服务人员的照顾，这样的方式使他们不得不离开自己熟悉的居住环境，许多被照顾者会产生失落感，甚至出现心理问题。而在居家养老服务模式下，服务人员会上门为老年人提供服务，这样既能够保证被照顾者接受到专业化的养老服务，又可以让他们体会到家庭的温暖，拥有归属感。对于那些有传统家庭观念、思想比较保守的老年人来说，居家养老服务模式是一个不错的养老选择。

（2）居家养老是一种成本较低的养老服务方式。服务人员一般会在老年人的家中为其提供服务，在该模式下，社区不需要建设大量的养老服务机构，节约了用地和建设资金。从服务人员的构成来看，社区鼓励广大居民参与到养老服务的提供过程中，这种做法有效降低了社区在人员队伍建设上的支出。同时，老年人可以继续使用社区内原有的基础设施，这也使社区降低了养老服务的成本。

（3）居家养老服务模式能够有效减轻子女的赡养压力。随着中国经济的不断发展，人们的生活节奏开始变快。为了适应时代的发展要求，年轻子女必须投入更多的时间进行工作，在家陪伴、照顾父母的时间越来越少。这样的社会现实一方面使子女们的养老压力不断加重，另一方面也导致家中的老人得不到优质的养老照顾。居家养老服务模式的出现有效解决了这个问题。社区会安排专门的服务人员为有需要的老年人服务，不仅满足了老年人的养老服务需求，也有效减轻了子女们的压力，受到了许多家庭的欢迎。

（4）社区居家养老服务模式可以为老年人提供多元化的养老服务。为了满足老年人日益增长的养老服务需求，社区不断对养老服务内容进行创新，推出了多种多样的养老服务。社区会安排专门的服务人员对老年人的基本生活负责，提供一些诸如卫生打扫、做饭、洗护、医疗照顾等日常的养老服务。除了这些基本的养老服务，社区居家养老模式还提供大量的精神方面的服务。例如：一些社区建立了老年大学，并在老年大学内开设了舞蹈、书法、摄影、保健、唱歌、器乐、花卉、太极拳等多种课程。同时，社区会定期举办各种养老服务活动，例如老年歌唱比赛、老年晚会、老年诗词俱乐部等，积极鼓励老年人参与到活动中；大部分社区还会提供专业化的心理咨询服务，为老年人解决心理问题。这些多样化的养老服务从不同角度满足了老年人的内心需求，提升了养老服务的质量。

社区居家养老服务模式在发展过程中取得了诸多成就，为中国养老服务事业的不断发展作出了巨大贡献。然而，在肯定居家养老服务模式积极作用的同时，也应该清醒地认识到，由于中国社区居家养老服务体系的建设时间较短、经验不足，居家养老服务模式在发展过程中还存在着许多问题。这些问题的存在不仅阻碍了社区养老服务体系的建设和发展，也影响着老年群体的生活质量。

从现实来看，社区居家养老服务模式的不足之处主要表现在以下几个方面：

（1）养老服务资金有限。为了响应国家的号召以及满足城市老年群体的不同需求，近些年，各个城市纷纷开展起了多样化的社区居家养老服务活动。有的城市创建了老年大学来帮助老年人丰富自己的知识；有的城市建立了社区老年活动站，以此来充实老年人的休闲生活；还有一些城市开始兴建多样化的基础设施供老年人使用。然而，服务的开展和设施的建设都需要大量的资金作为支持。目前，中国城市社区养老服务体系的发展主要依靠政府的财政支持。然而，随着老年人口数量的增加以及养老服务需求的扩大，政府的财政资金已经远远不能够满足养老服务事业发展的需求，社区养老服务在发展过程中开始出现资金短缺和来源渠道单一的问题。由于缺少资金的支持，大部分城市社区的养老服务设施显得比较落后，根本无法满足老年人的养老服务需求。如果资金问题得不到解决，社区居家养老服务模式只能渐渐失去作用。

（2）养老服务内容比较单一。虽然各个城市社区都在对养老服务进行创新，期望获得多样化的服务内容，但是，效果依然不明显。养老服务内容过于单一的问题一直困扰着城市居家养老服务体系的发展。在实际的发展过程中，相关的机构只是提供一些最基本的满足老年人生活的服务，而其他的较高层次的服务则被忽略了。很多服务模式只是停留在单纯的理论层面，并没有付诸实践。例如，关于老年人精神慰藉这项服务，许多城市社区都在宣传要对老年人进行完善的精神慰藉服务，并主张在社区内部建设相关的基础设施来提供这项服务。然而，现实却是，很少有社区提供这项服务。即使有些城市社区提供了这项服务，也只是流于形式，没有真正解决老年人这方面的需求，无法使老年人的精神得到慰藉。

（3）缺乏完善的监督体系。任何机构体系在缺乏监督的情况下都会存在问题，中国的城市养老服务体系建设也不例外。在建设过程中，虽然国家出台了相关的法规，并对体系设置、服务要求、管理流程等做出了明确的规定，但是，由于缺乏完善的监督管理机制，相关机构在提供养老服务的过程中依然存在许多问题。例如：许多城市社区在提供养老服务的过程中，只注意表面的形式而轻视实际内容。由此导致其提供的养老服务在质量上根本不能满足老年人的需求。同时，对社区养老服务进行监督的思想在许多城市社区没有引起足够的重视。因此，在这些社区就会出现监督经费投入不足或是投入了一些经费却没有达到理想的监督效果的情况。另外，由于缺乏有力的监督，大部分城市社区对满意度的调查往往也是流于形式。相关部门在接到老年人不满意的投诉时，经常不管不问，任由问题继续存在。许多城市在对社区养老服务进行监督时，没有第三方的评估机构参与其中，导致监督没有落到实处。这些事实严重影响了中国城市养老服务体系的建设。

（4）养老服务的专业化水平较低。

①社区养老服务人员的整体素质不高。目前，在社区工作的在岗人员大部分都是本社区的无业人员，他们中的大多数人都没有接受过专业的培训和考核，人员素质和服务水平是比较低的。同时，这些服务人员的年龄都比较大，缺少创新性思维。这样的现实导致服务人员提供的养老服务质量较低，无法满足老年人多样化的养老服务需求，严重阻碍了社区养老事业的发展。

②社区医疗服务人员缺乏系统性的培训。虽然一些社区为了提升工作人员的素质会对其进行培训，但是，这些培训基本上都是针对即将上岗的员工进行的短期培训，专业化水平较低，缺乏系统性和连续性。作为一个应用型很强的职业，社区工作要求其工作人员必须具有熟练的操作能力。因此，仅仅进行短期培训是远远不够的，必须采取措施对这一问题加以解决。

③受到传统观念的影响，社区工作者的社会地位相对较低，导致其吸引人才的能力较弱。虽然在当前的中国社区工作正在广泛开展，但是，从总体上看，社区工作还不是一种特定的职业，国家也没有将其纳入编制范围。在许多人看来，社区工作者没有职业保障，他们的社会地位不高，薪资也比较低。因此，导致许多真正受过专业培训的人不愿意在这一岗位工作。这种情况严重阻碍了社区工作的开展。

④社区管理的方式偏向行政化，远远不能够满足居民的多样化养老服务需求。中国在很长一段时间施行的是计划经济体制，因此，社会生活的行政管理模式在社区建设中仍然存在。这种自上而下的行政管理体制在很大程度上限制了社区居家养老服务模式的发展，不利于社区工作的创新。许多社区搞面子工程，只有在领导来检查工作时才会开展丰富的活动；还有些社区搞形式主义，根本不考虑居民的实际需求，只是开展那些易于发展的表面活动。这种偏行政化的管理体制不仅无法适应当代社会发展的趋势，而且严重阻碍着中国养老服务事业的创新发展。

面对社区居家养老服务模式存在的这些问题，必须采取恰当的措施来加以治理和完善，以此提升社区养老服务的质量和水平，真正满足老年人的养老服务需求。这也成为目前中国养老服务事业发展的重点。

为此，可以从以下几个方面来完善中国城市社区居家养老服务模式。

（1）改变单一的资金来源渠道。中国的养老服务事业在很大程度上是依赖于政府的财政支持发展起来的，长期稳定的财政资金是城市社区养老服务发展的重要基础。如果失去了政府的财政支持，城市社区养老服务工作很难深入开展。国务院明确规定：国家财政每年至少拨付10% ~20%的资金来支持社会福利事业的发展。由此可见，政府财政是中国养老服务事业的主要支持者。然而，只依赖政府的支持是远远不够的，这不仅给政府造成了很大的经济压力，同时不利于养老服务事业的高质量发展。因此，应当改变资金来源单一的局面，通过多种方式拓展资金来源渠道。应该意识到社会力量的重要性，积极发挥社会的作用。要鼓励社会各界力量参与到养老服务的建设过程中，借助社会上的资金发展养老服务事业。可以通过募集的方式或是鼓励一些大型企业进行捐款的方式来获取资金。

（2）不断健全和创新服务内容。随着经济的不断发展，中国老年人的生活水平与过去相比发生了很大变化，生活质量的提升使他们对养老服务需求的层次不断提升。同时，老年人的年龄段、社会经历、身体健康情况、家庭经济情况等都存在差异，由此也使得他们对养老服务的要求不尽相同。为了满足老年人多样化的养老服务需求，社区居家养老服务体系应当对原有的服务内容进行改进和创新，不断推出丰富多彩的养老服务。

首先，社区养老服务机构应该提供最基本的生活照顾服务，这是最基础的内容，同时也是最重要的内容。这部分内容主要包括洗衣、做饭、打扫卫生、上门照顾服务等。其次，应提供定期健康检查、上门医疗服务、家庭护理服务、机构护理或康复训练等医疗服务，设立专业的心理咨询室，为老年人提供心理医疗服务。对于老年人来说，接受专业的医疗服务，保证身心健康是十分重要的。再次，社区的养老服务机构除了提供上述服务之外，还应该积极开展一些娱乐休闲活动。例如，可以定期开展老年人歌唱比赛，并积极鼓励大家参加，或者组织老年人一同外出郊游，放松心情等。为了满足老年群体更高层次的需求，在社区中可以设立老年大学，或者建立文学社团等，这些服务的提供都能有效满足老年人的精神需求。最后，养老社区还可以在社区内搭建能够为老年人提供再就业机会的平台，通过该平台为那些身体健康、具有工作能力的老年人提供在社区工作的机会。这样既帮助老年人实现了自身的社会价值，同时也解决了一部分养老服务问题，是一种比较新颖的养老服务形式。

总之，为了满足目前多样化的养老服务需求，需要不断对原有的养老服务内容进行丰富和创新。在这个过程中，政府和社区养老服务机构应该积极对老年人的需求进行调查，得到最真实的结果，在此基础上发展多层次、多样化的养老服务，建设与社会经济发展相适应的养老服务体系，提高老年人的生活质量。

（3）加强对养老体系的监督管理。对于监督来说最重要的就是要有科学合理的监督标准和指标，这是监督机构进行有力监督的前提。因此，监督机构应该努力制定客观、统一的养老服务标准和量化指标。应该对社区养老服务质量进行定期监督、考核，同时监督机构最好是独立的第三方机构，这可以保证养老服务质量考核的客观公正性。可以通过深入访谈、调查问卷等形式了解社区养老服务机构运转的真实情况，以老年人对养老服务的满意程度为标准，对养老服务的质量进行量化，从而进行监督。对满意度较高的社区应该进行奖励，对满意度低的社区应该予以警告并采取相关措施解决问题。应鼓励监督主体的多元化和社会化，引导社会力量参与到监督活动中，尤其是发挥大众传媒的作用，借助其覆盖面大、时效性强、震慑力大的特点对城市养老服务体系进行全方位的监督。

（4）全面提升养老服务人员的专业素养。

①增加专业人才的数量。社区在进行招聘时，应该选择那些具有相关专业知识的人。尤其是那些学习相关专业的高学历毕业生，这样才能够保证工作人员的专业性。同时，应鼓励一些大学或者专业院校增设与社会工作有关的专业，集中培养专门的养老服务人才。

②除了聘用那些具有相关知识的高学历人才之外，社区还可以招聘一些具有相关工作经验的人员参与到社区工作中。这些人虽然没有较高的学历，但是，相关的工作经验使得他们也具有一定的工作能力。社区养老服务机构可以通过培训的方式来提高其专业素质，进一步提高服务质量。

③推行持证上岗的制度。工作人员正式上岗之前，必须通过学习相关知识来获取专业的资格证书。只有获得资格证书的人才能上岗工作，这种做法能够有效保证工作人员的专业素质。

④提高工作人员的福利待遇。社区工作人员素质高低在很大程度上与职位的薪金待遇有关。如果工作岗位的福利待遇较低，大部分专业人员是不愿意来此工作的。因此，为了吸引更多高素质人才，政府应出台一些有关福利待遇的政策，以此来吸引人才，提高员工的整体素质，保障养老服务队伍的稳定性。

⑤加强志愿者队伍建设。在当代中国，经常能够看到志愿者的身影。志愿

者作为一个广大的社会群体，在各项事业中都发挥了强大的作用。在发展社区养老服务模式的过程中，应该充分发挥志愿者和志愿组织的作用。为鼓励志愿者和志愿组织积极参与养老服务，社区的相关机构应不断探索志愿者激励机制。政府则可以推出一些优惠政策鼓励广大学生、市民等参与到志愿组织中，鼓励他们为社区养老服务的建设和发展贡献力量。

从近代到当代可以清楚地看到，中国对养老服务模式的选择不是一成不变的，而是与时代同步发展的。在近代，选择了家庭养老服务模式。当家庭养老服务模式不能够满足需要时，国家开始鼓励养老服务机构的发展，同时不断增加养老服务的供给主体，加深养老服务事业发展的社会化程度。从这一系列的做法可以发现，没有哪种养老服务模式是一劳永逸的，养老服务体系必须要根据时代的要求不断进行更新和改革。

进入 21 世纪以来，世界上许多国家都进入高速发展期。各国的经济发展水平在迅速提升的同时，技术水平和医疗水平也在迅猛发展，人类社会的物质文明和精神文明都上升到了一个全新的层次。在这样的环境下，老年人的生活也在发生着天翻地覆的变化。

过去，由于经济发展水平较低，人们的需求自然也是比较低层次的。那时的老年人认为，幸福的生活就是每天可以吃饱饭、每天可以穿上暖和的衣服。然而，随着时代的进步，当代的老年人迎来了一个多姿多彩的世界，以往那种低层次的需求发生了改变，出现了 21 世纪的健康新理念。现代的老年人在追求生活质量提升的同时，更加注重精神世界的发展。他们开始走出家门接触身边的社会；开始要求更加轻松的生活环境，更加具有质量的养老服务，更加温暖的社区文化；开始追求实现自身的社会价值。

当前，由于生活节奏加快，年轻人担负的压力越来越大，他们越来越无暇照顾家中的老人，代际观念开始产生代沟；同时，由于年轻人思想观念发生改变，他们中的大多数都选择离开家乡去外地“打拼”，由此也导致空巢老人的数量持续增加。加之医疗技术的进步，使得老年人的寿命不断延长，人口老龄化和高龄化问题日渐凸显。

相关学者的研究发现，到 2030 年，伴随着人口老龄化高峰的到来和“4-2-1”家庭人口结构的凸显，中国的“空巢老人”会越来越多。到 2040 年，中国将迎来人口老龄化的高峰期。那时，老年人的数量大约占到中国总人口数量的 1/4，即中国每四个人当中就有一个是老年人。面对上述种种社会现实，中国必须尽快找到适当的方式来解决养老问题，以此来应对人口老龄化对中国社会经济发展带来的挑战。

近年来，中国在城市养老服务体系的建设方面取得了很大成就，有效解决了部分养老服务问题。但是也应该看到，中国的城市养老服务体系依然存在许多问题。与发达国家相比，城市养老体系还不够完善，也面临着许多新的挑战。如何快速解决这些存在的问题、如何通过改革使得中国的城市养老服务体系适应社会经济的发展水平、如何选择一种适宜的城市养老服务模式，这些都是急需探讨和解决的问题。

当前，中国社会的养老服务正处于快速增长和深刻变革的关键阶段。在积极发展社会化养老服务的过程中，应该经常回顾过往的发展历程。在回顾历史的过程中，要肯定已经取得的成就，总结相关的经验教训，以便更好地建设和发展中国的城市养老服务体系。

第4章

中国城市养老服务绩效分析

中国社会自古就有“敬老、爱老、养老”的思想传统，“孝”的观念在中国人的思想观念中占据着重要地位，历朝历代的统治者更是把“以孝治国”作为治理国家的基本理念和基本国策。改革开放以来，中国的人口状况发生了很大变化，其中一个突出的变化趋势就是人口老龄化程度不断加深。第六次全国人口普查数据显示，截至2010年11月1日，中国60岁以上的老年人达1.78亿人，占总人口的13.26%，其中65岁以上老年人为1.19亿人，占总人口的8.87%。2017年末60周岁及以上人口2.41亿人，占总人口的17.3%。预计到2040年，65岁及以上老年人口占总人口的比例将超过20%。同时，老年人口高龄化趋势日益明显，80岁及以上高龄老人正以每年5%的速度增加，到2040年将增加到7400多万人。中国老龄化呈现出快速增长的趋势，高龄老人、生活不能自理的老人、空巢老人数量庞大。21世纪前期将是中国人口老龄化发展最快的时期。

从家庭组织结构看，由于经济结构的改变以及国家政策（主要指计划生育政策）的影响，传统的“三代同堂”或“四世同堂”的大家庭的结构模式逐渐消失，代之而来是现代小家庭结构以及核心家庭的出现。家庭中的子女，尤其是独生子女在供养双方老人的时候，一方面要面对日益紧张的工作压力，另一方面也要担负照顾老人和培育下一代的责任和义务，加之不断攀升的生活成本，使得传统的单纯依靠家庭的养老模式变得越来越力不从心。在传统观念中，养老主要是家庭的责任，国家和政府的义务并未显现出来，因而使得中国社会化养老服务发展滞后于经济社会发展水平。

为了应对中国人口老龄化程度不断加深的趋势，国务院于2000年首次提出老年服务体系的概念，出台的《关于加强老龄工作的决定》中提出：坚持家庭养老与社会养老相结合，充分发挥家庭养老的积极作用，建立和完善老年社会服务体系，建立以家庭养老为基础、社区服务为依托、社会养老为补充的养老机制。2015 年 10 月 29 日，中国共产党第十八届中央委员会通过的《中共中央关于制定国民经济和社会发展第十三个五年规划的建议》指出：建设以居家为基础、社区为依托、机构为补充的多层次养老服务体系。十九大报告中特别提出，积极应对人口老龄化，构建养老、孝老、敬老政策体系和社会环境，推进医养结合，加快老龄事业和产业发展。这样，从国家理念层面来说，我国养老服务模式由以前单纯依靠家庭养老或是社会临时救济性的养老逐步发展为同时依靠个人、家庭、社会、国家等不同主体共同支撑的养老服务模式。

多层次精准化现代城市养老服务体系是顺应经济社会的发展以及老年人对养老服务多层次多样化需求的基础上提出的，在这一养老服务体系正式提出之前，中国社会已经出现了多种不同的养老服务模式。那么，这些养老服务模式都有哪些类型？它们各自的成效及其存在的主要问题是什么？这些都需要进行深入的研究和分析。

4.1　城市养老服务的类型及特征

根据养老服务资源投入主体的不同，可以将中国城市中现有的养老服务划分为家庭养老模式、居家养老模式、社区养老模式和机构养老模式。家庭养老是中国传统的养老模式，也是现代城市生活中最主要的养老模式，它是依靠家庭，包括子女的赡养以及部分有经济能力的老人“自给自足”式的养老方式；居家养老是现代社会快速兴起的养老服务模式，充分发挥了个人、家庭、社会、志愿者以及部分社会慈善组织等不同主体在养老服务中的作用，实现了现代养老服务资源投入主体的多样化；社区养老模式和机构养老模式是现代养老服务模式的重要补充，利用政府、家庭、社会、市场在养老服务中的不同作用来提供多样化的养老服务。伴随着我国城镇化水平的不断提升以及城市社会治理方式的不断变革，社区养老和机构养老的作用日益凸显。

应当明确的是，对现有城市养老服务类型进行划分是为了更好地进行理论研究，现实生活中各种养老服务模式并非是“泾渭分明”的，在实际生活过程中，老年人所选择的养老服务模式是多种多样的，甚至是多种模式的“混合体”。

4.1.1 家庭养老服务

家庭养老是指由血缘关系和婚姻关系形成的共同生活的群体中的家庭成员来担负对老年人的经济供养、生活照料和精神慰藉的责任和义务，是指老年人完全由自己的子女或者配偶负责赡养和照料的一种养老模式。

1. 中国人的伦理道德观念为家庭养老提供了思想基础

在中国，历来有敬老、尊老的优良传统和家庭养老的制度和风尚。几千年来，儒学的核心“孝道”对于形成中国传统的伦理道德观念发挥了巨大的作用。按照《论语》的记载，孔子的“孝”包括尊敬和赡养父母，其核心是“善事父母”，在家行孝，出门尽忠。孟子继承孔子的“仁”本思想，认为“仁之实，事亲也”(《离娄章句上》)，“孝”的推广就是“仁”，并说“老吾老以及人之老，幼吾幼以及人之幼，故天下可运于掌”。这是“孝”的思想的合理部分，它代表了人类的天性，顺应了自然规律，教化了后世的中国人，成就了中华民族的传统美德。

虽然在现代文明的影响下传统的家庭观念开始淡化，但是古代文明源远流长，“孝敬父母”这一优良传统根深蒂固，美满的婚姻和温馨的家庭仍然被看作老年人长寿、晚年幸福的重要因素。“反哺”的习俗仍然是中国伦理道德的重要标准。在家庭中晚辈对长辈的赡养和照料是天经地义的事情，多数老人仍以能够同子孙一起生活为最大的幸福和享受。社会仍以孝长者、赡养老人为高尚品德。在中国，家庭养老既是一种悠久的传统，也是一个古老的制度。圣人早已有所教导：父母在，不远游。在相当长的历史时期内，子女养老和在家养老是合二为一的。几代同堂是传统大家庭真实情形的反映。传统的大家庭由于人口多，而且多以农耕为主，人口流动性很低，一家一户成为最完整的社会细胞，根本不存在家庭养老社会化的可能，家庭养老也是自然的选择。可以说，家庭养老是一种制度化的传统，不少中国人不仅乐于接受，而且习以为常。

2. 中国社会转型期的家庭依然发挥着重要的养老功能

在中国社会主义市场经济发展过程中，虽然家庭结构与功能发生了深刻的变化，但它仍然是社会中最基本的生活单元和生活环境，家庭在过去和现在都是老年人颐养天年的重要场所。

家庭是关心老人、赡养老人的重要场所，是提供感情和心理需要的最基本单位。随着经济的发展，城市中多数老年人有退休金，有了基本的经济保障，然而他们在晚年时期的孤独与寂寞以及衣、食、住、行等方面的生活照料问题却日渐突出，他们所需要的养老服务主要是生活照料和精神安慰。在家庭中，子女与老人经常交流思想和感情，可以使老人更深刻地体会到生活的乐趣，老人与子女的感情会更加亲近，老人的生活会更加充实和满足。家庭成员更了解老人的生活习惯和兴趣爱好，能够照顾得更全面周到。因此，家庭作为提供感情和心理需要的最基本单位是养老最理想的场所，也是其他任何机构所不能替代的。

随着社会经济的发展以及生活方式和生活观念的变化，家庭结构日益小型化，导致家庭的养老功能不断弱化。目前，中国的核心家庭尽管外部呈现出现代性，但是其厚重的文化积淀仍然是传统的。家庭的外在性质主要源于西方文化的渗入以及西方家庭制度和生活方式的影响，但是这种影响并未使中国城市中的家庭抛弃本身所固有的社会文化特征。因此，无论是传统的大家庭，还是现代的核心家庭，只要家庭存在，家庭的养老功能就不会消失。

3. 政府的支持和鼓励为家庭养老提供了良好环境

新中国成立后，尽管也建立了多种养老服务形式，但是一直都在强调家庭在养老中的重要作用，并且对家庭养老一直采取支持和鼓励的政策。中国的相关法律法规都明确规定，子女有赡养老人的义务。这就使得家庭养老在法律上有了保障。与此同时，政府还规定和实行了有利于推进家庭养老的社会保障措施。

在中国现实的社会生活中，由于受传统的家庭观念和经济条件的制约，绝大部分老年人都会选择在家庭养老。一些调查数据也表明，80%以上的老年人没有去养老院等养老机构养老的打算。只有在子女工作忙，而老年人自己的生活不能自理的时候才会考虑其他的养老方式。

考虑到中国的经济发展状况以及国情条件，在未来很长一段时间家庭仍将是重要的养老场所，家庭养老也仍然是许多老年人的选择。原因在于，并不是每个老年人都有社会养老保险，即便是能够领取养老金的离退休人员也常常会因为通货膨胀、物价上涨等而导致生活质量下降。因此，完全离开家庭势必影响老年人晚年的生活质量。更重要的是，对老年人来说，生活在熟悉的住所，保持原有的生活方式和人际关系，既符合心理需求又有利于身体健康。

4.1.2　居家养老服务

居家养老服务是指老年人在家中居住，但养老服务却是由社会提供的一种社会化养老方式，也就是要调动社会各方面的力量，构建一个最符合老年人意愿、最有利于保持和加强老年人自立能力、切实可行而又有效的，以家庭为核心、以社区养老服务网络为外围、以养老制度为保障的居家养老服务体系。居家养老的含义主要在于整个养老机制的转变，它不同于以往的“家庭养老”，它是对传统的家庭养老模式的改革和创新，同时，它也是社会经济充分发展条件下的必然产物。

由此可见，在居家养老服务提供的过程中，政府可以不必花费更多钱集中在养老服务机构，老年人仍然可以生活和居住在自己的家里，他们不必脱离熟悉的环境。在这样的情况下，老年人所生活的街道或者社区可以通过各种社会服务为老年人提供包括购物、清扫等服务。居家养老和家庭养老的区别在于：家庭养老不需要社区、街道等提供的服务，完全依靠子女或者老年人自己；而居家养老除了子女和老人自身的养老之外，街道和社区等社会组织也会为老年人提供必要的服务等。

推行居家养老服务的关键在于发展完善而有效的社区养老服务，必须以构建养老服务机构为基础。所谓社区养老服务网络就是以社区服务中心为核心，以社区养老服务机构为依托，以社区志愿者为补充，建立内容丰富的为老年人服务的项目，当家庭提出养老服务需求时，社区服务中心就能够立刻派出相应的人员上门服务。

1. 城市居家养老服务实践

中国城市的社区居家养老服务模式是以老年人的需求为导向，构建“全人群、全领域、全过程”为特征的社区居家养老服务机制。以全部老年人的需求为导向，把社区居家养老服务贯穿到老年生活的各个领域，关注老龄生命阶段的全过程。这一机制是一个可持续发展的社区居家养老服务机制，是应对中国未来老龄高峰的一个全新的指导理念。社区居家养老服务要根据不同老年人的物质和精神的多样化需求，设置不同层次的、个性化的服务标准，并涉及生活照料、医疗护理、精神文化、心理指导、法律援助、临终关怀、急助、急救等各个领域，以及老年人的不同生命时段。

万仁涛在梳理和总结相关学者的研究以及城市实践经验的基础上，于2017年5月在《中国养老周刊》对中国城市社区居家养老服务的模式及其运作的成效进行了系统的阐述，认为目前中国城市社区居家养老模式大致可以分为四种：政府主办、层级联动；政府主导、中介运作；政府资助、机构主办；政府购买、市场运营。

（1）政府主办，层级联动模式。

运作方式：这种模式主要是自上而下由各级政府、街道和社区运用行政强制力进行推动的养老服务模式，主要资金来源于各级财政扶持，部分资金由各级行政组织自筹或来自社会福利事业。各层级管理人员既在相应的行政机构担任一定的职务，又分别负责社区居家养老服务部门的不同工作，建立区政府、街道办事处、社区居委会三级管理机构，为本辖区内的居家老年人提供多种养老服务。例如，大连市沙河口区、柳州市的社区、金华市经济开发区南苑社区等采取了这种养老服务模式。

案例剖析：青岛市实行居家养老服务的时间较早，也是全国为数不多的探索城乡居家养老服务一体化的城市之一，2012 年，青岛市全面实现了居家养老服务，并且制定了《关于加快养老服务业发展的意见》，社区通过整合养老资源、建立服务中心，在中心建立“医疗护理室”“休闲娱乐室”“老年课程室”等平台，为60 周岁及以上有生活照料需求的社区居家老年人提供或协助提供家政、助餐、助医、康复辅助、精神慰藉、日间照料、休闲娱乐等“一站式”服务。

青岛市的居家养老服务充分发挥了基层自治组织的作用。居家养老服务离不开社区养老服务，社区养老服务的本质目的是服务于居家养老，是实现居家养老服务的必要条件。通过对周边生活服务、医疗卫生服务和文化娱乐设施等资源进行整合，建立居家养老服务中心，社区为老年人提供相互交流的平台，从而为老年人提供了更好的居家养老环境。通过主导居家养老模式，社区对于养老服务模式的发展规划、管理的科学性和规范性都进行了严格的规定，居家养老服务得到有力较快发展。

优缺点解读：其优点在于，通过行政手段更容易使养老服务从上到下得到各级领导和主管部门的重视，一贯到底地推动社区居家养老服务的实施，更加快捷、有效地落实各种政策，也更容易得到广大社区居民的理解和信任。弊端则在于从承办到管理均由政府包揽和运作，政企不分、政事不分，可能出现高耗低效、人浮于事的问题，影响服务供给效率；同时不利于调动更多的社会资源和民间力量参与养老服务，难以满足多样化的养老服务需求，可能阻碍社区居家养老服务的发展和普及。

（2）政府主导，中介运作模式。

运作方式：这种模式是政府本身不直接为社区居民提供服务，而是通过公建民营或资助民间组织实施居家养老服务，主要承担对社区居家养老服务的规划、投资、项目建设、制定运营标准和相关法律法规、检查监督和绩效评估等职责。例如，宁波市海曙区、兰州市城关区、浙江金华市的社区等采取了这种养老服务模式。

案例剖析：为应对不断提高的养老服务需求，宁波市海曙区开始探索社会化的养老方式，主要是将居家养老服务托付给星光敬老协会，通过协会组织提供居家养老服务，服务模式采取“走进去”和“走出来”的方法。“走进去”主要是通过购买服务、“义工银行”和护理员队伍走进老人家里，为老年人提供服务；“走出来”指的是通过各种老年俱乐部、社区或街道的日托中心为老年人提供休闲和护理场所。除了依托星光敬老协会外，海曙区还建立了义工招募服务中心，通过社区招募义工护理员，成立“义工银行”和社区义工队，对护理员进行专业培训，为广大老年人提供服务。

海曙区的居家养老服务通过政府扶持，发挥第三方组织和志愿者的作用，是居家养老服务模式一种非常重要的探索。宁波市海曙区的居家养老模式主要依靠社会主体提供居家养老服务资源，主要体现在三个方面：首先，非营利组织在居家养老模式中发挥着重要作用。海曙区将居家养老公益项目委托给非营利机构——海曙区星光敬老协会，即将社会化居家养老服务中心交与区敬老协会（总会）运作，社区则以敬老协会的名义在服务站开展具体服务。其次，义工和志愿者队伍在居家养老服务中发挥着不可或缺的作用。海曙区在推行居家养老服务过程中成立了“义工银行”，发动社区居民成为义工志愿者，力所能及地为需要服务的老人提供服务。最后，社区将福利彩票收入和社会慈善捐赠用于居家养老服务的发展。政府将部分福利彩票收入用于居家养老服务的发展。

优缺点解读：优点在于，充分发挥了政府的宏观调控职能，从根本上实现了政企、政事分离；降低了行政运作成本，能够使政府有限的资源发挥出更大的效益；有利于培育和发展非营利性服务组织和机构，促进居家养老服务的专业化和产业化发展；可以更好地了解不同社区老年人的各种需求变化情况，及时调整并完善服务项目，提高养老服务对象的满意度。而不足之处在于，中介组织运作初期较难取得社区居民的信任，打开工作局面需要付出更多努力；中介组织发展不足时难以担此重任；政府要职责明确，对中介组织在行政管理和监督上要适度，既不能放任不管又不能干预过多。

（3）政府资助，机构主办模式。

运作方式：这种模式是采用政府出资和社区筹资，委托或资助专业养老机构在社区承办居家养老服务站点，并在建成后管理和运作，为社区老年人提供居家养老服务的一种专业化连锁运营的模式。这种模式在一些养老机构发展较好、专业化服务水平较高的地方已有运用。

优缺点解读：优点在于，政府委托专业养老机构承办和运作，节约管理和运营成本，也符合社区居家养老服务专业化、规范化的发展方向；专业养老机构连锁管理和运营，不仅能够迅速提高社区为老年人服务的专业水平，而且为其他社区居家养老服务机构和服务站树立了示范和样板，带动整个居家养老服务水平的提升。不足之处在于，政府把养老服务委托出去之后容易放任不管、推卸责任，专业机构处于缺少政府资助难以支撑、难以为继的状态；机构与社区的管理者之间容易出现一些专业化服务要求的摩擦或矛盾。

（4）政府购买，市场运营模式。

运作方式：这种模式是政府不再参与建设或资助社区居家养老服务机构和设施，而是由政府全部出资或部分资助，向民间组织或企业购买服务，为特定的服务对象（例如：三无老人、五保老人、军烈属老人、独居的特困老人和残疾老人等）提供所需要的各种养老服务。例如，南京市鼓楼区、上海市静安区、金华市兰溪市的兰荫社区等采取的都是这种养老服务模式。

案例剖析：早在 20 世纪 80 年代，上海市就开始进行基于政府购买的居家养老服务实践。政府鼓励社区兴办居家养老服务，并且通过政府预算提供资金补贴，设立不同的服务标准，对不同类型的老年人分别提供不同的养老服务。上海市的市场发育相对成熟，各类社会组织和养老护理机构相对健全，在市场化购买方面具有不可比拟的优势。通过市场购买服务，老年人只需要拿很少的钱，就能够享受到高水平的服务。

上海市居家养老服务的最大特点是充分发挥市场在提供产品和服务方面的优势，是积极寻求市场化运营的范式。“市场化运营”模式主要体现在两个方面：其一是养老服务的理念。在强调公平的原则下追求服务运营的高效率，上海市居家养老服务为社区老年人集中建立人事档案，并根据老年人的身体状况进行分类管理。对于不同经济水平的老年人，可以享受不同层次的老年服务。其二是养老服务的运营。老年服务基本上靠市场化购买，社区通过与市场主体签订合同，让市场主体提供相应的服务，并对参与主体给予财政补贴和税收优惠。

优缺点解读：优点在于，养老服务的实施由民间组织进行，政府只需负责出资和监督；有助于社区居家养老服务机构之间的竞争，提高养老服务质量和服务效率，促进老年服务市场的发展和成熟。存在的主要问题是，政府对服务企业的约束力和影响力有限；一些地方政府由于缺乏对服务对象的了解而资助不充足，容易出现养老需求与实际供给矛盾突出；企业为了追逐利润，容易舍弃或忽视低偿和无偿服务，从而影响为中低收入老年人提供的服务。

上述城市社区居家养老的几种主要服务模式各有利弊，也各自适用于不同地区和不同服务内容。各地在发展居家养老服务的过程中，应因地制宜、因时制宜，创造性地吸收借鉴和组织实施各自的养老模式。

2. 城市居家养老服务补贴

中国很多城市采取了居家养老服务补贴的政策措施。根据《北京市关于加快养老服务机构发展的意见》和《关于大力发展居家养老服务的意见》，北京市每年启动 1 亿元的专项资金用于市区两级政府建立居家养老服务的专项补贴，以服务券的形式为低保和低收入老年人等提供居家养老服务。这一政策将惠及 14 万户籍老年人，政府补贴 60 岁以上户籍的老年人。给予养老服务补贴的对象包括有北京户口的 60 岁以上分散居住的城镇“三无”老人和农村“五保”、低保对象、低收入群体、市级以上劳模、归侨、纯老人户（包括仅与残疾子女居住的老年人），80～90 岁老年人中的生活能够部分自理或生活不能自理的老年人。北京市建立了集中照料与社区居家两种服务互为补充的养老服务体系。到 2020 年，北京市将新增养老床位 10 万张，实现 90% 的老年人在政府协助下由家庭照顾养老，6% 的老年人在政府资助下由社区照顾养老，4% 的老年人由机构照料养老。对于养老服务的从业者，北京市将鼓励优先招聘本市的失业人员、享受最低生活保障待遇的人员和农村转移就业登记的劳动力。被居家养老服务机构和组织招聘的人员，按规定享受再就业的相关优惠政策。

天津市出台了《天津市居家养老服务政府补贴管理办法（试行》，规定了享受居家养老服务补贴的对象、补贴标准及形式、服务模式。办法规定，享受补贴的对象为具有本市户籍、享受城市最低生活保障待遇或特困救助的 60 周岁以上需要生活照料的老年人。符合条件的老年人首先要通过社区居委会的初步筛选，然后由街道经过专门培训的工作人员对老年人进行评估，根据评估结果按照轻、中、重三级，对符合补贴条件的人员开具居家养老服务补贴证明，分别享受 100 元、150 元、200 元的服务。补贴以居家养老服务代金券的形式由各区县民政部门按季度支付给补贴对象。

天津市的居家养老服务采取公益性公司和社会办养老机构提供服务两种模式。公益性公司向其所在区县民政部门提出申请，经审核后，区县民政部门与公益性公司签订委托服务协议，约定服务内容和服务收费标准等项目。接受委托的公益性公司与接受服务的老年人签订服务协议，按照与民政部门协议约定的项目进行服务，接受老年人使用代金券结算居家养老服务费用，并在每个季度结束前的 10 日内向所在区县民政部门申请兑现代金券。区县民政部门接到兑现申请后，应对公益性公司的人员配比、服务质量、服务对象档案、服务记录等进行检查，检查合格后兑现代金券。

社会办养老服务机构应接受老年人使用居家养老服务代金券结算入院费用。社会办养老服务机构所持居家养老服务代金券由各区县民政部门负责兑现，其兑现程序参照公益性公司居家养老服务代金券兑现程序执行。

一些城市通过多种补贴支持机构发展居家养老服务。例如，2018 年长沙市政府办公厅发布了《支持居家养老服务发展的若干政策（试行）》，提出通过给予建设补贴、设施改造补贴、运营补贴、入住费用补贴等方式，支持居家养老服务发展。根据规定，今后长沙市级财政将分别给予 AAAA 级、AAA 级城市社区居家养老服务中心（原一、二类日间照料中心）10 万、8 万元的一次性建设补贴，每年 5 万元、4 万元的运营补贴；分别给予 AA 级、A 级城市社区居家养老服务中心（原一、二类居家养老服务中心）每年 3 万元、2 万元的运营补贴。对 2017 年以后（含）在主城区（以规划部门发布认定为准）新建成并取得合法资质的城市社区嵌入型养老服务机构，在其享受原建设运营补贴基础上，再由市级给予 15 万元的一次性设施改造补贴，区、县（市）级可自行确定补贴标准。

总之，居家养老的方式在全国各地在以不同的方式运行，对于中国城市居民的养老起到了十分重要的作用。

3. *城市居家养老服务存在的主要问题*

虽然城市居家养老服务有了很大的发展，但是与居家养老服务的目标以及老年人多样化多层次的需求相比还存在着许多不足。目前存在的主要问题可以归纳为以下几点：

（1）服务内容单一，类似于家政化，未能细分老年人服务群体，低龄老年人的文化、娱乐、健康管理服务和高龄老年人的照护、疾病后期康复护理等急需的服务都没有提供。对失能老年人和半失能老年人的康复护理、特殊照料服务、空巢老年人全天候的求助服务，特别是针对越来越多的老年人需要的精神慰藉等满足老年人对生活品位的高水平、个性化的服务项目明显不足，养老服务的内容与老年人的实际需求之间存在较大差距。

（2）目前，居家养老服务人员主要分为两类：一类是受薪的人员，另一类是志愿者。受薪人员的规模及从业技能有待提升。而其他市场化的从业人员是以“护工”“护理员”为主，但专业资质与能力明显不足。由于社区为老年人自愿服务的人数不多，而且社区工作经费少，无法给予志愿者发放适当的服务经费补贴，使本来为数不多的志愿者队伍很难稳定。而社区工作人员平时工作千头万绪，一人身兼数职，几乎没有时间和精力投入到这项工作中，无法及时为社区居家老人提供所需的服务。

(3) 养老服务体系涉及民政部门、行业协会、评估指导中心、街镇主管部门、服务组织；最近提出的“医养结合”模式，则又涉及卫计委、社区卫生服务中心等部门，各相关部门之间缺少沟通、协调与配合，没有真正形成合力以实现居家服务的有效供给。

(4) 居家养老服务的资金来源需要多元化。当前，居家养老服务的资金来源主要包括财政拨款、彩票公益金资助以及数量不多的其他社会捐助。公共财政对社区居家养老服务工作的资金投入不足，资源分配和政策扶持力度不够，使社区难以开展正常的居家养老服务工作，也给规范化管理带来很大困难，难以为居家养老的老年人提供标准化服务。由此，也造成了政府主导的养老服务质量不高，老年人不满意，但市场化的服务价格太高，老年人又负担不起的局面。

4. 城市居家养老服务的创新

在此主要从居家养老消费者的需求角度出发，从市场供应和服务需求层面提出创新的方向。

(1) 建立社区养老管理人制度和居家巡访制度。包括医疗护理服务在内的中国居家养老服务在配套方面才刚刚起步，对于如何把养老服务与医疗护理服务、社会工作事务相连接，可以借鉴英国和日本居家养老服务的成功经验，建立社区养老管理人制度，将原本的直接服务提供者转变为专业的资源组织者和养老需求的识别者，通过养老管理人直接将老年人的需求与资源对接，避免老年人可能存在的需求自我识别能力弱问题造成沟通成本的增加和公共资源的浪费。同时，通过居家巡访制度实时掌握老年人群的需求变化情况，以提供能够适合养老需求的服务产品。

(2) 实现社区居家养老的服务性“医养”结合。居家养老服务的“医养”结合模式不同于传统意义的养老项目的“医养”结合，它更加强调服务的“医养”无缝对接，即老年人无论在家或在医院均可以享受同样质量的服务，避免老年人因就医而造成的生活环境变化引发的情绪不安，或因适应能力弱诱发其他不良反应的可能性。实现服务性“医养”，可以使老年人无论在家或就医均能体会到熟悉的家的感觉。居家养老服务应当避免过度的区域化，实现跨区域的服务延伸。

(3) 建立社区养老服务综合平台。首先，应当从老年人的服务需求出发，梳理、整合并优化包括个人、社区组织、社区团体和机构等在内的社区资源，将“社区资源”与“服务需求”有机对接，加强同质性资源间的合作，挖掘和整合异质性资源，实现社区资源有效配置的综合化与多元化。其次，要围绕老年人的食、住、行、医、养等方面来汇聚资源，打造养老服务综合平台。养老服务综合平台应该引入信息化和智能化设施设备，并且与医院、旅游机构和娱乐机构等互联互通，以此来提高养老服务的效率和水平。

（4）通过居家养老数据系统，建立虚拟的“医—养—护”平台。现有的居家养老服务数据的运用还处于初级阶段，没有能够实现养老群体整体数据的对接，数据之间的联动作用很少。因此，需要在居家养老服务平台上运用数据系统建立居家养老群体档案，同时双向对接其就医就诊、养老服务、护理需求记录，运用大数据分析居家养老群体的生活、就医、养护情况，预判未来可能出现的潜在的“医—养—护”风险以及由此可能产生的养老服务需求的变化。根据每位老年人的不同情况，在众多的养老服务产品或项目中筛选适合的服务与产品组合，形成具有特色的居家养老服务包，为老年人提供定制化和特色化的服务。同时，由于居家养老的人群规模效应，即使为老年人提供组合服务包其可能产生的成本费用增加额也十分有限。

（5）强化精神慰藉，增强老年人的尊严感。虽然中国与英国、美国等国家的文化背景各不相同，但是英美两国在养老服务中鼓励老年人具有独立性和增强其尊严感的做法值得中国在包括居家养老服务在内的各类养老服务模式中大力推广。鼓励老年人独立有利于老年人在养老阶段不脱离社会，不被社会标签化，尊严感的提升更加有利于老年人的心理健康。独立性和尊严感可以借助精神慰藉方式加以实现。然而，这里所提及的精神慰藉并不仅仅是心理疏导，还包括通过一系列的方式增强老年人的社会参与度，帮助他们实现自身的价值。马斯洛的需求层次理论指出，当人的低层级的需求被满足后，将会产生高层级的需求。目前，城市社区居家养老群体在衣食住行方面的需求能够得到满足之后，如何实现其个人的价值对于居家养老群体而言将会更具有意义。

4.1.3 社区养老服务

1. 社区提供养老服务的可行性

社区是由一定的地理区域、人口、社会组织、社会文化四大因素相互作用形成的空间形态。生活在社区中的成员拥有共同的地理空间和社会空间。因此，居民之间有其相对趋同的公共利益、价值规范及文化背景，并且具有较密切的社会交往，社区是每个成员永远回避不了的生存环境。和谐社区建设归根结底是以人的全面发展为核心，着眼点是为满足人们的物质和精神生活的需要创造良好的条件，使人的物质生活、精神生活以及政治生活、社会生活需要得到合理的满足。诚然，社区也是老年人的居所所在地，是老年人活动的主要场所和空间。为老年人提供养老服务也是社区发展的重要内容之一。由社区为老年人提供的各种服务（例如：日间护理中心、老年人饭桌、送餐服务、日托所、代购代送物品、老年人应急服务、热线咨询、组织安排老年人的各种文化、娱乐、体育、保健等活动）对提高老年人的生活质量非常重要，深受老年人的欢迎。

1982 年联合国发布的《老龄问题国际行动计划》指出：社会福利服务以社区为基础，并为老年人提供范围广泛的预防性、补救性和发展方面的服务，以便使老年人能够在自己家里和他们的社区尽可能地独立生活，继续成为参加经济活动的有用公民。1991 年《联合国老年人原则》指出：老年人应得到家庭和社区根据每个人的社会文化价值体系而予以照顾和保护。1992 年召开的联合国第 47 次大会提出，把社区作为改善养老环境的目标，要求支持以社区为单位，为老年人提供必要的照顾，并组织由老年人参加的活动。1996 年颁布的《老年人权益保障法》第三十五条明确提出，发展社区服务、逐步建立适应老年人需要的生活服务、文化体育活动、疾病护理与康复等服务设施和网点，发扬邻里互助的传统，提倡邻里间关心、帮助有困难的老年人。这些都为发展社区养老服务提供了政策依据和努力的方向。

目前，在中国的社区建设中充分发动各种社会团体、群众组织以及有关职能部门，把尊老、爱老、助老作为一项社会工程来开展。许多城市的街道办事处和社区居民委员会成立了“社区服务中心”、“青年志愿者”队伍、“托老所”等。这样，老年人就能够在祥和的社会氛围中安度晚年，在他们最满意的环境中享受天伦之乐。

2. 城市社区养老服务现状

建立社区养老服务的主要依据是坚持老年人“老有所养、老有所乐、老有所医、老有所学和老有所用”的理念。社区养老服务的主要对象是社区里年龄超过 60 岁的老年人，尤其是一些残障老年人、享受低保的老年人和空巢老年人等。

具体的服务项目包括：①为了使社区中的老年人“老有所乐”，一些社区组织了老年健身队、老年篮球队、老年舞蹈队，开展老年太极拳、太极剑等训练活动。各个社区还设有老年棋牌室、老年阅览室、老年书画室、老年健身室、老年康复室等，以供老人娱乐活动。②为了使社区中的老年人“老有所医”，一些社区建立了社区医院或者医疗服务站等，可以定期为社区老年人提供医疗保健服务。例如，举行老年人健康知识讲座、老年人健康咨询服务、老年人身体检查等。在一定程度上满足了老年人安全的需要，同时也缓解了大医院人满为患的局面，使老年人小病不出社区就可以治疗。③为了使社区中的老年人“老有所养”，社区组织关心老年人的生活状况，尤其是在节假日为一些收入低和无人照料的老年人送去补助金、慰问品，以及提供老年人的护理等工作。④为了使社区中的老年人“老有所学”，一些社区建立了专门的老年多功能学习室，开展电脑知识培训、普通话培训、消防安全知识培训等，这些活动满足了老年人的求知欲望。⑤为了使社区中的老年人“老有所用”，社区组织成立了各种乐器队、武术队、书画协会，老少同乐，老少同学，老少同进步，使得老年人的成就感得到满足。

目前，各个城市在依托社区开展养老服务的过程中几乎都建立起了社区老年人服务中心或者服务站。例如，早在 2005 年，石家庄市长安区东安社区、谈固社区及棉三职工医院就正式启动了养老社区服务试点。这些服务试点通过当地社区的“星光老年之家”及社区卫生医疗服务机构，为社区老年人提供最便利、最直接的养老服务。在这样的养老服务站点内，老年人可以享受到日常生活中所需要的所有服务，为老年人建立健康档案，并根据社区养老的多样化需求，直接或间接地为老年人尤其是空巢老年人提供站点服务、管家服务等多方面的服务。服务内容主要包括组织社区老人休闲、娱乐、健身、交友、推荐力所能及的工作，进行精神陪护和心理疏导，配制爱心救助卡，代购药品、读信、读报、代写代寄信件以及紧急意外救助等。石家庄市长安区已开始在其辖区内着力推广这种养老服务形式，并已建成 60 多个这样的养老服务站，把区域内的一批职工医院改建成了老年人康复中心。

为加快推进居家和社区养老服务改革试点工作，成都市出台了《成都市居家和社区养老服务改革试点方案》。根据该方案的规划，成都市从 2017 年开始在全市实施居家和社区养老服务改革试点，用三年时间建立起具有成都特色、服务专业的居家和社区养老服务体系。对全市高龄、独居、空巢、失能等特殊群体老年人展开摸查工作，建立动态管理数据库和“关爱地图”。对全市 60 岁以上困难老年人进行信息采集，逐一建立老年人能力评估等级档案，实现为特殊群体老年人提供精准、高效服务。

实施社区日间照料中心形象升级工程。各区（市）县对本市户籍困难家庭的 60 岁以上的部分失能老年人的家庭进行通行、助浴、如厕等适老化改造，有条件的社区可适当扩大改造范围。同时，进一步完善高龄津贴、经济困难老人养老服务补贴、经济困难的失能半失能老人护理补贴三项制度，并根据经济社会发展水平适时调整标准。对由社会力量投资搭建，集成大数据、云计算、物联网、互联网等技术，持续运行的社区养老服务信息平台，根据自愿申请、提供信息服务数量和第三方评估结果，给予一定的补贴。

目前，依托城市社区开展的助老服务模式主要有三种类型：①组建志愿者队伍救助有养老需求的老年人。这些志愿者首先需要经过民政局的培训，然后持证上岗服务，他们的服务费用由获得服务的家庭与养老服务机构支付；也有部分服务是义务性的，不需要服务费用。②让老年人进入日托所。日托所主要是负责老年人白天的护理工作，老年人的生活在日托所里可以得到照顾。除老年人的日常生活起居、休息、医疗康复保健等外，还有一些丰富多彩的娱乐活动和文体活动。③建立老年生活护理服务中心，实行市场化的运作模式，有偿服务。当然，服务的价格相对较低，而且还可能提供免费服务。

3. 社区养老服务面临的困境

（1）高质量的养老服务人员供给不足。对城市社区养老服务供求关系的分析结果表明，老年人的需求还没有完全得到满足，而且高素质的社区养老服务人员缺乏，这就意味着需要提供更多高质量的养老服务人员。因此，需要建立一支相对稳定的专职养老服务队伍。社区养老服务工作的成功与否，很大程度上取决于是否拥有一支专业而敬业的养老服务队伍。社区养老服务队伍建设要与再就业工作相结合，从下岗失业群体中进行培养和选择。需要对相关人员进行系统的培训，培训之后持证上岗。

（2）养老服务资金相对短缺。目前，中国的城市社区在养老服务方面普遍存在资金短缺的问题。虽然一些城市社区在开展老年服务工作时有很多的创新或想法，但由于资金短缺，没有能够实施。社区中的许多老年活动要么是社区老人自筹经费，要么就是社区工作人员拉来的商家赞助，许多好的想法难以付诸实践。

（3）老年服务设施建设滞后。城市社区提供的养老服务虽然丰富多彩，也深受社区中的老年人的欢迎，但是由于人力、物力、财力有限，其规模往往受到限制。尽管各地政府制定了一系列的优惠政策，吸引了一部分失业下岗人员从事社区养老服务，缓解了就业难题，也在一定程度上促进了养老服务事业的发展。然而，对于日益庞大的老龄人群而言则显得明显不足。诸如养老日托所、膳食餐饮服务等老年人群喜爱的服务项目，由于受到资金和场地等因素的限制也难以在社区中广泛开展。社区建设规划中的基础设施对老年人这个特殊群体的需求考虑不足。一些住宅小区在规划建设过程中很少考虑老年人的活动场所，一些新建小区的社区托老所和老年服务站的建设处于起步阶段。

4.1.4 机构养老服务

机构养老是指老年人寄托在养老服务机构（例如：政府兴办的福利院、老年公寓以及公办或私营的养老院、老年服务活动中心等）的一种养老服务模式。与上述养老服务方式相比，机构养老可以实现服务的专业化，集中统一管理老年人，可以减少子女的生活压力，减轻社会的养老服务成本，老年人也可以利用集体生活排除老年人的孤独感，有条件的可以开展集体活动，为老年人的晚年生活增添色彩。

机构养老和社区养老在很多时候是重叠的，而且很难完全区分。事实上，居家养老、家庭养老、社区养老和机构养老并不是完全割裂开的，许多老年人并不是孤立地选择单一的养老服务模式，而是多种养老服务模式并存。机构养老作为中国养老服务模式的重要组成部分，发挥了重要的作用。机构养老服务以设施建设为重点，通过建设基础设施来保证基本的养老服务功能。按照中国养老服务“十二五”规划的要求，养老服务设施的建设重点包括老年养护机构和其他类型的养老服务机构。这些养护机构能够为失能半失能老年人提供养老服务，主要包括生活照料、康复护理、紧急救援等。通过设施的不断完善，使老年人的养老服务需求不断得到满足。2017 年 10 月，民政部正式就《养老机构服务质量基本规范（征求意见稿）》向社会公开征求意见。根据该征求意见稿，养老机构宜与有资质的外包服务机构签订协议，并建立监督退出机制。养老机构应根据老年人的需求，建立老年人评估机制，依据评估结果提供相应的服务，制订个人服务计划。此外，征求意见稿还要求养老机构持有养老机构设立许可证书、食品经营许可证书，内设医疗机构时应持有医疗机构许可证书等。

机构养老的特点主要表现在两个方面：一是养老地点的变化。上述三种养老方式虽然养老资源投入主体不同，但是都是以老年人在家庭或是社区这种老年人长时间生活而熟悉的环境为养老地点，机构养老则使老年人集中到一个特定的地点养老。二是上述三种养老方式都是依托家庭和社区开展的养老服务活动，公益性较强；而机构养老更偏重于市场性。由于现在纯公益的养老服务机构很少，养老服务机构很多都是以照顾老年人和盈利为目的，并且更偏重于市场性，以老年人的缴费水平为服务标准。

虽然机构养老在理论上来说有很多优势，但是在现实生活中却是最为复杂和现实成效较低的一种养老方式。之所以如此，主要是受到下列因素的影响。

1. 心理因素的影响

虽然中国的经济结构和人们的思想观念已经发生很大的变化，但是传统的“乡土观念”和“孝道”思想依然在人们的思想中占据着非常重要的地位。从老年人方面来看，每个人都有“终老故土”的观念，远离自己的家庭以及身边熟悉的人或环境对许多老年人来说都是不能接受的，住进养老机构甚至还会有一种被子女遗弃的感觉，这无疑会给本已脆弱的老年人心理再蒙上一层阴影。从子女方面来看，虽然生活压力越来越大，但是许多年轻人也不愿意把老人送到养老机构去养老。一方面是担心老人在养老机构得不到应有的照顾，另一方面是由于中国传统的代际关系的传承相较于西方国家要亲密温馨得多，很多子女觉得父母辛辛苦苦抚养自己不容易，长大后把父母留在身边照顾是天经地义的事，把父母送进养老院是有违常理和不孝顺的行为。

2. 养老服务机构的自身因素

老年人的身体状况及其对服务的需求等方面都具有特殊性，对老年人的衣食起居必须要有更科学合理的安排，相关的服务人员应当经过系统的培训并具有专业性的知识。但是，很多养老服务机构并不具备上述条件。养老服务机构的资金大部分来自入住老人的缴费，由于受到养老服务机构入住率偏低和老年人自身经济状况的影响，许多养老服务机构处于连年亏损的状态，虽然有政府的支持和社会慈善团体的帮助，但都是“杯水车薪”。这种非制度化的帮助很难解决养老服务机构的资金短缺问题。由于资金短缺，养老服务机构的设施得不到及时的维护和更新，也招聘不到优秀的护理人员，这样就使得许多养老服务机构的生存和维系变得日益艰难。从实际情况来看，一些服务和设施较好的老年公寓收费都较高，而收费较低的老年公寓在服务设施、服务人员素质等方面都存在一定的问题。

由此可见，家庭养老、居家养老和依托社区开展的养老服务活动是中国最为适合的城市养老服务模式，机构养老是不可或缺的一种养老服务。而且，居家养老、社区养老和机构养老是承接家庭养老向社会化养老转变的重要载体。

4.1.5 企业退休人员社会化管理服务

为推动企业改革，完善社会保障体系建设，全面提高企业退休人员的生活质量，实现退休人员由“企业人”向“社会人”的根本性转变，许多城市在养老服务实践中专门针对企业退休人员开展了一系列的服务活动，取得了明显的成效。在此，以江苏省南通市为例进行分析。

南通市自 2003 年开始在全市范围内推行企业退休人员社会化管理服务工作，为此建立了隶属于市人力资源和社会保障局的行政事业性单位——南通市退休人员管理服务中心，具体承担企业退休人员社会化管理服务和下岗失业职工的管理服务。为了更好地提供管理服务，南通市退休人员管理服务中心在江苏省率先建立了两级政府、三级管理、四级服务、五级网络的管理服务体系，实现了机构、人员、场所、制度、职责、经费“六到位”；率先建立了退休人员自管组织，实现了横向到边、纵向到底的服务效能；率先实施了属地化管理服务的新举措，让异地居住的退休人员能够享受到无差别的社会化服务；率先开展了社区退休人员管理服务机构达标活动；率先开通了《退管之声》，及时传递退休人员的心声；率先创办了《南通退管》报，架设起党和政府与退休人员联系的桥梁。目前，企业退休人员的社区管理率、档案接收率、周期性的免费健康体检率、企业退休人员和供养的直系亲属享受社保待遇的资格认证率均达 100%。南通市的企业退休人员社会化管理服务工作名列全省前茅，连续多年荣获江苏省退休人员社会化管理服务先进称号。

1. 企业退休人员社会化管理服务的新机制

（1）制定配套政策和责任目标。为规范企业退休人员社会化管理服务，在深入调查研究的基础上，制定了一系列具有可操作性的政策，进一步明确了推进企业退休人员社会化管理服务的具体事项，对全面提升社会化管理服务水平创造了条件。南通市所辖各县（市）也相继制定了相关的配套政策，提高了社会化管理服务的效率，使社会化管理服务工作进入了良性发展的轨道。与此同时，每一年度都要下发企业退休人员社会化管理服务考核办法及工作要点，明确考核内容和评分细则。全市各级退管机构从实际出发，对照考核办法，按月制定具体的工作目标，保证了工作责任制的落实。

考评工作的常态化、监督机制的不断完善，是检验企业退休人员社会化管理服务运行效果的基础，更是评价整个制度阶段性发展成果和完善后续发展的重要手段。将机构考评、人员考评和内部控制机制相结合，建立完善的监督考评机制，对于企业退休人员的管理服务质量和工作效率的提升有着极其重要的意义。

（2）不断完善管理服务平台建设。一是重视对企业、街道（乡镇）社区管理服务平台相关工作人员的培训。为了提高社会化管理服务的质量，各级退管机构注重管理服务平台工作人员的职业道德建设，强化他们倾情为退休人员服务的意识；适时开展业务培训，使工作人员准确掌握退管社会化的政策和业务流程，做到及时、优质、快捷地为企业退休人员服务。二是不断完善管理服务平台建设的各项基础工作，努力做到基础调查工作与动态管理相结合；走访工作与掌握重点退休人员情况相结合；温情关怀与慰问退休人员、化解矛盾和克服困难相结合。三是各级退管机构强化了基础设施建设。目前，南通市区及各县（市）相继落实了企业退休人员档案场所，完善了配套的基础设施建设，对退休人员档案进行集中整理归档。四是重视企业退休人员管理服务的信息化建设，努力提高社会化管理服务的信息化水平。管理服务的信息化减少了人为操作带来的信息丢失、操作误差、数据误差等问题，大幅度提高了工作效率，加强了信息保存的安全性。

(3) 适时开展各种创建活动。为切实提高企业退休人员社会化管理服务的工作质量，南通市开展了创建合格社区退休人员管理服务站活动。市人力资源和社会保障局成立创建活动领导小组，具体负责创建活动的指导、协调、督查和评估验收工作。各县（市）区也成立了相应的组织，确保整个创建活动扎实、有序地开展。在此基础上，制定了创建合格社会化管理服务社区的具体办法和标准，市人力资源和社会保障局结合年度考核，对相关县（市）、区给予适当奖励。在具体实施过程中，各级退管机构充分挖掘自身的潜力和优势，高起点制定目标，高标准组织实施，以点带面，整体推进，统筹安排，注重实效，全面推动社区社会化管理服务工作规范有序地开展。

2. 企业退休人员社会化管理服务特色

(1) 建立企业退休人员自管组织。针对企业退休人员提出的点对点服务的要求以及社区退管工作难度大、人员严重缺乏的难题，在深入调查研究的基础上，南通市建立了企业退休人员自管组织协理员队伍。目前，共建立企业退休人员自管组织3800多个，纳入自管组织的企业退休人员占全市纳入社会化管理服务退休人员数的84%左右。为保证自管组织正常运转，主要开展了三方面的工作：一是召开协理员推选见面会，推选的协理员与辖区服务对象座谈交流，就如何做好自管服务献计献策；二是明确工作要求，先后制定了《自管组织工作职责》和《协理员协助工作要求》，这些职责和工作要求的定位，使自管组织协理员明确了责任，增强了做好工作的自信心和热情；三是为自管组织协理员提供必要的工作条件。

企业退休人员自管组织的建立，延伸了企业退休人员社会化管理服务的网络，提高了管理服务的效率和水平，营造了企业退休人员关心别人快乐自己的氛围，创造了企业退休人员自我增长知识、自我丰富生活、自我互助服务、自我发挥余热、自我管理服务的地方特色，使企业退休人员社会化管理服务工作更具有活力、更趋于完善。

（2）实施异地居住退休人员委托管理服务。为了使异地居住的退休人员享受到社会化管理服务，2006 年 5 月南通市率先出台了《关于印发〈南通市企业退休人员异地委托管理暂行办法〉的通知》，对全市各县（市）、区异地居住的退休人员社会化管理服务工作提出了明确要求。按照属地管理原则，由各县（市）、区退管机构将其异地居住的企业退休人员的管理服务关系，转至退休人员居住地的退管机构，实行委托管理，统筹纳入社会化管理，享受同城同一的基本福利待遇。对新接收的辖区内的异地退休人员，居住地退管机构在当月上门走访，了解退休人员的基本情况，建立基础管理台账。为进一步完善异地居住退休人员的管理服务，2009 年南通市退管中心建立了异地委托管理例会制度，每季度召开四区五县市退管机构负责人工作会议，及时处理异地居住委托管理服务中出现的问题。2010 年制定了《南通市退休人员异地委托管理服务工作考核细则》，重点考核慰问服务、资格认证、健康体检、活动开展等内容。

南通市在异地居住企业退休人员委托管理服务方面的举措，为全国提供了良好的运行范本，不仅在南通市社会保障制度的运行中发挥了重要作用，而且对于全国其他城市和地区也有很好的借鉴意义。

（3）组建江海志愿者“夕阳红”服务组织。南通市江海志愿者“夕阳红”服务队是在企业退休人员组建自管组织的基础上，以江海志愿者品牌为龙头，由企业退休人员自愿组成的从事各种公益服务和互助服务的志愿组织，以服务特困、高龄、病残、空巢、孤寡退休人员和农村老人为重点。目前，南通市的 20 个街道、206 个社区均成立了江海志愿者“夕阳红”服务队，产生了良好的社会效应，成为精神文明“南通现象”的重要组成部分。开展江海“夕阳红”志愿服务活动，是企业退休人员自管组织建设的进一步深化，是企业退休人员实现自我管理、自我服务、自我完善的创新举措。

南通市退休人员管理服务中心针对企业退休人员开展的一系列富有特色和创新性的管理服务活动，代表的是老年保障和老年管理服务社会化的发展方向，这与福利国家全方位地为公民提供从摇篮到坟墓的保障不同，这些管理服务更多体现的是福利社会的理念。与福利国家相比照，福利社会在财政负担、社会活力、经济发展等各个方面都更加具有发展性和可持续性，更符合未来社会保障的发展趋势。

南通市企业退休人员社会化管理服务工作还包括了居家养老、托老所等新型的养老服务，为企业退休人员提供更为全面的老年保障和老年服务。

总之，无论是在覆盖范围、管理方式、服务内容，还是在管理服务的创新性方面，南通市企业退休人员社会化管理服务工作都走在了全国前列，符合现代社会保障和社会发展的需求，提供了许多可供借鉴的有益经验。

4.2 城市养老服务的成效分析

中国现有的城市养老服务在减轻家庭养老负担、满足老年人的多养化的服务需要、保持代际关系和谐以及减轻国家财政压力等方面发挥了十分重要的作用。

4.2.1 减轻了家庭养老负担

人口老龄化带来的影响首当其冲的就是现代家庭，受到经济发展方式以及计划生育政策的影响，中国传统的大家庭的模式逐渐为现代小型家庭所取代，子女同时要侍奉双方老人还要抚育下一代，面临的压力非常大。通过居家或者社区养老服务，子女即便不在父母身边，老人也能够得到志愿者或者社区服务人员的帮助。从养老服务资源的投入来看，政府、社会、企业的投入势必会减轻家庭养老服务资源的支出。

4.2.2 满足老年人多养化的服务需要

从物质层面来说，家庭、个人、社会、政府以及部分企业等对老年群体的关注和养老资源的投入使得老年群体的基本生活得到了满足，即便是在子女不在身边的情况下，一些年龄较大的老年人依然能够正常生活；从精神层面来说，长期和子女保持联系，生活在自己所熟悉的环境中，并能够在社区组织的老年人的集体活动中排除孤独寂寞之感，对老年人来说也是一种精神慰藉。

4.2.3 维系了代际和谐关系

家庭伦理关系一直是中国道德建设中的重中之重，保持代际关系之间的温馨和谐对于老年人的心理来说至关重要。对于老年人来说，对物质层面的追求早已淡化，对亲情尤其是对下一代人的培育尤为关注。城市养老服务这种“离而不分”的模式一方面使得子女不必一直守护在老人身边，避免了代际矛盾的产生和冲突，而且适当的距离也可以培育两代人之间的感情；另一方面，两代人之间长期保持联系和交往也能够避免感情的淡漠，避免产生彼此之间的疏离感。

实际上，多数老人只要身体健康，对家庭还是有很大帮助的。例如，看护孩子、照顾家庭等。因此，必须客观地看待老年群体。老年人不仅仅是被赡养者，还是子女生活的强有力支持者。

4.2.4　减轻了国家的财政负担

家庭养老的重要意义在于，它可以极大地减轻政府在老年保障方面的财政负担。与此同时，社区居家养老服务具有投入低、成本低和收费低廉的特点，这既能减轻政府养老的经济负担，同时也能减轻家庭子女养老的经济负担。因为社区居家养老的服务人员既可以是家庭妇女、退休人员、志愿者等服务力量，也可以采用代际互助、邻里互助等模式进行服务，由于享受政府的补贴和扶持，社会化服务是廉价的，甚至是义务的。于是社区居家养老服务收费一般采用义务、半义务、收成本费的标准，收费较为低廉，不超过一般老年人和家庭的经济承受能力，能够大大减轻家庭养老的负担。而社区居家养老恰恰可以利用现成的家庭和社区的资源，如住房、生活设施及社区的养老设施等，具有成本较低、覆盖面广、服务方式灵活等优点，能够用较少的成本满足老年人多方面的服务需求。由此也在一定程度上减轻了政府的财政负担。

4.3　城市养老服务存在的主要问题分析

党的十九大报告中提出，积极应对人口老龄化，构建养老、孝老、敬老政策体系和社会环境，推进医养结合，加快老龄事业和产业发展。那么，当前中国城市养老服务发展过程中存在的主要问题有哪些？在前面谈到城市养老服务类型时，对养老服务存在的问题已经做了简要分析，这里对城市养老服务过程中存在的问题做进一步的深入分析。

4.3.1 政策法规与制度方面存在的问题

中国是在经济尚不发达的条件下进入老龄化社会的，可以说是“未富先老”。当前，中国正处于社会转型发展时期，传统的养老方式和养老观念受到了一定的冲击，老年人的合法权益在一些地方没有得到充分的保障，一部分人的道德水准较低，养老助老意识淡漠，不尽赡养义务，打骂、侮辱甚至虐待、遗弃、残害老人的现象时有发生，许多独生子女家庭对老年人的生活照料和精神慰藉无力顾及。要切实解决这些问题亟待创新和发展养老助老服务体系，用政策法规调整社会关系，把一些道德规范上升为法律规范。

在中国现行的法律规范中只有一部《老年人权益保障法》以国家法律的形式确保了老年人的基本权益，虽然各地都颁布了相应的政策和法规，但是多数政策和法规都缺乏长久的效益，当然在全国范围内也就不具有普遍的效力。通常情况是，经济较为发达的城市（例如：北京、上海等）关于养老服务的政策法规较为健全，执行起来也比较有保障。但是，经济欠发达城市相关的政策法规就显得不足。即便是通过的《老年人权益保障法》也只是从宏观上规定如何确保老年人的合法权益，在一些具体细节上并没有做出明确的规定。例如，在对设立养老服务机构应该符合的条件中规定：①有自己的名称、住所和章程；②有与服务内容和规模相适应的资金；③有符合相关资格条件的管理人员、专业技术人员和服务人员；④有基本的生活用房，设施设备和活动场地。虽然做出了一些条件限制，但都是一些笼统的规定。例如：在资金方面，多少算合格？如何确保后续资金的来源？符合条件的管理人员和服务人员又该如何确定？又例如，在修订的《老年人权益保障法》中规定，家庭成员应当关心老年人的精神需求，不得忽视、冷落老年人，与老年人分开居住的家庭成员应当经常看望或者问候老人，这被当时的媒体称为“常回家看看法”。但是《老年人权益保障法》对此项并没有作出强制性的措施，换句话说，即便在现实生活中子女没有尽到经常看望老人的义务，在法律层面也不会受到多大的处罚。关于民间资本对养老服务投入这方面的规定和扶持非营利组织发展的相关政策也不完善，虽然出台了鼓励社会力量兴办养老服务机构的一系列优惠扶持政策，但实际落实并不到位。

城市养老服务制度方面存在的问题主要体现在两个方面：首先是政府主导的养老服务不足，而民营养老服务机构的发展又不充分。目前，政府主导的养老服务一般只能提供基本的养老保障，而由于养老服务行业对基础设施建设的要求较高，前期投入所需资金巨大，承担的责任大、风险高，而利润率相对较低，导致了民营养老服务机构的发展并不充分，民营资本对养老产业持有观望和犹豫态度，这就造成养老服务的供给无法满足巨大的市场需求。其次是养老服务从业人员缺失，专业技能不达标。从当前从业人员的现状来看，养老服务从业人员存在相当大的缺口，而且现有的养老服务从业人员流失相当严重，其中失能、半失能老人养老的从业人员问题更为严重。调查结果显示，在所有家政服务项目中，老年护理特别是失能老人护理，由于受到从业责任、风险等因素的影响，时常被家政从业者抵触。养老从业人员的紧缺和护理技能专业化质量总体不高的现状，成为制约中国城市养老产业健康发展的瓶颈之一。

4.3.2　资金保障方面存在的问题

目前，城市中存在的各种养老服务在本质上都是关系到老年人晚年幸福的问题，具有福祉性质。但是，普遍存在着资金不足的问题。从家庭来看，老年人的主要收入来源是退休金以及已有的一些积蓄，而这些资金与养老服务的需求相比是不足的。从政府的角度而言，各级政府部门尚未真正承担起养老的责任和义务，一些本应由政府部门提供的养老服务设施和养老服务资金却明显不足。与居家养老和社区养老模式相比，机构养老在资金方面的不足显得更为突出。一方面，机构养老必须依托于一定的养老地点与服务人员，养老地点的房租，设备的更新、替换、升级，老年人的日常生活和日常护理等都需要资金的投入；另一方面，机构养老必须配备相关的工作人员，这部分人的工资收入也需要有大量的资金投入。目前，养老服务机构的资金有些是依靠政府或者社会慈善团体的捐赠，但更多的资金是来源于老年人的入住缴费。

城市养老服务的资金来源应该多元化，个人、家庭、企业、政府和社会团体都应该是养老服务资金的重要来源，但目前这种资金来源的多元化并没有得到很好的保证。由于资金投入不足，导致政府购买养老服务的补贴标准降低或者补贴范围缩小，部分经济困难的老年人难以享受居家养老服务，从而使居家养老服务的福利性受到严重影响。

4.3.3　养老服务水平方面存在的问题

目前，从总体上看城市养老服务的水平还比较低，不能满足老年人多层次多样化的养老的需求。一是家庭养老模式面临诸多挑战，能够同儿女一起生活是最理想的，但现实生活中越来越多的子女离开父母到外地谋生甚至到国外打拼，“空巢”老人越来越多。现在大多数家庭的子女与父母分开居住，由于多方面的原因而无法全天候照顾父母，而“机构养老”并未能缓解“家庭养老”的压力。二是存在养老服务机构需求与供给的矛盾。有些养老服务机构是“一床难求”，而有些养老机构却存在着“床位闲置”的现象；一些老年公寓、养老院的入住率比较低。由此造成了养老供给不足和供给相对过剩的双重矛盾。造成这一现象的原因一方面是收费偏高，老年人难以承受：另一方面是养老机构的设施和管理与服务水平难以令人满意。

4.3.4 养老服务人才方面存在的问题

目前，中国已快速进入人口老龄化和高龄化的社会，迫切需要大量的专业化的养老服务人才。但是，由于养老服务人才市场尚未形成，导致养老服务机构和养老产业发展过程中出现了人才匮乏的现象。现有的养老服务队伍远远不能满足养老服务事业发展的客观需求。由于养老服务队伍的整体素质偏低，其专业水平、业务能力和服务质量也就无法满足老年人的养老服务需求。

因此，政府应大力加强对养老服务人员的培训，有条件的院校应设立养老服务专业，培养高水平专业化的养老服务人员。通过制定养老服务岗位的专业标准和操作规范，做好在职人员的职业道德、专业知识和岗位技能的培训，逐步提高养老服务队伍的专业化水平。积极推行养老护理人员的国家职业资格制度，不断优化养老服务人员的队伍结构，保证从业人员持证上岗。

在中国人口老龄化日趋严重而且又面临着老年人养老困难等诸多问题的背景下，研究如何构建适合中国国情的城市养老服务体系，成为政府和学术界共同关注的重大问题。构建家庭养老、居家养老、机构养老以及依托社区开展的养老服务等多元化的养老服务模式，将是提升城市养老服务质量的发展方向。

多层次多元化的养老服务能够满足不同年龄、不同收入、不同健康状况老年人的养老服务需求，能够真正体现以人为本的原则。多层次多元化的养老服务模式是符合中国国情的城市养老服务方式，必将对中国城市中老年人的福祉产生巨大的影响。

4.3.5 企业退休人员社会化管理服务存在的问题

为了更深入地阐述企业退休人员社会化管理服务过程中面临的新问题，这里仍然以江苏省南通市为例进行分析和论述。

1. 管理服务内容应进一步拓展

近年来，南通市企业退休人员社会化管理服务的范围在不断扩展，然而企业退休人员的需求随着时代的发展、生活水平的提高在不断提升和多样化。下面仅以护理型养老院的需求与建设为例加以分析说明。

2016 年末，南通市 60 岁以上的老年人达 200.75 万人，占全部常住人口的 27.49%，其中，企业退休人员占老年人口的 20% 左右，并且以每年 1 万多人的速度递增。加之农村城市化、家庭小型化、空巢老人越来越多、家庭养老功能弱化等原因，使企业退休人员对管理服务的需求快速增长。因此，建立居家养老为基础，社区服务为依托，机构养老为骨干的服务模式，高度关注企业退休人员的精神文化生活，慰藉退休人员孤寂的心灵，满足空巢、高龄、患病，尤其是高龄失能人员的生活需求，是社会化管理服务工作面临的新课题。企业退休人员迫切希望能够建设以老年病护理、病后、术后康复治疗为主的，集日常生活保健、生活照顾与医疗救助、临终关怀于一体的护理型养老院。

为此，应着力做好以下几方面工作：①试点建设养老护理院。在科学规划的基础上，整合利用现有的医疗资源，在企业退休人员相对集居的地段，试点筹建公益性的养老护理院。②接轨医保。应当考虑将养老护理院纳入医保（或新农合）的报销范围。③规范收费标准。养老护理院入住收费标准要与在医院住院有所区别，根据养老护理院建设的资金投入、设备配置、医疗水平等具体情况，以及居民的实际承受能力，由政府制定合理的收费指导价格。④科学监管。可以由政府的民政、卫生、人力资源和社会保障部门联合制定养老护理机构和人员的准入标准、质量标准和收费标准，明确具体负责协调的部门和人员。

2. 管理服务队伍需要进一步完善

专业化的管理服务人员和具体经办人员的培养是减少企业退休人员社会化管理服务工作人为误差的重要手段。南通市在企业退休人员社会化管理服务内容不断深化的过程中，逐渐产生了街道和社区管理服务人员配备不足、工作量不断增大等问题，这必然会影响到企业退休人员社会化管理服务的质量。与此同时，在企业退休人员社会化管理服务工作中还存在着经办人员年龄普遍偏大、学历偏低、工资待遇低、专业素养有待提高等问题。这里所说的专业素养，不仅仅局限于政策的理解能力、计算机操作能力、对业务流程的把握能力等方面，而更在于要有专业化的服务理念。

近年来，国家开始重视专业化的社会工作者所发挥的作用，对社会工作者进行资格认证考试。社会工作者的专业素质、文化素质、工作热情等在退休人员社会化管理服务工作中的优势凸显，对于提高社会化管理服务的质量有着重要的意义。因此，南通市在企业退休人员的管理服务中，应顺应形势发展的需要，招录专业化的社会工作者，提升管理服务的品质。为了进一步激发管理服务人员工作的积极性和创造性，应当建立兼顾效率和公平的工资体系和绩效考评机制。

3. 管理服务的筹资渠道需要进一步拓展

目前，南通市在管理服务中的筹资体制是以地方财政为主体，同时向企业收取退休人员管理费用，作为退休人员的活动经费，资金的筹集渠道较为单一。伴随着人口老龄化程度的进一步加重，老年人的福利需求会进一步提高，企业退休人员社会化管理服务的资金需求也会越来越大，这必然会加大政府的财政负担。对于企业来说，不仅已经承担了为企业职工缴纳社会保险的责任，而且也承担了为退休人员的老年福利需求提供一部分经济支持的社会责任，如果再将政府的财政压力转移给企业，必然会对企业的发展造成损害。因此，南通市企业退休人员社会化管理服务的资金筹集模式需要改变，要通过各种方式面向社会扩充资金来源，逐步建立一个完善的、具有可持续性和发展性的资金筹集模式，为企业退休人员的社会化管理服务提供坚实的资金保障。

拓宽资金的筹措渠道还能够在一定程度上提高企业退休人员的普惠待遇。随着经济发展水平的不断提升以及社会化管理服务的不断深入，纳入社区管理服务的企业退休人员获得的实惠越来越多。免费健康体检、重大节日慰问、重病慰问等惠民举措深得企业退休人员欢迎。但是，生活在社区的企业退休人员由于遇有重病、意外伤害或家庭发生变故等而致贫的现象屡有发生。特别是近些年，由于居民消费品价格上涨幅度较快，给企业退休人员的家庭生活带来了一定的影响。为了进一步做好企业退休人员社会化管理服务工作，应当建立能够根据经济发展水平而适时提高企业退休人员待遇标准的自然增长机制，让企业退休人员共享经济社会改革发展的成果。

在构建多元化筹资模式的过程中，应该明确政府在企业退休人员社会化管理服务筹资中的基础地位，以政府财政作为企业退休人员社会化管理服务最稳定、最基础的资金来源。在做好收缴企业退休人员活动经费的工作的同时，将企业退休人员社会化管理服务工作的筹资渠道向社会扩展。因为社会是一个蕴含了巨大能量的“细胞库”，充分发动社会力量为企业退休人员的社会化管理服务筹集资金是未来发展的一个重要趋势。社会力量包括了非营利组织、企业捐助、政府举办的福利事业、慈善事业、养老机构的市场化经营等。非营利组织自身所具有的社会化特征，使其对企业退休人员社会化管理服务的发展有着重要的推动作用，在政府推出的公共政策的引导和支持下，对于企业退休人员社会化管理服务的资金筹集和运营、缓解政府的财政压力、推动老年保障服务体系的可持续发展都发挥着非常重要的作用。企业捐助对于加强企业的社会责任感和保障企业退休人员社会化管理服务的资金供给有着十分重要的作用。鉴于此，政府可以为其提供税收优惠等政策上的支持。福利事业和慈善事业与企业退休人员社会化管理服务的性质和内涵有着天然的联系，福利事业可以选择发行福利彩票等途径来进行资金的筹集。就国际经验来说，慈善事业在发达国家老年人的生活保障中所发挥的作用越来越重要，中国在这方面还相对落后，政府应当通过政策支持和引导，推动慈善事业的发展；养老服务机构的市场化经营是筹集企业退休人员社会化管理服务资金的最直接手段，但在实施的过程中，要依据企业退休人员的经济承受能力制定合理的收费标准，保证企业退休人员老年服务和老年保障的社会性和福利性。

4.4　城市养老服务体系的转型发展

当代中国城市的养老服务体系正在经历一种现代转型。就城市养老服务的内容而言，这种转型是从传统的家庭养老向现代社会养老的转型；从时间序列来看，呈现出的是新中国成立以来，尤其是社会主义市场经济体制建立以来城市养老服务体系的发展历程。当代中国城市养老服务体系的现代转型是一个长期的过程，是随着人口结构、养老服务资源与养老服务需求的变化而不断发展的过程。具体来看，这种转型发展主要体现在以下几个方面。

4.4.1　养老服务理念和服务方式的转变

养老服务理念从“适度普惠型”转为“普惠型”。当代中国城市养老服务体系是嵌入在社会福利体系中发展的，要实现养老服务体系的现代转型，建成“普惠型”的养老服务体系，需要从三个方面加以推动：一是需要进一步扩大养老补贴的范围，加大养老补贴力度；二是实现公共养老服务的均等化，统筹发展城乡养老服务体系；三是实现国家养老服务与市场化养老服务和社会化养老服务的分工与合作。

养老服务方式从传统单一转为多样化的社会养老。发展多样化的养老服务，满足多样化的老年群体需求，实现养老方式的现代转型要从四个方面入手：其一，进一步降低社会力量进入养老服务业的门槛，定位政府在养老服务业中的角色，捋顺机制，发挥市场配置养老资源的功能；其二，加大社会养老理念宣传，转变养老观念，营造社会化的养老氛围；其三，民政、老龄委等政府部门和行业协会要及时完善相关规定，规范社会养老的开展；其四，激发民众的创造性，鼓励老年人选择多样化的社会养老。

4.4.2 养老服务内容和服务对象的转变

养老服务内容从生活照料为主转为身心共养。要实现老年人“身心”共养的养老服务目标，需要从以下几个方面进一步完善：坚持“医养结合”发展方向，提高老年人医疗服务的可及性，降低医疗服务的门槛和价格；提升社会养老服务的数量与质量，让每个老年人都可以获得充足的养老服务；从生命周期和人的终身社会化角度全面看待养老服务内容，强调发展需求的满足；加强老年人心理健康、医疗保健、康复护理、老年教育、智慧养老和体育娱乐等方面的服务，培养专业人才，完善基础设施。

养老服务对象从“重点”服务转为“普惠”服务。在全面建成小康社会的关键阶段，要实现服务对象从重点服务困难老年人，逐步扩大到服务所有老年人，需要从两个方面进一步推进：理念层面，要坚持基本公共服务“均等化”，坚持重点优先、人人共享养老服务的原则，逐步实现“普惠”的养老服务体系；实践层面，要扩大养老服务资源，吸引社会力量参与养老服务，扩大养老服务市场；逐步扩大养老补贴的范围，降低享受的条件；扩大基本护理保险试点范围，惠及每一位老年人；提高养老金和老年人优待水平；积极开展特殊老年群体专项养老服务工程建设。

4.4.3 养老服务资源和养老服务供给方式的转变

养老服务资源主体从政府统包转为以社会力量为主体。要实现养老资源供给主体从单一的政府统包转向多元化的社会供给，需要区分养老服务事业与养老服务产业，区分基本公共服务与市场化服务，明确政府责任与市场运作的边界，实现政府、市场与社会之间合理的“分工”与“合作”。“事业”范畴的公共养老服务应由政府承担，“产业”范畴的社会养老服务应由市场、社会组织供给，遵循市场规则，政府做好政策配套和行业监管；进一步推动养老服务社会化发展。引入市场化机制配置养老资源，按照市场规则发展养老产业，严防政府“越位”；政府应做好相关配套保障措施，防止政府“缺位”。“社会办福利机构应当坚持非营利的性质和发展方向”，政府做好相关配套补偿、优惠和保障措施，鼓励和肯定其社会公益性质；营利性养老服务企业也可以享受相应的优惠待遇，要创新与政府的合作模式。

养老服务供给方式从政府直接供给转向社会购买。为了推动养老服务供给方式的现代转型，需要从三个方面进一步完善：一是进一步细化现有的执行与监管等政策。急需在《关于做好政府购买养老服务工作的通知》等国家政策框架内，各部门、各地方结合实际工作，围绕购买流程、过程监管、资金使用效率、资源供给质量等方面出台配套政策。二是需要加大政府购买力度，扩大购买范围。要做到“市场能够提供的，尽量交由市场提供”，不断扩大购买范围，让社会力量成为养老服务业的主体，政府不再充当“运动员”。三是需要增强风险防控意识。各地实践中陆续出现了养老服务机构成立不规范、竞标不透明、政府购买养老服务理念与养老服务组织的专业价值相冲突、国家对于养老服务发展方向定位不清等问题，需增强风险防范意识。

4.4.4　养老服务代际责任和养老服务文化的转变

养老服务代际责任从全面承担转为精神慰藉为主。经济基础较好的老年人，对子女需求的重点逐渐从经济供养转向精神慰藉，城市养老服务体系的发展重点也应随之改变。从老年人依靠男性或者全部子女的经济供给、生活照料和精神慰藉等传统的全面伦理养老责任，逐步转向子女养老主要是以精神抚慰为主，养老服务体系需要从以下几个方面适应这种转变：在养老观念方面坚持子女平等，让“女儿养老”成为常态；进一步提高社会保障覆盖面和待遇水平，不断提升老年人经济供养水平；每个社区配备数名专业心理咨询医生，为老年人开展心理咨询；进一步加强立法，要求子女等亲属更加关注老年人，让“常回家看看”成为子女的一种行为习惯。

养老服务文化从传统的孝文化发展为文明的敬老氛围。在吸取传统孝文化精华的过程中，需要结合社会主义核心价值观，不断弘扬尊老助老的养老精神，营造健康文明的敬老社会氛围，需要从三个方面入手：一是通过家庭教育、社区教育和社会教育实现以“孝文化”为核心的中华养老文化的代际传递，让赡养老人行为成为社会评价的基本道德标准；二是积极倡导健康文明的现代养老文化，要突破传统养老文化的家庭范畴，培育全社会关爱老人、尊重长辈的社会心态，真正做到“老吾老以及人之老”的养老社会氛围；三是进一步完善与老年人养老保障相关的法规，例如，可以考虑将重阳节纳入国家的法定假日，将“不孝子女”列入诚信档案等。

城市养老服务体系的现代转型是与社会转型同步进行的，但这种转型不是自发的，而是需要政府推动和全社会的广泛参与。只有社会广泛参与、多方联动，才能持续推动城市养老服务体系的现代转型，从而实现养老观念发生转变、养老设施逐步完善、养老机制不断健全与创新，最终形成具有中国特色的多层次精准化的城市养老服务体系。

第 5 章

中国城市养老服务供求关系分析

随着中国社会人口老龄化的不断提速，养老服务项目早已成为当今社会的基础性公共服务。自 2013 年《国务院关于加快发展养老服务业的若干意见》发布以来，中国社会养老服务体系建设得到快速推动与发展，以居家为基础、社区为依托、机构为补充、医养相结合的养老服务体系正在初步形成。与此同时，除了“家庭养老”“社区养老”“机构养老”以外，许多经济发达城市已经发展起全新型、现代化养老服务模式——“互联网 + 养老”或者“智慧养老”，养老服务体系更加贴心也更加人性化。然而，中国社会面临的养老服务形势依然十分严峻。妥善解决人口老龄化带来的社会问题，事关国家发展全局，事关百姓福祉。

一个城市的养老服务需求程度直接反映了该城市的养老负荷水平，而城市的养老服务供给程度直接反映该城市的养老保障水平。从整体上看，中国目前的养老服务水平还比较低，由于存在着独生子女因素、年轻人在城市工作压力大、社会养老服务机构收费标准和服务质量参差不齐等问题，使得社会难以满足老年人不同层次的需求。加之中国区域之间存在着养老服务机构发展不平衡、养老服务人才匮乏等问题，造成城市养老服务需求和养老服务供给的矛盾更加突出。客观上要求国家和地方政府部门以及养老服务机构及相关经济主体根据老年人口特征及需求变动趋势，进行健康养老产业资源的多维配置和产品服务的有效供给。

5.1　城市养老服务体系的整体架构

养老服务是指为老年人提供必要的生活服务，包括物质和精神两个层面的基本生活需求。而养老服务体系是指老年人在生活中获得的全方位服务的支持系统。既包括家庭或者子女提供的各种服务，也包括政府组织、社会组织（如慈善机构、非营利组织等）、企业组织（国企、民企、外资企业等）提供的相关服务。

根据养老服务提供的主体可以将城市养老服务体系划分为家庭养老服务体系和社会养老服务体系。前者的服务提供者主要是老年人本人、配偶、子女以及亲朋好友，后者是由政府、社会和企业为养老服务提供的各种制度、政策、机构等所构成的系统。它是在家庭养老服务功能日趋弱化的背景下产生并发展起来的。

如果进一步解析养老服务体系，可以将其划分为基本养老服务体系和非基本养老服务体系两种类型。基本养老服务体系是指与经济社会发展水平相适应，面向所有老年群体，以满足老年人基本养老服务需求、提升老年人生活质量为目标，提供基本的生活照料、精神关爱、护理康复、紧急救援和社会参与等设施、组织、人才和技术要素所形成的网络，以及与此相配套的服务标准、运行机制和监督制度。它是一种福利性的养老服务体系，以保障失能半失能老年人和低收入老年人的基本服务需求为重点。而非基本养老服务体系是指政府、社会和企业对非营利性养老服务和营利性（市场性）养老服务有支持意义的各种政策、制度、机构等所构成的系统，主要是为老年人提供多层次多元化的养老服务。

从现实情况看，不同社会经济发展背景的国家和地区对养老服务体系概念的界定不尽相同，养老服务体系的内容会随着社会经济的发展而不断变化，但是，其根本目的始终是根据老年人的需求和老年人自身的特点，由家庭、国家或社会提供物质帮助和社会服务，提高老年人的生活质量。

当前，中国推行的是“以居家养老为基础、社区养老为依托，机构养老为支撑”的养老服务体系。它主要由养老服务需求体系、养老服务供给体系、养老服务管理体系、养老服务支持体系等部分构成。

5.1.1 养老服务需求体系

老年人的养老服务需求有基本的服务需求和高层次的养老服务需求，因此，养老服务需求体系也就产生了多种分类方法。有的学者将养老服务需求分为生活照料服务需求、医疗护理需求、心理慰藉需求和临终关怀需求。也有的学者用“六个老有”来概括养老服务需求的具体内容。然而，要想真正了解老年人的养老服务需求，就必须深入分析探索老年群体的特殊性。从中可以找到老年人对于养老服务需求的基本规律。

养老服务实践表明，老年人的养老服务需求是有层次的。健康状况不同，老年人对养老服务的需求就会产生差异；收入状况也会引致老年人养老服务需求的变化。而且，老年人的养老服务需求是随着年龄、身体健康状况的变化呈现出线性的变化。通常情况下，身体健康状况比较好的老年人更倾向于在家庭养老，随着年龄的增长，感觉到日常生活不方便的时候可能会选择居家养老；当老年人的身体机能衰退到一定程度时，可能就会产生对专业化的养老服务机构的需求。与此同时，经济条件也是影响老年人养老服务需求发生变化的主要因素。经济条件比较好的老年人倾向于选择市场化的服务，而经济条件较差的老年人则比较依赖政府的政策性支持。因此，以自助式和市场化为特征的养老服务应定位于年龄相对较小、经济条件比较好的老年人；对于经济条件和健康状况一般，年龄稍大的老年人，则对社会化的居家养老服务有更多的需求；对于经济条件较差的高龄老年人，则比较适合由政策性扶持的公办养老服务机构提供服务。

5.1.2　养老服务供给体系

在中国的城市养老服务实践过程中形成了四种主要的养老服务供给体系，即家庭提供的养老服务、政府主导提供的养老服务、市场化的养老服务、社会组织提供的养老服务。

1. 家庭提供的养老服务

家庭提供的养老服务主要包括日常生活照料服务、康复服务和愉悦身心服务。其中日常生活照料服务主要是子女的赡养和亲戚朋友提供的服务，包括生活照料、精神慰藉等。康复服务是在老年人的健康状况出现问题以后，通过各种方式设法减轻和消除老年人的功能障碍，逐步恢复老年人身体功能的行为。家庭康复服务往往是在住院治疗和门诊治疗的基础上进行的，家庭与医院的相互配合能够帮助老年人克服恐惧心理，更好地康复身体。愉悦身心服务主要是为了满足老年人的精神需求而提供的服务。首先是老年人感情交流的需要，通过与家庭成员以及朋友的交流来实现精神的慰藉；其次是精神愉悦的需要，通过照看家庭的后代愉悦了老年人的神情，同时减轻了儿女的负担。最后是尊重和关心的需要，老年人在家庭中能够感受到来自子女的尊重和关心，从而在心理上得到了满足。

2. 政府主导提供的养老服务

中国的养老服务可以分为满足老年人基本需求的基础性养老服务、以非盈利性为目标的养老服务、以盈利为目标的企业化养老服务。基本公共服务的内涵中包括基础性养老服务以及以非盈利性为目标的养老服务，它们应该是作为纯公共物品和准公共物品向全体国民提供，具有维护社会稳定与和谐的效应，因而应当在政府的主导下提供；而补充性的养老服务则应当由市场来提供。在基本养老服务中，政府扮演者重要的角色，在提供养老服务的过程中政府不是基本养老服务的唯一生产者，其供给方式应当多样化。例如，可以通过政府购买养老服务的方式来实现市场化机制的自主调节作用；政府可以通过建立价格补偿机制，对养老服务实施运营补贴；也可以采用“公建民营”的形式，这样既能够解决养老服务资金问题，也能够加强政府的宏观管理和指导，提高公共资源的使用效率。

3. 市场提供的养老服务

市场提供的养老服务主要是补充性的养老服务。随着社会经济的不断发展，老年人对于养老服务的需求也在不断地多样化，养老服务需求已经不仅仅是基础性的生活照料，而是更高层次的养老服务需求，例如精神慰藉、文化生活、社交服务、文化娱乐等。因此，需要市场根据养老服务需求进行养老服务资源的优化配置，而政府在这一过程中扮演着引导者的角色，对市场进行全方位的监管，并提供有效的制度保障。

4. 社会组织提供的养老服务

之所以社会组织要提供养老服务，主要是由于存在着政府失灵和市场失灵的现象。在养老服务提供过程中，政府失灵表现为政府垄断性供给物品时的成本较高、提供的服务比较单一；同时，由于缺乏激励机制，效率往往也比较低。而在养老服务提供过程中市场失灵，是指由于养老服务这一公共物品的特殊属性与市场供给本身的盈利性存在矛盾，从而出现市场失灵现象。由于政府和市场都会出现失灵问题，就注定了社会组织加入养老服务供给过程具有必然性。社会组织既有政府的监督也有民众的监督，又兼备自身的目标，这就使得它们的组织和管理相对严谨，能够更有效地利用养老服务资源。社会组织的灵活性和高效性使得其可以根据市场需求提供多样化的养老服务，其中最重要的是这类组织的公益性，能够吸引更多的志愿者参与其中。

5.1.3　养老服务管理体系

养老服务管理体系是以政府为主导、社区为依托，运用市场机制和各种激励政策来引导社会参与，以老年人为服务对象，提供老年服务所需要的基础设施、养老服务技能、养老服务人员等必备要素，由政府进行调控、市场主体自主运营的管理体系。其中，组织体系是整个管理体系中最为重要的一环，它决定着养老服务管理体系能否充分调动和优化各种资源，将其纳入养老服务体系中，并在各自的节点上发挥应有的作用。组织体系是否有效，往往决定着管理体系是否能够高效运行。在养老服务管理体系的规划阶段，应当重视数据的挖掘和整理，通过实地调研、座谈交流等多种方式真正了解养老服务对象的需求，据此梳理出养老服务调理体系建设发展的方面和目标。在养老服务管理体系的运行阶段，要全面依据老年人多元化的需求，进行养老服务标准和服务内容的设计。在养老服务管理体系的监控阶段，应当着力对养老服务内容落实状况进行评估，以便在不断的调整和完善中更好地开展城市养老服务。

5.1.4　养老服务支持体系

养老服务支持体系主要包括三方面的内容：经济支持、技术支持和文化支持。

经济支持从筹资的角度可以分解为筹资渠道和筹资规模。就筹资的渠道而言，家庭是老年人养老服务需求得到满足的主要资金来源；其次是政府，对于生活困难的老年人来说，政府可以采用购买养老服务或者补贴的形式来保障这些老年人也能够享受到基本的养老服务。慈善募捐也是养老服务资金的重要来源，社会上的爱心人士捐赠的资金成为养老服务资金的有益补充。就规模而言，养老服务并不是盲目筹资，而是根据养老服务的需求确定筹资规模，适度的资金能够保障到养老服务供给与需求之间的平衡。

技术支持主要是通过现代化的设备与技术来保障智慧养老目标的实现。例如，可穿戴设备可用来监测老人的身体特征，通过移动互联网及时将相关的信息反馈给家人和有关联的医疗机构。

文化支持是社会对于老年群体所持态度的重要体现。中国是一个讲究传统孝道的国家，通过在社区张贴相关的宣传海报、举办敬老爱老活动等，可以进一步唤起人们对于尊老爱老的意识。只有在社会上形成尊老爱老的良好氛围，老年人才能够真正感受到社会对于他们的尊重与包容，也才能够真正地安享晚年。

5.2 城市居民养老服务需求意愿分析

养老服务需求意愿是老年人对于养老服务的一种观点和态度，也就是老年人喜欢和接受哪种养老服务模式。老年人的养老服务需求意愿是在多种因素的影响下形成的，这些因素包括个人因素、家庭因素和社会因素。国内外相关学者的研究及其社会养老服务实践表明，老年人的年龄、健康状况、家庭状况、思想观念、经济收入、社会属性等是影响城市老年人选择养老服务方式的主要影响因素。

不同类型老年人的养老服务需求意愿有着比较大的差别，在此对其逐一进行分析。

5.2.1 高龄老年人的养老服务需求

截至2016年底，中国60岁及以上的老年人口有2.3亿人，占总人口的16.7%，80岁以上高龄老年人持续增加到2020年的2900万人，2030年的4300万人，2050年的1.08亿人。高龄老年人不仅需要问安式的照料，即经常性的探望，还需要生活照料、康复保健等养老服务。对于老年人的照顾者来说，长年照护高龄老人也容易产生身心压力和慢性疲惫。因此，需要一种替换性的服务或者是日托场所提供的日托服务。根据国际经验，高龄老年人中有相当部分需要入住养老服务机构，入住养老服务机构的比率普遍为3%~5%。

已有的研究表明，中国有大约5%的老年人愿意入住养老院，其中多数是高龄老年人。根据在辽宁省的调研，大约有60%的老年人有意愿选择有护理功能的养老院，以满足他们对日常生活照顾、医疗救助、身体保健、临终关怀等多方面的服务需求。但是，由于入住养老服务机构有困难以及受其他多方面因素的影响，许多老年人只能选择家庭照料，甚至在很多家庭中是中低年龄的老年人照顾高龄老年人的老年家庭组合。根据在辽宁省城乡的调查，70岁以上的高龄老人超过一半需要自我照顾或由配偶照顾。即使家庭成员尽到照护义务，其赡养质量也不尽如人意，老年人的自我照顾产生了许多实际问题，毕竟低龄老人照顾高龄老人的时间和精力是有限的。伴随着高龄老人寿命的延长、服务需求的增多，也会对低龄老人产生更多的依赖，从而影响低龄老人的老年生活，对其生活质量也会产生一定的影响。

对老年人照护需求的调查分析表明，79 岁及以下的老年人自报需要照护服务的比例为 11.2%，80 岁及以上老年人自报需要照护服务的比例为 41.0%。老年人照护服务市场是养老服务的重中之重，未来老年人照护服务将是养老产业发展的重要方向，80 岁以上的老年人更是重点照护服务对象。

5.2.2　空巢家庭及独生子女家庭老年人的养老服务需求

1979 年中国妇女的平均初育年龄为 24～25 岁，这就意味着，当时响应计划生育政策只生育了一个孩子的父母，如今大部分都到了退休年龄，开始步入老年。新华社 1980 年 9 月 3 日发布的一则消息称，1979 年全国有 607 万个家庭领取了独生子女证。显然，“独子养老”时代已经来临。

根据对北京、上海、广州、南通城市居民的一项调查，在未来 10～20 年，中国城市中 60 岁以上属于独生子女家庭的老年人将超过 70%，有 35% 的家庭将承担赡养 4 位老人的责任，49% 的家庭要赡养 2～3 位老人。也就是说，一对年轻的夫妇要同时负责双方父母的养老问题，生活压力很大。如果他们的子女仍然是独生子女，那么下一代可能要面临更严峻的养老问题。在辽宁省的调研数据显示，辽宁省不仅人口老龄化程度高，而且 40% 以上的老人是空巢。截至 2016 年末，辽宁省空巢老年人达到 393.0 万人，占老年人口的 42.5%，相比 2015 年增加了 17.4 万人。其中，沈阳空巢老年人最多，达到 81 万多人，其次是大连和鞍山。从空巢老人的占比来看，鞍山的空巢老人占比高达 51.4%，其次是葫芦岛和大连。子女因工作、学习、婚姻等原因与父母同城、异域分别居住的越来越多，进而造成空巢老年人大量涌现。由此衍生出的生活照料、疾病医护和精神慰藉的缺乏，是空巢老人面临的最突出的三个问题。

在大连市对近 4000 名老年人的调查数据显示，一些老年人的子女多忙于工作，对父母无暇顾及。老人们从工作岗位上退休之后会产生失落感，心中忧郁不能抒发，憋在心里容易引发疾病。抑郁症的发病率在老年人群中高达 70% 左右，许多空巢老人都患有不同程度的抑郁症。调查发现，在生活照顾、医疗保健、精神慰藉三项居家养老服务需求中，医疗保健服务需求所占比重超过四成，生活照顾服务几乎与其对等，精神慰藉服务所占比重为 15.89%。尤其是空巢老年人，对精神慰藉服务的需求最大。

从独生子女家庭的具体情况来看，随着经济的快速发展父母的收入不断提高，对孩子的投入也在大幅度增加，即“财富流”由父母流向孩子的程度有了进一步的提高。由于只有一个孩子，父母的精力全部集中在孩子身上，尽自己最大能力满足子女的要求，父母不仅要考虑子女的成长所需，还要承担子女的医疗、教育甚至结婚费用。这样的做法在一定程度上造就了一部分独生子女娇生惯养、以自我为中心，这些孩子在成年之后离开家庭，可能会忽视、不愿意或没有能力负责父母的养老问题，财富流基本上没有流向父母。而父母在孩子成长过程中由于付出过多，到了老年之后积累较少，经济上陷入困境，从而造成中国特有的独生子女家庭父母的养老问题。

2015~2050年是中国第一代独生子女父母进入老年的关键时期，老年人的养老和照护问题将日益凸显。独生子女的不断增加对城市人口的年龄结构影响显著，家庭的生活方式发生转变，传统的“反哺”模式受到挑战。对于现在父母已经步入老年阶段的独生子女家庭来说，养老保障仍然以家庭照料为主，对于未来父母将步入老年阶段的独生子女家庭来说，养老保障单纯依靠家庭恐怕难以实现，而大力发展社区居家养老服务、建立健全老年人的照护服务将是一个符合国情的选择。

5.2.3 失能失智老年人的养老服务需求

2016年，中国有失能和部分失能老年人约4000万人，占老年人口的18.3%。失能老年人将持续增长到2020年的4200万人，2030年的6168万人，2050年的9750万人。随着老年人口高龄化的不断加速，也就意味着失能和半失能的老年人口数量在不断增多，越是高龄就意味着生活不能自理的老年人会增多，对于老年人的照顾问题也就更加严峻。城市中完全失能的老年人有照护需求的占77.1%，农村有照护需求的占61.8%。由此可以看出，失能老年人的数量，无论是绝对数量还是相对比例都呈现出增长的态势，对于长期照护的需求也非常大。

在失能老年人中，失智的痴呆老年人也是需要更多社会关爱的一个特殊群体。痴呆症是增龄性的疾病，80岁以上人群的发病率大约有1/3，90岁以上人群的发病率在1/2以上。在85~93岁的老年人中，老年痴呆症的发病率高达25%。空巢老人在老年痴呆患者中的比例接近60%。相关统计表明，中国65岁以上的老年人中患有老年痴呆症的达4.8%，而且每年新增100万老年痴呆症患者。目前，中国阿尔茨海默病患者有500万~700万人，约占世界总数的1/4，并以每年30万患者的速度增加，60岁以上人群患病概率为3%~8%。

相关数据表明，辽宁省60岁以上人群的发病率稍高，接近5%～8%。依此来估算，辽宁省目前有老年痴呆症患者40万～60万人，其中，80岁以上老年人患老年痴呆症比例为15%～20%，大约每五个人中就有一个人患有老年痴呆症。对于患有老年痴呆症的病人来说，只有寻求专业化的照护服务，才能够满足老年人特殊的需要，普通的家庭照料难以满足需求。

在美国，有300多家老年痴呆症中心，为患有痴呆症的老年人提供身体康复、诊疗、日常生活护理等多方面的照护服务。目前，在中国这样的机构还非常缺乏，而且对于患有痴呆症的老年人没有统一的诊断标准，没有统一收治这些老年人的机构，没有专业的照护服务。这对于老年照护服务需求不断增加的中国社会来说不能不说是一个无比巨大的挑战。

为了更加深入地了解城市居民的养老服务需求意愿，通过深入社区进行问卷调查、随机拦截填写问卷等形式在辽宁省大连市针对60岁以上的老年人进行了养老服务需求意愿的问卷调查。共发放问卷768份，收回有效问卷756份。对问卷进行分析结果显示：（1）从养老服务需求总体状况来看，78.5%的老年人希望能够得到日常生活照护服务，76.3%的老年人希望能够得到文化娱乐和健身服务，65.5%的老年人希望能够得到良好的医疗保健服务，40.9%的老年人希望能够得到精神慰藉服务。（2）从老年人的日常生活照护需求服务来看，家政服务占78.0%，日间陪护和日间托老服务占48.6%，送餐服务占15.7%，陪同就医服务占40.5%，其他服务需求的占14.8%。（3）从老年人的精神慰藉服务需求来看，希望儿女定期看望的占78.5%，希望得到电话关心问候的占60.7%，希望经常与家人或其他人谈话交流的占48.5%，希望经常得到心理辅导的占20.4%。（4）从老年人的医疗保健服务需求来看，希望能够定期做健康体检的占70.9%，疾病及时得到诊疗护理的占40.5%，希望能够有健康档案的占60.5%，希望能够得到中医保健的占27.2%。（5）从老年人的文化娱乐和健身服务需求来看，希望上老年大学的占28.3%，希望开展适合老年人旅游活动的占35.5%，希望参加各种知识讲座的占15.7%，希望能够在社区进行图书阅览的占40.2%，希望建立老年人健身设备的占50.6%，有意愿参加棋牌娱乐项目的占60.6%，希望能够参加其他各种娱乐健身活动的占41.5%。（6）从老年人的其他需求服务来看，希望能够及时获得紧急救助服务的占80.8%，希望能够获得法律援助的占20.4%，希望及时获得各种信息服务的占47.6%，希望获得老年电话专线服务的占65.5%。

由此可以看出，随着经济和社会的发展老年人的养老服务需求也在发生着变化，年龄不同、身体健康状况不同、经济收入不同等各种因素都会影响到老年人的养老服务需求。因此，多层次精准化的城市养老服务就需要在认真梳理和研究老年人多元化的养老服务需求的基础上，优化配置养老服务资源，及时而准确地提供高质量的养老服务。

5.3　城市养老服务体系的资源配置问题

随着人口老龄化进程的不断加快，中国的老年人口将不断增加，尤其是失能老年人、空巢老年人、失独老年人在逐渐增多，在给当前的养老服务体系带来了巨大挑战的同时，也带来了发展的大好时机。

养老服务体系的发展日益受到重视，并出台了一系列政策、法规和意见来引导社会资本进入养老服务市场，促进养老服务体系的健全和发展。2013 年，国务院连续下发了两份关于养老服务的文件，指出在养老服务体系的建设和发展中政府不仅要发挥主导性的作用，而且要充分调动社会力量参与养老服务的积极性，大力促进养老服务供给主体的多元化发展。随着时代的发展，人们的需求已经不再局限于基础性的养老和医疗卫生服务，应加大改革的力度，建立内容丰富、适合不同层次老年人选择的养老服务体系。这些政策的出台不仅为养老服务体系的发展指明了方向，而且有助于吸引更多的社会资本投入养老服务体系的建设和发展中。

近年来，党中央、国务院高度重视养老服务产业的发展。国务院颁布的《关于全面放开养老服务市场提升养老服务质量的若干意见》，提出了全面放开养老服务市场，改善服务质量的发展目标，引导社会资本进入养老服务业，进而推动公办养老机构改革，提升居家养老、社区养老和农村养老服务水平，推进养老服务业制度、标准、设施、人才队伍建设，培育养老市场，提升服务质量，让广大老年人享受优质的养老服务。国家有关部门要求创新服务模式，坚持政企联动、开放融合，促进现有医疗、健康、养老资源优化配置和使用效率提升，满足家庭和个人多层次多样化的健康养老服务需求。通过发挥新消费的引领作用，促进产业转型升级。

《中国城市养老指数蓝皮书 2017》也认为，目前中国的养老服务需求和服务供给矛盾突出。一个城市的养老服务需求程度直接反映了该城市的养老负荷水平，而城市的养老服务供给程度直接反映该城市的养老保障水平。通过对全国 655 个直辖市、省会城市、计划单列市、地级城市、县级城市养老保障水平与养老负荷水平之间的相对关系比，直观反映了各城市的养老服务水平。从城市养老的需求侧，即老年人口总量、老年人口内部结构、老年人口增长率和老年人口抚养比等指标，从城市养老供给侧，即政府政策、资金投入、服务水平和生态环境等指标，研究分析城市养老负荷与保障水平。通过对城市养老保障水平与养老负荷水平的映射关系分析，可以为政府统筹城市养老服务资源配置提供决策参考。

5.3.1 养老服务供给问题

当前，中国城市养老服务供给体系各主体之间权责不明确，主要是政府和市场供给的边界问题。

从养老服务的实施效果来看，政府并没有完全发挥“兜底”的作用。政府对老年人养老服务的“兜底”对象主要是城市的“三无”老人，公办的福利院和敬老院等应该是为他们提供的。然而现实生活中这部分目标人群真正入住到公立养老服务机构、享受到国家保障的数量很少。有学者对入住公立养老院的老年人的状况进行过调查，发现其中大部分老年人的生活能够自理，即使是那些生活不能够自理的老年人也是原先就住在公立养老院中，由能够自理的老年人转化而来。就他们的身份而言，很多老年人身体健康而且是退休干部身份，他们通过找关系享受到了原本应该属于低层次生活难以自理的老年人所享受到的国家待遇，而真正的目标群体却一床难求。

就市场供给来说，目前中国养老服务的市场化程度比较低。一直以来，养老和医疗领域的需求都是由公办医疗和养老服务机构为主来满足，市场化参与的程度比较低。从养老服务机构的设施建设来看，政府组织建设的养老服务机构占到了全部养老机构的2/3，民办养老服务机构的数量明显不足。在城市社区养老服务发展过程中，大部分养老服务设施的建设是由政府出资筹办，社会参与相对较少。与此同时，市场化不足的另一种表现是价格形成机制不合理，公办养老服务机构的服务价格并没有一个完整明确的定价机制，因此也就无法做到公开、透明、合理。在养老服务的发展过程中市场竞争机制不充分，养老服务供给体系中各供给主体的地位不平等。政府在资金供应、土地使用等方面享有很大的优势，因而所建立的养老服务机构具有良好的环境，服务周到，养老服务床位供不应求。而市场供给主体由于政府的支持力度不足，社会化与专业化程度不高、服务项目比较单一，养老服务机构自身的环境也比不上公立的养老服务机构，在各种资源的获取方面都处于弱势地位。虽然政府也出台了相应的优惠政策，但是在实际运行过程中往往难以实现，在很大程度上阻碍了市场供给主体的发展。

就社会组织的养老服务供给来说，当前社会组织在参与养老服务的过程中所发挥的作用十分有限。社会组织的参与缺乏制度上的保障，登记门槛的设置、民政部门对社会组织数量的限制都阻碍了社会组织的发展。在具体操作过程中，社会组织与政府部门之间的互动机制存在问题，也没有能够得到政府的大力扶持。社会组织的资金相对匮乏，尽管社会组织的活动资金一部分是来自于政府的拨款，但毕竟有限，政府对社会组织仍然是重视监督，轻视培育。由于受到资金和专业化水平的限制，社会组织所提供的服务质量也难以保障。

为全面放开养老服务市场，增加养老服务和产品供给，民政部于2016年发布了《民政事业发展第十三个五年规划》，提出重点发展医养结合型养老机构，增加养护型、医护型养老床位，提高养老服务有效供给。到2020年每千名老年人口拥有养老床位数达到35～40张，其中护理型床位比例不低于30%。从理论上讲，医养结合的养老服务模式在解决养老问题方面有着重要意义，但其最终能否真正实现"老有所养""老有所医"，还需要观察医疗与养老两方面资源最终的统筹效率。然而，在发展医养结合型养老机构过程中可能会遇到医疗、养老资源供给不足，专业性人才缺乏，医保对接门槛高，主管部门交叉重叠，社会养老理念守旧等问题。笔者比较赞同国务院参事马力的观点，中国社会养老服务的重点应当放在社区养老领域，而并非机构养老。目前90%的老年人是在家庭养老，而只有少部分人群在机构养老。家庭养老必须以社区养老为依托，而社区必须建立相应的服务机构、服务设施和服务组织，才有可能使家庭养老得以实现，同时也能够解决绝大部分老年人的养老问题。

5.3.2 养老服务管理问题

养老服务管理贯穿于养老服务管理体系的各个环节，涵盖了养老服务的需求与供给、养老服务的组织架构、养老服务规划、养老服务的监督和管理。

从组织体系来看，养老服务的组织体系还存在一些问题，政府并没有充分发挥协调者和组织者的作用，养老服务呈现出"碎片化"的供给状况。养老服务的法律法规和激励机制不完善，政府购买养老服务等各种新兴的组织体制也没有很好地建立起来。从规划体系来看，虽然各级政府都在大力倡导做好养老服务的发展规划，许多城市出台了短期和长期的养老服务发展规划，但是在具体的实施过程中仍然面临着各种挑战。从运行体系来看，政府、市场、社会组织和家庭等各个供给主体之间的互动衔接机制不健全。从养老服务的方式来看，社区作为家庭和养老机构之间重要纽带的作用没有得到充分的发挥。从监控体系来看，对养老服务的监控与评估机制不健全，由于没有良好的监督机制做保障，养老服务的水平和质量难以得到有效保证。

5.3.3　养老服务支持问题

养老服务事业的发展需要国家和政府的鼓励和引导，与养老服务发展相关的金融投资、建设用地、公共政策和工作机制等需要政府给予有针对性的扶持，只有这样才能为建设和发展精准化的城市养老服务提供强有力的政策保障。"十三五"时期，虽然政府先后出台了一系列的针对城市养老服务的政策和文件，但从现实情况来看，养老服务政策仍然存在着政策扶持力度不够、政策难以落实等问题，许多政策的实施效果并不理想。例如，在安徽省六安市裕安区的调查中发现，养老服务政策在实施过程中存在的问题突出表现在：一是土地供应政策落实不到位。省政府《关于加快发展养老服务业的实施意见》明确规定，经民政部门认定的非营利性养老机构，可以采取划拨方式供地，但是此项政策未能够真正落到实处。二是金融扶持政策落实不到位。目前，该区社会养老机构数量少、规模小、层次单一，主要原因是养老行业投入大、收益慢，银行等金融部门信贷支持少，致使大部分社会组织创办的养老机构资金来源渠道窄、运营成本高、经营困难。三是行政收费优惠政策落实不到位。按照省市有关文件规定和要求，养老机构用电、用水、用气、用热应按居民生活类价格执行，有线数字电视收视、维护费、电话、宽带网络使用费减半收取等，但是上述行政优惠政策落实不力。四是"医养结合"工作推进缓慢。实现医疗资源与养老资源"无缝对接"还存在较大难度，主要是所涉及的业务主管部门交叉重叠，职责不清，多头管理导致医养结合发展推进缓慢，在社会认同度方面存在着宣传力度不够的现象。

养老服务政策应当满足多层次精准化城市养老服务的需求和老年服务发展的新要求。许多现行的养老服务政策是重原则、轻实质，养老服务政策缺乏配套措施、实施细则和实施标准等，政策实施过程中存在许多困难，有些政策不能够得到相应的资金保障，有些政策从根本上讲不是在促进养老服务事业的发展，而是在适应政府经济增长的目标和实现政府业绩的需要。目前，具体化、可操作性的养老服务政策、实施办法和操作标准还有待进一步加强和完善，多层次精准化的城市养老服务政策还处于探索阶段。

从经济支持来看，养老服务的经济支持主要来源于政府，对养老服务供给主体的经济支持体现为资金支持和政策支持。目前，各种类型的城市养老服务具有福祉性质，但是从供需双方来看普遍存在着资金不足的问题。

从技术支持来看，虽然互联网技术在不断发展，但是针对养老服务的信息化建设仍然比较滞后，这也是养老服务供给存在偏差的一个主要原因。如果养老服务领域信息化建设滞后，就不能够及时而准确地把握老年人不断变化的养老服务需求，难以保证养老服务的及时性、可得性和精准性。

从文化支持来看，社会对于老年人的重视程度远低于对后代的重视程度，每个家庭把精力更多地用在下一代人的身上，而对于老年人的关爱和照顾明显不足。中国是在经济尚不发达的条件下进入老龄化社会的，可以说是未富先老，面临着经济发展和人口老龄化的矛盾。当前，中国正处于社会转型发展过程中，传统的养老方式和养老观念受到了一定的冲击，老年人的合法权益在一些地方没有得到充分的保障；有些人道德水准较低，养老助老意识淡漠，不尽赡养老人的义务，打骂、侮辱甚至虐待、遗弃、残害老人的现象时有发生。要切实解决这些问题，有待于创新和发展养老助老服务体系，以法律为基础调整各种社会关系，逐步将一些道德规范上升为法律规范，以此来维护老年人的权益。

5.4 公共政策与养老服务业发展的互动机理

随着人口老龄化程度的不断加深，加快发展多层次精准化城市养老服务业已经成为当今社会发展的客观要求。然而由于养老服务业的重要性与特殊性，政府在养老服务业的发展过程中处于主导地位，养老服务业的发展需要相关公共政策的支持和引导，同时养老服务业的不断发展也会对公共政策的制定提出新的要求。为此，从中国城市养老服务业发展的现状出发，结合香港与北京市养老服务业发展所给予的启示，对公共政策与养老服务业的互动发展机理进行分析。

5.4.1 城市养老服务业发展的核心影响因素

1. 经济发展水平

养老服务业随着城市的经济发展水平而动态变化。一方面，随着社会经济发展水平的提高以及相关公共政策的支持，从整体上看城市养老服务业的发展水平在不断提高；另一方面，经济发展水平对城市养老服务业的影响主要表现为地区差异性。在经济发展水平较高的区域，城市养老服务业发展迅速，养老服务体系相对也比较完善。然而，在一些欠发达的区域，城市养老服务业发展相对滞后。由此可见，城市养老服务业的发展与经济发展水平有着密切的关系。

2. 思想观念

思想观念对城市养老服务业的影响主要表现在两个方面。一方面，有些地方政府特别是相对不发达地区的政府对养老服务业的发展认识不充分，重视程度仍显不足，没有真正认识到人口老龄化问题的紧迫性和严峻性。甚至认为发展养老服务事业是国家的事，被动地等着国家相关政策的出台，不能积极主动地探寻适合当地养老服务事业发展的模式，对发展养老服务业缺乏紧迫感。另一方面，受中国传统文化的影响，许多老年人不愿意离开子女入住养老服务机构，认为进入养老服务机构养老是子女抛弃了他们。在这种社会氛围下，大多数子女不愿意将老年人送入养老服务机构，导致社会兴办养老服务机构的热情不高，政府对养老服务机构资金投入的积极性不高，这种思想观念将会对社会以及民办养老服务机构产生消极影响。

3. 科学技术水平

科学技术是推动城市养老服务业发展的重要力量。近年来，许多城市开始尝试运用互联网+来创新居家养老服务模式，建立养老服务平台，提供紧急呼叫、健康咨询等服务，在保障老年人居家安全的同时，也满足了居家老年人的各种养老服务需求。同时，采用这种新型的互联网+模式将各个老年人的家庭与社区紧密联系在了一起，以社区服务为支撑，连接社区与社会养老服务机构，能够及时地为老年人提供所需要的各种帮助和服务。

4. 政策因素

公共政策是影响城市养老服务业发展的一个决定性因素。养老服务业具有显著的公共物品属性，因此，公共政策的制定与导向将会对这一产业的发展产生直接而且是决定性的影响。例如，政府运用社会力量，加大政府购买养老服务力度这一公共政策，将会直接激发一些组织和人员兴办民办养老服务机构的热情，而民营养老服务机构的产生又能够促进多元化的养老服务体系的形成，从而减缓政府的压力。近年来，各级各类城市积极实施民办公助、政府购买服务等多种养老服务业发展模式，鼓励社会力量积极参与养老服务事业的建设，推动养老服务事业的多元化发展，并取得了一定的成就。同时，财政政策作为公共政策的重要组成部分，在城市养老服务业发展过程中发挥着重要的作用。

因为公共财政资金是发展城市养老服务业主要的和固定的资金来源，是完善城市养老服务体系的重要保障。

在众多影响城市养老服务业发展的因素中，公共政策对养老服务业的发展显得尤为重要，因为公共政策能够在养老服务业发展的各个方面以及各个阶段产生影响效应，包括财政政策、税收优惠政策、人才培养政策、补贴支持政策等。由此可见，政策因素贯穿于整个养老服务业的始终，养老服务业的兴办、建设与发展过程以及对养老服务业发展状况的监督检查等各个环节都离不开公共政策的支持和引导。

5.4.2 公共政策与养老服务业的互动发展

1. 养老服务政策的基本特点

党的十八届三中全会明确提出要“积极应对人口老龄化，加快建立社会养老服务体系和发展老年服务产业”。党的十九大报告提出，加强社会保障体系建设。按照兜底线、织密网、建机制的要求，全面建成覆盖全民、城乡统筹、权责清晰、保障适度、可持续的多层次社会保障体系。在养老服务方面，国家已经明确放开对民间甚至外资的投资管制，并采取公建民营、购买服务及补贴民办养老服务设施等多种方式来调动市场资源与社会资源，可以期待的养老服务政策将是养老、孝老、敬老有机结合的体系。目前，全国各地正在按照党中央、国务院的战略部署，认真贯彻落实《国务院关于加快发展养老服务业的若干意见》，抓紧完善和落实各项优惠扶持政策，为社会力量发展养老服务业营造公平环境，推动养老服务业快速健康发展。

公共政策在养老服务业发展过程中发挥着决定性的作用，良好的公共政策有助于养老服务业的健康可持续发展。同时，随着养老服务业的不断发展，原有的一些不能适应城市养老服务业发展的公共政策也能够及时得到修正和完善。只有两者相互影响、相互促进、相互作用才能使城市养老服务业朝着更高水平的方向发展。

养老服务业的发展离不开法律和政策的保障，目前，中国社会涉及养老服务业的法律、政策和规定有很多。从整体上观察可以看到，所制定的与养老服务业发展紧密相关的政策具有以下一些特点：①从立足当前到着眼未来。随着人口老龄化的发展和老年人养老服务需求的日益多元化，各级政府对于解决人口老龄化问题重要性的认识和社会的关注度逐渐提高，发展养老服务业的政策在与时俱进，推动了养老服务政策的不断完善及其政策水平的提升，而且朝着更加务实高效的方向发展。②有关养老服务体系建设的政策框架日益成熟。许多政策最初是一个部门以文件的形式发布，仅限于内部工作人员，局外人并不知晓。现在许多法规和实施意见的制定是在经过有关部门的反复磋商，在征求社会各方面意见的基础上，从简单的部门文件转变为多部门联合发布实施。例如，在《关于进一步加强老年人优待工作的意见》中，在政务服务、卫生保健、交通出行、商业服务、文体休闲等方面做了具体详细的实施意见，为老年人的生活提供各种形式的优先优惠和便利服务，各项优待规定得到有效落实，也有利于政策法规的落地生根，形成浓厚的社会敬老氛围，建立起养老服务发展的长效机制，让好政策既能看得见也能摸得着。③养老服务标准和质量逐渐提高。养老服务从供养五保老人的温饱水平起步，到面向所有的老年人，并逐步朝着规范化、标准化的方向发展。特别是在养老服务和养老设施建筑设计等方面的标准和规范的实施，契合了社会的发展规律和老年人的养老服务需求。有什么样的标准就有什么样的质量，只有高标准才有高质量。老年人是弱势群体，他们在实际生活中会遇到许多困难，一个小小的障碍就会造成举步维艰，只有规范制度和标准，并严格执行相关的制度和标准，才能够保障老年人平等参与社会生活，共享社会经济发展成果。

由于城市社会人口老龄化程度日益提高，老年服务市场在不断扩大，政府直接提供老年服务的发展模式已经不能适应当前的老年服务市场，这就要求政府加强和创新公共服务模式，进一步转变政府职能。目前，城市养老服务业逐渐呈现出了多样化的发展方向，由原来的政府直接向老年人提供服务转变为政府向一些有能力的社会力量购买相关的养老服务，从而使一些社会力量成为发展养老服务业的主体。许多城市政府通过各种政策措施积极鼓励和支持社会力量参与发展养老服务产业，建立民办公助等多种形式的养老服务发展模式。在公共政策的引导下，城市的养老服务业呈现出了多层次多元化的发展格局。

2. 养老服务业的多元化发展格局

（1）建立了公办民营养老服务机构。

努力实现老有所养、老有所乐、老有所为，提高养老机构服务质量，关系到2亿多老年人口特别是4000多万失能半失能老年人的晚年幸福。中央财经领导小组第十四次会议指出，要按照适应需要、质量优先、价格合理、多元供给的思路，尽快在养老机构服务质量上有明显改善，加快建立全国统一的服务质量标准和评价体系，加强养老机构服务质量监管。

近年来，各地各部门积极应对人口老龄化趋势，探索多样化养老院发展模式，推进公办养老机构改革试点，鼓励公建民营，积极推进政府购买服务工作，不断提升养老院服务质量。2016 年 12 月，国务院办公厅印发《关于全面放开养老服务市场提升养老服务质量的若干意见》，提出到 2020 年政府运营的养老床位数占当地养老床位总数的比例应不超过 50%，鼓励社会力量通过独资、合资、合作、联营、参股、租赁等方式，参与公办养老机构改革。在这一政策的引导下，各级地方政府相继出台适应于当地情况的政策措施。例如，近年来，北京市先后出台了《北京市养老机构公建民营实施办法》《北京市公办养老机构入住及评估管理办法》《北京市公办养老机构收费管理暂行办法》等。根据规划，全市公办养老院除保留一部分专门服务特定养老对象外，其他的将逐步实现民营。

一方面，政府兴办的公立养老服务机构可以由社会力量运营。引进社会力量兴办养老服务机构并不是意味着把养老的所有责任与义务都推向社会，而是在政府提供基本保障的同时，吸收社会力量，运用优势资源，让社会参与到老年服务业的发展中。截至目前，公办民营模式的养老院已经在全国许多城市的养老服务机构中占了很大的比重。为了让更多没有养老能力的老年人老有所养，城市政府先向民办养老服务机构支付费用，使民办养老服务机构为老年人提供服务，替政府分担社会的养老问题。例如，北京市首家大型公建民营养老机构——福寿山福海养老服务中心，主要接收对象为优待服务保障对象和北京市其他社会老年人两大类，失能或 80 周岁以上的老年人优先入住。为了更好地满足失能及高龄老人的护养需求，该养老服务的护养型床位达到 100%，并特意为失智的老人设置了专属区域，以满足不同老年群体的多元化需求。按照“医养结合”模式，养老中心内设一级老年康复医院，医疗床位 40 张，医疗资源辐射至邻近乡镇。另一方面，政府转变其职能，减少在养老服务业中的任务量，民政等相关部门逐步在养老服务业中退出来，逐步推进养老服务产业发展的社会化和民营化。例如，沈阳市政府通过招标的方式引入社会力量兴办养老服务机构，推动养老机构民营化发展，政府对获得投标的养老服务机构进行购买服务以及政策上的扶持，包括税收优惠政策以及相关补贴政策的支持。沈阳市政府的这一举措有利于调动社会力量的积极性，越来越多的企业表示对养老服务机构民营化有投资意向。

（2）社会力量支持居家养老服务发展。

城市养老服务业的发展是以居家为基础、社区为依托、机构为支撑的养老服务体系，居家养老服务模式在养老服务业发展中发挥着核心作用，政府购买社会力量不仅要表现在“公办民营”的养老服务机构上，更要表现在以居家为主，社区为依托的养老服务方面。建立覆盖家庭、社区以及社会组织的服务网络，使三者有机结合起来。社会力量可以随时为居家老年人提供人性化与专业化的服务。政府向社会力量购买服务，委托其社会组织对居家老年人提供服务。例如，辽宁省大连市的“夕阳红”助老产业服务中心就是由政府支持、民营企业投资、社会参与的老年公益性服务机构，该组织采用会员俱乐部制度，开展各种适合老年人的休闲娱乐、社会公益等活动，该组织为会员居家老人提供人性化的服务，包括上门医疗保健、家政服务等，运用互联网技术，为老年人建立了一个集医疗咨询、保健、健康娱乐为一体的现代化老年服务网络。又如，上海市面对传统养老模式的种种不足和城市社区养老实际，建立了“社区嵌入型小型养老机构”。长者照护之家就是这种为老年人就近提供专业化照料护理服务的社会福利机构。长者照护之家有“全托”和“日托”，老年人可以在此读书、下棋、看电影、吃午饭、理发、洗澡……因“嵌”进社区，老年人可以实现不离开社区养老，子女能够随时来探望。

尽管城市养老服务业在相关政策的推动下呈现出了良好的发展趋势并取得一定的成果，但是，相对于一些发达国家而言还有进一步发展的空间，在许多方面仍然不能满足日益增长的老年人的多样化多层次的养老服务需求。例如，优质的社会养老服务机构短缺，养老服务多元化模式的发展相对较慢，高素质的养老服务人才稀缺等，这就要求政府不断完善其公共政策，为城市养老服务业提供良好的保障。

（3）养老服务人员的专业化培养。

高水平的养老服务业体系需要培养专业的服务人员和护理人员。2016 年 6 月 15 日，教育部、民政部、国家卫生计生委发布的《首批全国职业院校养老服务类示范专业点名单》中明确提出，各相关职业院校要进一步主动适应区域经济社会发展和养老服务业发展需要，完善并落实好专业建设规划，深化产教结合、校企合作，深化专业课程改革，加强师资队伍和实训基地建设，在更大范围内发挥示范辐射作用，带动全国职业院校养老服务类专业建设水平的提高。新的政策出台为推动养老服务人才培养的创新提供了坚实的基础保障。《全国民政人才中长期发展规划（2010～2020 年）》提出“到 2020 年，培养具备老年学、护理学等专业基础知识，实践经验丰富的养老护理员 600 万人”的发展目标。民政部、人力资源和社会保障部积极创新培训方式，完善分级培训机制，推进“互联网 +”和养老教育教学资源库建设有机结合，积极开展养老护理员职业技能培训鉴定工作，大力加强养老机构的院长培训。“十三五”时期，对养老服务业各类专业人才培养提出了新要求，许多城市围绕养老服务标准化建设、信息技术应用管理、健康管理、康复服务、护理服务、中医保健服务等核心技术岗位的人才培养进行研究，建立了具有前瞻性的人才培养机制，在科技创新驱动引领下为养老服务业健康有序发展提供了人才支撑。

政府在整合高校资源的基础上，设置老年服务管理、老年医疗保健、康复护理等相关专业。允许有一定能力的高职院校开设老年人非医疗护理专业，完善老年人非医疗护理专业从业人员的培养、教育及培训体制。政府对开展与养老服务业相关专业的学校给予相关的政策支持及优惠补贴。鼓励高校积极开设相关专业，并且鼓励相关专业毕业的大学生从事养老服务工作，对从事养老服务业工作的大学生给予一定的补贴以及较好的工资福利待遇，从而为养老服务业的可持续发展储备优秀人才。例如，沈阳体育学院开设了运动康复与健康专业，一部分学生毕业之后从事养老服务工作，为养老服务业的发展提供了具有较强实践能力的应用型人才。运动康复与健康专业是一个新型的体育、健康与医学相结合的专业，沈阳体育学院是辽宁省开设这一新兴专业的唯一本科高校。因此，政府充分调动社会力量的积极性将有助于养老服务业的可持续发展，有利于实现养老服务业的规范化、专业化的建设与发展目标。北京社会管理职业学院作为民政部直属单位，依托民政行指委秘书处设在院内的优势，积极整合各方资源，成立了老年服务与管理专业教学指导委员会，共同谋划指导专业建设。组织三十多家中高职院校共同成立了中国老年服务教育联盟，探寻养老服务教育发展的新机制和新路径。同时，学院成立了老年福祉学院，通过“中国养老产业和教育联盟”（中国现代养老职业教育集团）、“全国民政行指委老年专指委”、“国际养老咨询交流服务中心”一体化运作模式，突出现代养老服务人才队伍建设特色。

（4）养老服务业发展促使政府职能转变。

国务院下发的《关于加快发展养老服务业的若干意见》指出，加快转变政府职能，减少行政干预，加大政策支持和引导力度，激发各类服务主体活力，创新服务供给方式，加强监督管理，提高服务质量和效率。加快发展养老服务业，要充分发挥市场在资源配置中的基础性作用，逐步使社会力量成为发展养老服务业的主体，营造平等参与、公平竞争的市场环境。

由于人口老龄化程度的不断加深，城市养老服务市场空间不断扩大，使得政府不能如同提供其他公共物品那样直接提供养老服务。政府应该积极转变其职能，在发挥主导作用的同时，吸引和鼓励社会力量参与养老服务业的发展，促进养老服务业社会化发展。首先，政府将部分或所有管理、经营养老服务业的权利交给社会力量。大力发展民营公办、政府委托社会机构等模式来发展养老服务业。同时，政府为这些社会组织、企业、民营机构提供一定的优惠政策支持，吸引更多社会力量参与到养老服务事业中，为政府积极转变职能创造有利的条件。其次，政府还应该实施向社会力量购买养老服务的措施，政府以其他方式参与到养老服务业的发展中，在减缓公共财政压力的同时促进养老服务业的市场化发展。

2017年8月财政部发布《关于运用政府和社会资本合作模式支持养老服务业发展的实施意见》，明确提出了加快养老服务业培育与发展，形成多层次、多渠道、多样化的养老服务市场，推动老龄事业发展的基本原则：①政府引导，市场驱动。坚持养老服务领域供给侧结构性改革方向，深入推广政府和社会资本合作（PPP）科学理念，优化养老服务领域政府资金资源投入使用方向和方式，发挥引导带动作用，注重发挥市场在资源配置中的决定性作用，营造公平竞争的市场环境，鼓励各类市场主体参与养老服务PPP项目，充分调动社会资本特别是民间资本的积极性，逐步使社会力量成为养老服务领域的主体。②厘清边界，支持基础。针对养老服务的不同类型，坚持公共服务属性，合理界定政府和社会资本合作提供的养老服务边界，优先支持保障型基本养老和改善型中端养老服务发展，促进资源合理优化配置，加大投入力度，探索形成符合中国国情的养老服务供给模式，保障面向老年人的基础性养老服务供给。③强化监督，提质增效。完善运营监督机制，强化绩效评价和项目监管，推动养老服务行业标准化建设，严格执行财政PPP工作制度规范体系，促进养老服务业规范发展。坚持问题导向，强化薄弱环节，通过机制创新增加养老服务供给，提升养老服务水平，增进老年人福祉。这一实施意见的工作目标就是：政府和社会资本合作提供养老服务的供给能力大幅提高、质量明显改善、结构更加合理，市场活力和社会创造力得到充分激发，多层次、多样化的养老服务市场初步形成。政府职能转变、“放管服”改革成效显著，群众满意度显著提高，养老服务业成为推动经济社会发展的新动能。

5.4.3　公共政策与养老服务业互动发展的经验借鉴

1. 香港的养老服务业

香港人口老龄化程度比较高，同时也是亚洲乃至世界上养老服务业发展较快而且比较完善的地区。香港养老服务业的高水平发展，最主要的原因就是香港政府相关政策的制定与引导。

（1）政府的主导作用。香港政府在其养老服务业发展方面扮演着重要的角色，主要表现在政策制定以及政策监督等方面。例如，香港发展养老服务业的资金直接来自于公共财政拨款，为养老服务业的发展提供了强有力的财政保障。值得一提的是，政府所提供的资金不仅拨付给政府公办的一些养老服务机构，而且也拨付给兴办养老服务业的一些社会组织或者民营机构，这些组织和民营机构是通过招标获得政府委托的养老服务机构。据统计，大约80%的社会组织及民营机构的运营经费来自政府拨款。同时，香港政府对非公办养老访问机构的资金拨款也是香港政府在实施向社会力量购买养老服务的政策措施。

(2) 发展社会团体。虽然香港政府在养老服务业发展中承担着主导作用，但是，在香港这个小政府、大社会的地区，由于政府机构相对精简，政府将相当一部分的发展养老服务业的权利下放给相关的社会组织。香港政府在发展养老服务业过程中积极转变政府职能，吸引与鼓励社会组织积极参与养老服务事业，让它们利用社会资源优势与香港政府共同发展养老服务业。政府留给社会组织较大的发展空间，社会组织在养老服务业发展中表现得十分活跃，在项目的制定、发展、监督等各个方面，社会组织都充当着重要的角色。在众多社会组织中，香港社会服务联会是一个极具代表性的社会福利服务机构，为香港市民提供超过九成的社会福利服务。

(3) 大力发展居家养老服务。由于香港具有较大的老年人口群体，政府意识到应该重视居家养老服务模式，从根源上减轻政府的财政负担。香港与许多发达地区的养老服务业具有相同的发展理念，那就是坚持以居家养老服务为主，然而不同的是香港政府控制养老服务机构的数量，鼓励居家养老服务模式，鼓励身体健康、有能力照顾自己的老年群体在家安度晚年，将社会养老服务机构提供给那些有身体疾病以及因为其他原因而不能进行居家养老的老年群体。同时，社区老年服务机构将会配合居家养老，为居家养老服务模式提供保障。香港政府为居家养老服务业发展提供一定的政策支持，鼓励居家养老服务业的发展，包括安排医生和专业护理人员进入老年人家中为他们提供贴身的服务，及时为老年人解决生活上的各种问题。

(4) 社区长者日托服务。社区长者日托服务是一种社区老年服务模式，香港政府以购买服务的方式为老年人提供社区养老平台。政府为社区养老服务提供相应的资金及政策支持、为社区养老服务发展提供专业化的人才，政府以合作的方式把发展养老服务业的权利交给社区。香港的社区长者日托服务的主要运作模式是，社区在白天将居住在家中的老年人尤其是身体健康状况不佳、行动不便等难以照顾自己的老年人接到社区老年服务机构中，为他们提供日常餐饮、身体检查、健康康复、精神娱乐等服务，晚饭过后，再将这些老年人送回到各自的家中。

2. 北京市的老年服务业

2017 年 10 月 30 日，北京师范大学中国公益研究院、北京市老龄办在北京市民政局联合发布的《北京市老龄事业和养老服务发展报告（2016～2017年）》显示，截至 2016 年底，北京市 60 岁及以上户籍老年人口约 329.2 万人，占户籍总人口的 24.1%，户籍人口老龄化程度居全国第二位。从 2012 年到 2016 年间，平均每年净增 16.6 万老年人，每天净增 450 人，80 岁及以上的高龄老年人口占老年人口的比例由 16.2% 增长到 18%。面对严峻的老龄化形势，北京市适时调整老龄事业战略重点，加强老龄事业和养老访问体系建设顶层制度设计，初步形成以居家为基础、社区为依托、机构为补充、医养相结合的养老服务格局。

根据预测，2030 年北京市老龄人口将超过 500 万人。由此可见，北京市的人口老龄化程度很高。然而，北京市养老服务业也具有较高的发展水平，是中国养老服务事业发展比较完善的城市之一。除了与北京市具有较高的经济发展水平有关之外，还与政府制定并颁布实施的政策具有密不可分的关系。一直以来，北京市政府积极制定相关的养老服务业发展政策来应对快速发展的人口老龄化。

（1）老年服务设施。政府深化居民区养老服务设施的建设，通过规划建设改变原有落后的居民区养老服务设施，切实为老年人提供安全可靠、方便舒适、丰富多样的养老服务设施。在社区养老服务发展过程中，政府对社区医疗保健的建设给予一定的财政补贴，进一步加强社区医疗服务设施建设。定期安排专业医务人员在社区门诊出诊，使老年人常见的小病在社区门诊能够得到及时有效的诊疗。根据相关的医疗保险制度，为老年人提供定期身体检查，为一些生活不能自理、行动不便的老年人提供上门服务。北京市政府还出台相关的土地政策，对用于养老服务机构建设的用地给予税收优惠支持，鼓励民营机构兴建养老服务机构。

（2）居家与社区养老服务相结合。北京市的养老服务业还表现在居家与社区养老服务模式相结合，通过居家与社区的有机结合形成了一个完整的养老服务网络。政府注重强化社区的作用，使社区在居家养老服务中发挥引领作用，及时为居家老人提供方便、快捷的生活照顾、医疗保健等服务。例如，民政部门建立了“96156”（居家养老助残）社区服务平台，为居家老年人提供在线咨询以及上门服务。北京市政府还针对社区养老服务出台了一系列管理办法，规范其功能职责，如果社区养老服务机构为非公办模式，还须到有关工商部门进行注册和登记，以规范社区养老服务模式，为居家养老提供安全可靠的保障。社区还实施志愿者服务制度，鼓励社会上有能力的群体参与到居家养老服务中，为居家老年人提供基本的养老服务。

（3）发展养老服务社会组织。北京市政府积极鼓励社会力量参与居家与社区养老服务业，政府以向社会力量购买居家、社区养老服务的方式参与养老服务业的发展。政府鼓励专业的养老服务组织为居家老年人提供医疗保健、家政服务、生活照料等服务，按照社区养老服务机构的等级为社区养老服务提供一定的资金支持，包括对社区日托和全托养老服务模式的补贴。近年来，北京市已经形成了一批高水平的养老服务社会组织。例如，老龄产业协会由许多具有实力的企业提供资金支持，积极推进北京养老服务的社会化与专业化。政府还为养老服务组织制定相关准则与评定标准，以保证养老服务社会组织高质量的发展。

（4）鼓励社会资本投入。北京市的养老服务业规模大，发展空间广阔，然而政府的财政资源是有限的。因此，北京市政府积极鼓励社会资本投入到养老服务业中，为养老服务资金来源注入新的“血液”，这不仅可以减少政府的资金投入，减轻财政负担，而且有利于养老服务业的社会化、产业化发展。北京市政府还建立了引导社会资本投入的机制，以便吸引社会资本的投入。企业可以采取小额贷款等方式投入资金，政府将给予企业一定的税收优惠、风险赔偿、项目补贴等，尤其是对投入资金发展养老服务业的中小型和科技创新型企业。政府鼓励企业采取多种模式进行资金投入。例如，企业之间的股份合作等方式。鼓励社会资本投入养老服务业的发展中，不仅可以满足养老服务市场的巨大需求，还可以调整投资结构，推进养老服务业的可持续发展。

3. 国内外的经验借鉴

从香港和北京市养老服务业的发展来看，公共政策的制定和实施对于养老服务业的发展起着决定性的作用。从资金投入到养老服务业运营的每一个环节都与政府颁布实施的政策有着密切的关系。政府颁布实施的税收政策、补贴政策等都会对养老服务业的发展产生积极的作用。只有制定正确的公共政策，养老服务业才能有明确的发展方向。由此可见，公共政策在养老服务业发展过程中发挥着指导与扶持的作用，政府在养老服务业中扮演着重要的角色。

通过对香港和北京市养老服务业发展状况的比较分析，可以为中国城市养老服务业的发展提供以下几点启示。

（1）建立和发展多层次多元化的养老服务模式。应当继续发展以居家为基础、社区为依托、机构为支撑的养老服务体系。首先，居家养老服务业是解决人口老龄化的根本途径，因为它符合中国的基本国情，顺应中华民族传统美德，有利于促进老龄事业和社会的和谐发展。其次，城市社区应当在养老服务业发展中发挥其应有的作用与价值，主要表现在引导与支持居家养老服务，社区中心和医疗门诊设施的建设可以为老年群体提供及时快捷的服务。社区的主要作用就是为居家养老服务建立一个规范而系统的平台，把社区服务和居家养老服务有机结合起来，为居家老年人提供专业化的家政、医疗等上门服务，把社区化的服务带给每一个老年家庭。同时，政府也不能忽视社会养老服务机构的发展，养老服务机构对一些特殊老年群体而言具有重要的作用，政府应当制定相关的税收等福利政策，促使更多的社会组织积极参与到养老服务体系的建设中。

（2）养老服务日益专业化。城市养老服务的专业化主要包含两个方面，一是服务模式的专业化，二是护理人员的专业化。首先，居家养老服务、社区养老服务、社会机构养老服务均应当不断提高服务水平，逐步建立和发展专业化的养老服务体系。应建立专业化的养老服务平台，及时掌握居家老年人群的身体健康状况信息和生活需求信息，为老年人提供医疗咨询、身体检查、家政服务等多样化多层次的服务，从而保障老年人群的健康生活。其次，要建立完善的社区养老服务设施。例如，加强社区活动中心与社区门诊的建设，提高社区养老服务的专业化水平。同时，要注重养老护理人员的专业化，无论是居家养老服务模式还是社会机构养老服务模式都需要大量的工作人员，他们决定着养老服务的专业化水平。一方面，应当针对现有老年护理人员在医疗保健、心理慰藉以及常见病护理等方面进行专业知识培训，提高其服务水平；另一方面，相关高校开设与养老服务业有关的课程和专业，为养老服务业的持续发展提供专业化的人才。

（3）社会力量参与养老服务业。虽然政府在养老服务业发展过程中发挥着主导作用，但是不能忽视社会力量的作用。应积极鼓励社会力量参与城市养老服务业的发展，鼓励社会资本的投入，这样有利于减轻政府的财政负担，也有利于养老服务业的社会化发展。这种模式的优点在于，政府不需要亲自兴办养老服务机构，而是由社会力量来提供相应的养老服务。此外，政府实施一些相关的福利政策，以委托的方式将养老服务机构的经营权交给社会。政府还应当积极向社会购买养老服务，积极发展民营企业承办、市场运营的养老服务模式。政府全部或者部分出资为老年人购买服务，特别是对一些“三无老人”“特困老人”等没有能力养老的特殊老年群体购买服务，再由民营企业根据养老服务市场的发展状况为老年人提供多层次精准化的服务。

第6章

中国城市养老服务体系建设影响因素分析

“十三五”时期是中国全面建成小康社会的决胜阶段，也是老龄事业改革发展和养老服务体系建设的重要战略窗口期。中国政府高度重视老龄事业发展和养老服务体系建设，着力加强全社会积极应对人口老龄化的各方面工作，着力完善老龄政策制度，着力加强老年人的民生保障和服务供给，着力发挥老年人的积极作用，着力改善老龄事业发展和养老服务体系建设的支撑条件，确保全体老年人共享全面建成小康社会新成果。健全以居家为基础、社区为依托、机构为补充、医养相结合的养老服务体系，使养老服务供给能力大幅提高、质量明显改善、结构更加合理，努力构建多层次、多样化、精准化的城市养老服务体系。

6.1 经济社会发展对城市养老服务体系的影响

6.1.1 经济社会发展是城市养老服务体系的基础

经济基础决定上层建筑，一个国家或地区经济社会的发展对城市养老服务体系的建设有很大的影响。计划经济时代形成的养老服务体系已经难以适应中国人口老龄化的现状，尤其是人口老龄化社会的到来、未富先老的特殊国情、家庭结构的变化使得家庭养老服务功能日趋弱化等，都对城市养老服务体系提出了新的要求和期望。总之，计划经济时代形成的养老服务体系已经不再适合社会结构、思想观念发生巨大变化的中国社会的现状，更无法应对当前及未来人口老龄化带来的冲击和挑战。政府只有重新构建符合中国国情的城市养老服务体系，出台和制定一系列的扶持政策和具有创新性的政策，才能够不断满足人口老龄化社会对城市养老服务提出的诸多需求。

党的十九大报告指出，目前中国仍然处于社会主义初级阶段，发展仍然是国家的第一要务。1978 年，党的十一届三中全会提出要实施改革开放以来，中国的国民经济快速发展，经济总量和人均可支配收入都发生了很大的变化。2010 年，中国国内生产总值（GDP）已经达到 39.8 万亿元，跃居世界第二位；人均 GDP 达到了 3800 美元。“十二五”期间中国的 GDP 实现了年均增长 7% 的目标。2017 年中国 GDP 达到了 82.7 万亿元，人均 GDP 达到了 9400 美元；预计到 2020 年，中国的人均 GDP 有望达到 10000 美元。

联合国教科文组织提出，当一个国家人均 GDP 达到 3000 美元时，就是中等发展水平的国家。当一个国家和地区的人均 GDP 达到 1000 ~ 3000 美元时，也是各种社会矛盾凸显期。正因为如此，中国要正视这一重大问题，而且国家也正在采取各种措施着手解决社会发展中出现的一系列突出问题。因此，在“十三五”时期，中国还要避免由人均 4000 美元到 10000 美元可能会出现的“中等收入陷阱”，采取多种手段和方法解决各种社会问题，合理消除各种利益群体间出现的不和谐的关系。

在国家经济大幅度增长的时代强调的是“效率优先，兼顾公平”。但是，当一个国家的人均 GDP 达到 3000 美元时，也就是进入中等发展水平以后，应当实施公平优先战略，以社会建设促进社会经济发展。因此，国家社会福利制度的全面转型也就成为必然的趋势和现实的要求。纵观国际社会可以看到，西方发达国家在人均 GDP 达到 1000 美元之前，社会政策及社会福利制度的建设就已经具备了较高水平。从目前来看，中国的社会福利水平还落后于西方发达国家。

与西方发达国家实施的公平优先战略相适应的是普惠型的社会福利制度。可以预见的是，随着社会经济的发展人们对社会服务的需求会愈加强烈，这是一种公共需求，它必然使得政府和社会所提供的公共服务的内容发生深刻的变化。在这样的社会发展大背景下，照料老年人的责任就不可避免地由家庭转向了社会，于是就对养老服务的发展提出了新的要求。因此，高质量、创新性和精准化的城市养老服务体系既是社会经济发展的需要，也是社会进步的一种体现。

经济发展对城市养老服务体系建设的影响实际上体现在收入水平上，而且这一因素对于养老服务的需求是最显而易见的，也是最直接的，起着决定性的作用。伴随着国家经济的发展和人们生活水平的逐渐提高，老年人的生命在不断延长。但是，在生理规律和生理年龄的作用下，老年人由于身体机能下降，对生活照料的需求也会不断加大。此外，老年人追求高质量晚年生活的愿望也是伴随着生活水平的提高而不断提高的。如果只有养老服务需求而没有经济基础作为支撑，那么这种养老服务需求就无法实现。毫无疑问，老年群体的收入水平决定着养老服务的规模、服务水平和购买力水平。中国地域辽阔，区域之间和城市之间经济发展的差异显著。因此，从不同区域看，发达地区人们的收入水平比较高，购买力强，消费能力也相对较强；反之，则比较低。从老年群体来看，由于经济收入状况不同，导致对养老服务的需求也不同。收入水平高的老年人对养老服务的需求自然就多，收入水平低的人群养老服务需求少，甚至会因为经济条件的限制而放弃需求。所以，老年人会根据自己的经济条件而选择相匹配的养老服务。

改革开放近四十多年，中国的经济建设稳步发展，并取得了一系列的成就，2010 年中国 GDP 超越日本，成功跃居世界第二大经济体。2015 年中国 GDP 达到 10.5 万亿美元。有专家指出，从 2016 年到 2020 年，中国将保持 6.6% 的平均增速，经济总量会比 2015 年增长 37% 左右，增量大约为 4.2 万亿美元，到 2021 年时全面建成小康社会。而且这个新创造出的 4.2 万亿美元 GDP 的国家在 2020 年以后还会以 6% 以上的速度增长。经济社会发展带动社会转型，同样，城市养老服务体系建设的发展也需要转变。经济社会发展可以为社会主义建设创造基本的物质条件，社会主义建设也可以为经济社会发展创造良好的环境，二者相辅相成、相互促进。城市养老服务体系建设是社会主义建设的重要内容，必须处理好与经济社会发展之间的关系。具体来说，城市养老服务体系建设应该与经济社会发展水平相适应，既不应超前于经济社会发展水平，也不应低于经济社会发展水平。

6.1.2 经济社会发展对城市养老服务体系的影响

经济社会发展对城市养老服务体系的影响主要体现在以下四个方面：

1. 社会养老服务体系发展不平衡

中国城市社会养老服务体系发展的不平衡性体现在三个方面：一是社会养老服务的供给在城乡间存在较大差异。这与中国城乡二元分割的历史问题相关，目前中国还难以实现城乡公共服务的均等化发展。相关资料显示，从中国养老服务机构的数量和分布来看，明显存在着东部多于西部，城市多于农村的特点。中国有 76% 的民办养老服务机构位于城市，而仅有 24% 的民办养老服务机构位于农村。二是中国对大中型养老服务机构的支持政策较多，而在社区养老服务领域投入严重不足。通过实地调查发现，很多社区的日间照料中心由于功能不完善或设计不合理而常年闲置，并没有发挥日间照料的作用。三是“物质养老受重视，精神养老难实施”的现象普遍存在。在政府购买的养老服务中，精神慰藉服务不足，子女给长辈的精神赡养虽然已经成法，但缺少具体的实施细则与规范，老年大学出现“一座难求”的局面，老年文体活动设施有待增加。在给予老年人精神赡养时必须同时满足他们的自尊需求、期待需求和亲情需求。强化中国社会养老服务体系的精神赡养功能已经成为体系创新的一个现实命题。老年人对社会养老服务需求内容更加细化，养老服务在满足人们对“养”的需求的同时，更要满足人们与日俱增的“医”“护”“乐”的需求，这些都是中国社会养老服务体系升级与完善的过程中首先要面对的问题。

2. 城市社会养老服务体系的供给能力不足

2014年，国家质检总局组织开展了对华东地区公共服务质量的联合监测，发布了76个城市11个民生重点领域在内的中国首个公共服务质量评价报告。养老服务满意度在11个监测领域中得分最低。其中51~59岁人群对养老服务的满意度最差（73.29），其次为36~50岁人群（74.97）。同时，有研究表明，社区服务中老年福利服务设施建设及服务水平和能力仍然相对落后。城市社区居委会中，老年人活动场地所占比例较高，但是多为文化体育活动场地，提供居家老年人家政服务的覆盖率约为2/3，提供老年人饭桌或送饭服务的覆盖率还不到1/5，能够提供社区托养和照顾的比例则更低。

3. 城市社会养老服务体系的医护资源长期匮乏

康复护理是养老服务的重要功能。中国高龄老人、失能和半失能老人所需的专业康复护理服务和多数老年人普遍需求的医疗卫生服务是最急需的养老服务。中国社会养老服务体系无法满足老年人急需的卫生及照护服务需求，尤其是送医上门、健康管理、康复护理、双向转诊、家庭医生等服务内容。其中，需求最高的是上门看病、上门体检两项服务，有超过半数的老年人认为需要上门看病和上门体检服务。有超过半数的老年人希望得到社区提供的康复护理服务。在机构养老服务方面，中国养老服务机构发展研究报告指出，医疗资源是养老服务机构的重要组成部分，但是目前中国仅有54.7%的养老服务机构有医疗服务设施，46.6%的养老服务机构有康复设施，而机构养老的主要对象是失能、半失能老人。由此造成了部分养老服务机构床位空置浪费，而一些需要医疗照护的失能老人却无法入住。考虑到中国人口老龄化的发展趋势和老年人对医护资源更高的需求，目前的医护资源难以与未来庞大的需求相匹配。在医疗服务资源相对短缺的背景下，老年人的医疗服务资源的可及性也存在问题。例如，在中国很多医院挂号非常难，医院为了便于患者推出了电话挂号或网上挂号等多样化的挂号方式，而相对于年轻人群，老年人对于互联网等方式并不熟悉，医疗服务资源的可及性更差。此外，虽然中国的养老服务机构增长迅速，然而养老服务的提供却与之不匹配，尤其在对失能老人的长期护理方面缺乏护理人员。

4. 城市养老服务体系的社会化程度较低

长期以来，中国养老机构服务对象的定位以民政部门确立的对象为主，自实施社会福利社会化以来，民间资本进入养老服务行业后，接受服务的老年人群不断扩大，社会化程度有所提高。但是，由于民办养老服务机构仍然占有较低的比例，公办养老服务机构还没有完全放开服务对象的条件，造成服务对象的社会化程度整体偏低。造成服务对象社会化程度低的原因主要有两点：一是公办养老服务机构设定的传统民政对象仍然没有得到有效突破，服务对象基本上局限于五保供养对象和三无人员，对低收入老年群体入住养老服务机构的补贴政策有待进一步完善；二是民办养老服务机构的市场化定位单一，造成了养老服务机构定位不清、结构失衡、服务滞后和管理乏力等诸多问题。

综上所述，政府在主导城市养老服务体系的过程中，应起到公共基础设施建设与规划保障的作用，城市养老服务的生产与供给依然要依靠市场机制。老年人可以通过劳动力和产品市场获取满足居家养老服务所需的各种资源，这就需要有强大的老年服务产业作为支撑。来自发达国家的经验表明，虽然人口结构变迁是必须面对的巨大挑战，但同时也孕育着极大的商机。目前，世界老龄人口的市场需求日益强烈。“银发市场”已不再局限于满足老年人特殊生活用品的需要，而是促进了各商品领域全方位的市场细分。例如，针对老年人的审美和着装偏好，开始出现专门的老年服饰品牌、连锁店和生产厂商；针对老年人的健康和口味需要产生了老年食堂和老年餐饮店；为了满足老年人出行旅游的需要，旅游公司设计了适宜老年人的旅游线路等。在老年保健、文化、娱乐、理财和咨询等许多领域仍然存在巨大的市场空间有待进一步开发。养老服务产业在许多国家被视为“朝阳产业”，有着广阔的发展前景。然而，与发达国家养老服务产业蓬勃发展相比，中国养老服务产业的发展则相对滞后，而且普遍存在规模小、盈利能力差、对民间资本吸引力弱等现象。这一现象的出现固然由养老服务产业投资本身的福利性、微利性、长期性的特点所决定，但也与养老服务产业发展的驱动力不足有关。如何通过政府和社会广泛介入进一步有效推动养老服务产业的发展是一个需要迫切解决的问题。

近年来，在国家政策的支持和引导下，中国的城市养老服务体系得以迅速发展。以居家养老为基础、社区养老为依托、机构养老为支撑的养老服务体系已经建立起来。但是，从总体上看，城市养老服务体系仍然存在很多问题。例如，养老服务的供给和需求难以实现对接、市场化程度比较低、养老服务管理效率低下、监督管理机制不健全等问题十分突出。如今，中国已经进入人口老龄化高速发展时期，据预测到 2025 年中国 60 岁以上的老年人口将会突破 3 亿。为了做好更为充足的准备来积极应对人口老龄化，必须要重视城市养老服务体系的建设和发展问题，充分满足老年人最基本的养老服务需求。通过发展养老服务的方式可以有效解决中国对人口老龄化准备不足的问题，确保老年人可以老有所养。同时还可以起到拉动消费、扩大就业的作用，使更多的下岗失业人员的生计得到解决。发展养老服务体系可以更为有效地保障和改善民生，促进经济社会的和谐发展。

6.2　民众观念对城市养老服务体系的影响

6.2.1　民众观念转变的基础

中国从 1999 年就进入人口老龄化社会，截至 2016 年，中国 60 岁及以上老年人口 2.31 亿人，占总人口的 16.7%。其中 65 岁及以上老年人口达到 1.50 亿人，占全国总人口的比例为 10.8%。据预测，21 世纪中叶中国老年人口数量将达到极值，超过 4 亿人。目前，中国 80 岁以上高龄老人超过 2400 万人，近一半的老年人过着“空巢”生活。目前中国 4-2-1 型家庭数量攀升，平均每个家庭只有 3.1 人，家庭养老功能明显弱化。随着中国现代化和城镇化的发展，“熟人社会”渐渐向“陌生人”程度高的城镇社会变化。加之年轻人迫于生活压力外出工作以及户籍制度的限制，中国传统法律与文化中的“善事父母”的要义难以为继，家庭人力资源严重不足，不能发挥保障老年人生活的关键作用。社会变革加速，拉大了传统价值观念与现代价值观念的差异，当家庭利益与个人功利相背时，长期照料、赡养老年人的义务便成为年轻人的负担。传统家庭代际情感价值的纽带发生变化，赡养回报的价值观念受到冲击。

经济社会的发展对民众的思想观念也产生了很大的影响，由此导致的各种变化在养老服务需求方面得以充分体现。计划经济时代，人们的养老服务需求相对简单，只是简单的做饭、洗衣服、打扫卫生等物质性的需求，对精神方面的追求相对较少，对健康的需求更少。进入21世纪以来，老年人的养老服务需求朝着多元化、差异化的方向发展，老年人的养老服务需求不仅仅是追求简单的物质服务，越来越多的老年人更加追求精神层面和健康层面的服务需求。在城市中，不同年龄、不同收入、身体健康状况不同的老年人有不同的养老服务需求，这就需要城市养老能够提供多元化和差异化的养老服务。

改革开放以来，中国经济实现了高速而持续的发展。由此，养老服务业也得到了较大的提升和较快的发展。从20世纪90年代起，中国的养老服务业向社会化、市场化、产业化的方向发展。目前，全国几乎所有的城市都已经形成了设施服务、定点服务、上门服务等差异化、多元化和多种类的养老服务模式。可以说，中国养老服务业的发展与中国人口和社会经济体制的重大变化和发展紧密联系在一起。正如前文所述，中国人口老龄化问题越来越严重，自20世纪80年代初期开始，中国的人口结构已经由年轻型转为成年型。到了20世纪90年代，60岁及以上的老年人口数量不断增长。同时，越来越多的老龄人口为了提高晚年的生活质量，对社会养老服务的需求层次也越来越高，对养老服务形式的需求也越来越多样化。同时，经济体制改革，政府职能的转变，以及政府不是万能的事实也迫切需要市场、社区等多元化的养老服务来共同承担起养老服务的责任。再者，随着“空巢家庭”的逐渐增多，以及家庭养老功能的逐渐弱化，也需要社会化养老服务体系的建立和完善。

中国自古以来就有崇尚尊老爱幼的优良传统，尤其是受儒家文化的影响，孝道是每个子女应尽的责任和义务。孝道的主要表现是子女与父母同住，以便于照顾年迈的父母，行孝道。子女从物质上和精神上给予父母关怀和照顾。然而，随着中国工业化、城市化、现代化进程的不断加快，人们的传统观念以及衣食住行等生活方式也发生了很大的变化。在这种全新的时代背景下，研究探讨影响养老服务需求和养老服务模式的因素及其效应对于构建既适合中国国情，又能够最大限度地满足老年人体面生活的养老服务体系具有重要的作用。

6.2.2 民众观念转变的表现及其影响效应

传统家庭向现代家庭转变的历史经验表明，家庭是人类社会发展到一定阶段的产物。家庭是以婚姻关系为基础建立起来的以血缘关系为纽带，具有相对稳定性联系紧密的社会基本组织形式。但是，随着改革开放的不断推进，尤其是受到市场经济的影响，中国的家庭正在经历着从传统向现代的转变。这些转变主要体现为家庭观念的转变、家庭结构的变化以及家庭功能的转变。

1. 家庭观念的转变

随着中国改革开放进程的不断加快，伴随着社会主义市场经济的不断发展，几千年来积淀下来的“光宗耀祖，荫及子孙”的血缘亲情和观念受到了一定的冲击。传统的以家庭为中心的观念正在被现代家庭观念所取代。在现代家庭中，由于人口数量减少导致家庭资源集中在少数人身上，有助于提高家庭整体的生活质量；家庭成员的选择权增加，有利于发展个人的长处以及选择适合自己的生活方式。同时，在现代家庭中也出现了家庭责任性减少、家庭的决定倾向于从实际利益出发、把照顾后代与老年人的责任寄望于家庭之外等现象。

2. 家庭结构小型化和多样化

所谓家庭结构是指家庭规模的大小和家庭成员多少的组合状况。一般情况下，社会生产方式的根本变革最终会引发家庭规模和家庭结构的变动。自20世纪70年代中国实行计划生育以来，家庭规模的小型化是中国家庭结构变迁的主要特征之一。2002年，中国城乡家庭平均每户规模是3.39人，较之1973年的4.81人，户人均规模下降了1.42人；与1990年的户人均3.97人相比，也下降了0.58人。国家卫计委发布的《中国家庭发展报告（2015年）》显示，城镇家庭平均规模为3.07人，城镇家庭户平均规模为2.84人，城镇户平均规模为2.63人。总之，无论是统计数据还是现实生活中都可以深刻体会到中国的家庭结构正在趋向小型化和多样化。多样化主要体现在再婚家庭、单亲家庭和夫妻分居家庭的出现；同时，一些空巢家庭、鳏寡独居家庭的出现也使得家庭结构呈现出了多样化。

3. 家庭功能的转变

随着家庭结构和家庭规模的变化，家庭功能也发生了明显的变化，一些原本属于家庭的功能已经消失殆尽或者被大幅度削弱，另一些功能则呈现出强化或者换位的特点。

（1）家庭的生育功能日益萎缩。家庭是人类生育和繁衍的基本场所，生育是家庭最基本的功能。但是，由于20世纪70年代以来中国实行了严格的计划生育政策，提倡一对夫妻只生一个孩子，结果导致中国家庭的子女数量普遍减少。到21世纪初，中国人口的再生产主要表现为人口数量得到有效控制，人口自然增长率与总和生育率持续下降。国家统计局的统计数据显示，中国人口的自然增长率1998年以来一直低于10‰，2017年中国的人口自然增长率为5.32‰。国家卫生计生委发布的《2016年我国卫生和计划生育事业发展统计公报》中的数据显示，2016 年中国的总和生育率提升至 1.7 以上。在人口自然增长率和总和生育率不断减少的同时，人们的生育观念也发生了转变，早婚、早育、多子多福、养儿防老等一些传统观念正在不断被淡化。而且，西方国家 20 世纪 70 年代开始的流行趋势也传入中国，中国社会也出现了一些不愿生育的夫妻，组成“丁克”家庭。“丁克”作为现代人生活的一种方式，已经开始被越来越多的年轻夫妻接受。当今社会，人们的工作和生活压力普遍过大，一些家庭由于难以承受抚养子女的费用或者是其他方面的原因而选择推迟结婚生子，在一定程度上促成了“丁克”家庭的产生。此外，随着传统观念的不断瓦解，未婚同居现象迅速发展，并被社会道德观念所宽容和默许，越来越多的性行为已不再借助于婚姻的形式。

（2）家庭的社会功能发生转换。一般说来，家庭有五种基本的功能，包括生产、消费、人口再生产、养育子女和赡养老人，以及满足家庭成员生理和心理需要五大功能。然而，随着家庭规模和家庭结构的变迁，家庭的一些社会功能已经发生改变。例如，传统的生产、生活、养育、赡养等功能正在向多层次、多种类、多元化、差异化的现代家庭功能演变。从生产功能看，社会化的大生产已经取代了传统家庭的生产功能。从人口再生育功能看，单身、“丁克”家庭、未婚同居的出现表明了家庭的人口再生育功能已经被现在的年轻群体所忽视。在养育子女方面，随着教育观念的转变和新的教育方式的传播，已经由传统的家庭抚养和教育向市场和社会转变。从赡养老人方面看，由于现代家庭 4-2-1 结构的出现，“空巢老人”将普遍存在。同时，由于社会化养老服务的不断发展和完善，各种娱乐设施和活动极大地丰富了人们的生活，老年人不再仅仅寻求在家养老，致使家庭的社会功能发生了巨大的变化。

（3）家庭的养老功能不断弱化。养老敬老一直是中国传统的伦理道德，而家庭无疑是最适合和最有助于实现养老功能发挥的场所。在市场经济条件下，家庭结构和家庭规模的变化使得家庭养老功能被大大削弱。在城市中，独生子女现象十分普遍，独生子女比例的提高必定会对老年人的养老问题产生重要影响。然而，由于社会养老服务机构尚不健全，在现实社会中老年父母或者独自生活，或者与一个已婚的儿子组成主干家庭，而与其他子女保持来往。家庭养老虽然仍然以依赖家庭为主，但具体的养老方式却发生了很大变化。家庭成员对亲属的责任，特别是对自己家庭老人的赡养责任有所萎靡和退缩。统计数据表明，截至 2016 年，中国 65 岁以上老年人口中八成以上的家庭模式是一个老人或两个老人与其子女或者亲属在一起生活，由于社会化养老服务水平还非常低，必然形成以家庭养老为主的形式。同时，家庭结构的上述变化也促使在社会上形成了“同居养老”“分居养老”“轮换养老”的新格局。随着子女的减少和家庭的核心化和小型化，“分居型养老”的比例随之增大，“空巢家庭”将大量出现。随着家庭规模的小型化，传统的“四世同堂”甚至是“五世同堂”的家庭已经越来越少，正在被“4-2-1”模式取代。而且，由于子女在外地工作等多方面的影响，子女往往与老人分居，由此导致的直接结果是老人的长期空巢独居现象。这就使得空巢老人的居住环境、收入来源、生活照料、医疗保健、精神慰藉等在某种程度上都可能带来一些问题。例如，新闻媒体所报道的孤身老人在家中暴病身亡，子女多日才发现的现象时有发生。全国老龄办在 2008 年发布的《中国城市居家养老服务研究》报告指出，今后中国家庭的空巢现象将更加普遍，空巢期也将明显延长。与西方发达国家独居及夫妇空巢家庭高达 70% ~80% 的比例相比，中国老年人的空巢比例持续增加的趋势甚至可以与之相比拟。应当看到，空巢老人的主要问题是精神世界的“空心”。对于发达地区的老年群体来说，他们最主要的需求不是物质服务而是精神慰藉服务。事实上，所有老年人都需要精神慰藉，空巢老人的需求可能会更加明显一些。中国许多老年人都不同程度地存在由空巢而引发的空巢病，而空巢病的核心要素在于老年人普遍缺乏被关爱。美国著名心理学家马斯洛指出，爱的饥饿是一种爱缺乏症。爱作为一种心理感受状态是生命质量的组成部分，缺乏爱，身心健康受到影响，将会导致生命质量的全面低下。现代心理学认为，各种与刺激作用过程和环节有关的心理健康因素（例如：生活事件、个性特征和社会支持等）可能对老年人的身体健康起到重要的作用。家庭问题是老年人比较敏感的问题，面对家庭结构和环境的急剧变迁，容易使老年人产生焦躁不安、悲观失落、惆怅抑郁等情绪，这些对空巢老人都会产生不同程度的影响。由于缺乏与子女和亲友的交流，老年人也会在感情上和心理上失去依靠，尤其是鳏寡独居的老人，孤独和寂寞感更加强烈。

随着中国对外开放的不断深化，世界上的多元文化不断融合。从一定程度说，崇尚自由、追求多元文化成为中国现实的文化环境发展的主流。在现实生活中可以看到，一些年轻人的自我意识增强，以“追求个人发展”取代了“家庭至上”的观念，个人更加注重自身价值的发展和实现，这在很大程度上改变了以往家庭子女以老年人为中心的文化模式。

诚然，仍然有许多子女十分孝敬父母。但很多时候由于工作、学习等方面的原因（例如，有的家庭子女出国留学，有的家庭子女在外地工作），子女可能没有办法或者说没有时间来陪伴父母、孝顺老人。随着中国工业化、城市化的高速发展，当今社会许多家庭子女的大部分时间都是在家庭之外度过的，能够属于家庭成员之间的时间越来越少，与父母沟通交流的机会和享受家庭生活的机会也在减少。由此，也必然会导致老年人选择的养老方式发生转变。

民众的思想观念对城市养老服务体系的影响主要体现在老年人选择什么样的养老方式和不同的养老服务，在城市养老服务体系中，居家养老服务依然占据着主要位置。在城市中，那些收入水平较低，靠子女收入抚养的老年人更倾向于选择居家养老，这样一方面能够给子女们节省费用，另一方面还可以保持和子女的情感交流。而那些收入高、受教育程度高、与子女关系好的老年人更倾向于选择机构养老服务。机构养老服务是居家养老服务的有力补充，它可以弥补和解决居家养老服务不能解决的问题，例如，较高的养老服务需求、家庭照顾资源紧张的老人和不愿意给孩子添麻烦的老人。总而言之，收入差异、城乡差异、养老服务需求差异、积极老龄化的认同会使一部分老年人更加倾向于选择社区养老服务；年龄差异、受教育差异、收入差异、子女数量的差异会使老年人更加倾向于选择机构养老服务。所有这些养老服务需求的差异都体现为人们养老服务思想观念的变化。

6.3 大数据和互联网技术对城市养老服务体系的影响

现代科技的发展已经渗透到人们生活的方方面面，大数据和互联网技术被越来越多的企业运用到企业的生产和销售之中，以求创造更多的财富和利润。同样，我们也可以充分利用现代科技的发展，把互联网和大数据技术运用到城市养老服务体系中。

经过二十多年的发展，互联网已经成为人们生活中必不可少的一部分，并不断地在社会各个方面发挥着巨大的作用。截至 2017 年底，中国网民数量已经达到 7.72 亿人，其中手机网民的数量占到了 97.5%，互联网在中国的普及率达到 55.8%，成年人平均每天花费 1 小时 38 分钟使用智能手机，每个移动网民每天花在各类 APP 上的时间达到 4.2 小时。从数量上来看十分的惊人，其中蕴含的商业机会也不言而喻。当前互联网所催生的 GDP 的增长比例在不断增加，可以说互联网时代已经到来，并以一种势不可当的态势迅速发展。随着互联网时代的不断发展，国家对互联网经济的发展给予更多的关注和重视，并首次将“互联网 +”纳入了国家行动战略。习近平总书记指出，网络建设是中国在近些年发展的重点，要通过努力使得全国人民共同分享到互联网时代发展的成果。李克强总理也在《政府工作报告》中强调了“互联网 +”的重要作用。当前"互联网+"的概念众说纷纭，各个互联网企业也对其概念进行了各自的阐述。这里选用的是官方的说法，它的概念可以表述为："互联网+"代表一种新的经济形态，即充分发挥互联网在生产要素配置中的优化和集成作用，将互联网的创新成果深度融合于经济社会各领域之中，提升实体经济的创新力和生产力，形成更广泛的以互联网为基础设施和实现工具的经济发展新形态。

在2015年3月的全国人大会议上，李克强总理提出"互联网+"行动计划，次月，民政部和国家发改委以及全国老龄办就联合下发通知，提出要在养老服务领域开展"互联网+"行动。当前"互联网+"在医疗、教育等涉及民生工程的各个领域均有了尝试性的运用，并取得了较好的成效，"互联网+"在养老领域的运用是必然的也是可行的。当前，已经有不少政府和企业在这方面进行了尝试，地方政府中最典型的是苏州的"虚拟养老院"的做法。"互联网+"其信息交互的即时性、破除信息不对称局面的特性，能够帮助养老服务体系实现精准化识别、精准化的供给，其提高资源利用效率的特性能够帮助实现精准化的管理，而其自身所蕴含的信息交互技术、物联网技术也给精准化支持提供了技术基础。由此可见，"互联网+"与精准化养老服务体系的契合程度，是精准化养老服务体系得以实现不可或缺的新手段。

6.3.1 "互联网+"时代的基本特征

近年来，全球从PC互联网时代进入移动互联共存的大数据时代，互联网在各个领域发挥着巨大的作用，"互联网+"时代随之到来。"互联网+"战略是腾讯CEO马化腾最早提出来的。所谓"互联网+"战略就是以互联网为平台，把互联网和传统行业在内的各行各业结合起来，利用现代科技的发展实现经济的快速增长，简单地说就是"互联网+某一传统行业=互联网××行业"。自2015年3月李克强总理在两会上的政府工作报告中提出"互联网+"行动计划以来，"互联网+"为成千上万家企业指明了发展的新路径。2015年6月，李克强总理主持召开国务院常务会议部署推进"互联网+"行动并在随后召开的国务院会议上将"互联网+"上升至国家战略，提出到2025年"互联网+"产业生态体系基本完善，以"互联网+"为基础的新经济形态初步形成，"互联网+"成为经济社会创新发展的重要驱动力量。这一切都表明，互联网行业的发展成为改变传统行业的创新力量，其巨大的市场潜力给传统的养老服务行业也将带来新的变革。

6.3.2 养老服务需求催生“互联网+养老”模式

中国已经进入人口老龄化的快速发展阶段，然而，养老服务业与养老产业的发展严重滞后于人口老龄化的进程，存在着养老服务需求与供给严重不匹配、养老服务产业发展市场化程度低、养老产业链条不健全等突出问题。人口老龄化给家庭及社会带来的沉重负担和养老服务需求不断扩大为“互联网+”与养老服务的结合提供了机遇，加快了中国传统养老行业的转型升级，促进了新兴行业与养老服务产业的融合发展，实现了养老服务模式的创新。在互联网引领产业发展的新时代，利用“互联网+”缓解中国严重的养老服务需求成为顺应时代发展的新举措。“互联网+养老”模式将会为传统的养老服务行业带来巨大的变化，同时养老服务领域内将会集中爆发大众创业、万众创新的浪潮，创新发展养老服务产业将成为中国经济新常态下经济转型升级的重要突破口。

1. “互联网+养老”模式发展的现实窘境

（1）智能设备的开发应用遇到重重阻碍。

现阶段针对老年人使用的智能设备的开发应用遇到层层阻碍，开发的局限性主要体现在以下几个方面：一是智能设备设计开发的类型和品种较为单一。老年人养老服务需求越来越呈现出差异化和多样化的特征，而现实中设备开发者多针对老年人身体健康照护与日常生活照料，在老年人精神文化层面发挥作用的智能设备仍然处在萌芽阶段。二是市场上可穿戴设备与理想中的老年人需要穿戴的智能产品在硬件与软件上皆无法满足老年群体的需要。在智能设备竞争焦点早已转移到系统和应用层面的今天，研发可穿戴设备的本土公司由于自己的研发能力而踌躇不前。三是缺乏围绕以“互联网+养老”智能平台的开发。所谓“互联网+养老”智能平台是指生产者和开发者以互联网为平台，充分利用互联网的智能和便利开发生产和提供为不同身体状况、不同年龄的老年人需要的不同的养老服务。这些产品和服务不仅包括为身体健康的老年群体而设计的操作界面简单、携带方便且可与各调度中心互通信息的智能终端设备，还包括身体条件不便的老年人可以使用的智能设备。例如，帮助失能或半失能老年人进食、如厕、洗浴、翻身的智能餐桌、智能洗浴车、智能床等通用型智能设备。而这些产品和服务由于缺乏政策和资金的支持，在中国还处在开发和试验阶段。老年人的养老服务质量亟待提高。

（2）个人信息“不安全”，大数据驱动养老服务的功能尚未有效发挥。

应用智能终端设备是“互联网+养老”模式中的基础环节，而智能终端设备使用的基础是收集老年人的健康信息和服务信息，之后才能实现“人、机、数”一体化的应用。由于现阶段中国针对信息安全的法律法规不健全和相关制度缺失，导致信息安全泄露的报道近年来层出不穷。同大多数网络智能设备一样，不断发展的可穿戴设备引发了隐私以及安全问题。可穿戴设备为老年群体服务的基础就是先收集非常详细的个人信息，例如：家庭地址、健康状况、养老服务需求和日常生活信息等。如果没有国家相关法律的保护和正确的隐私控制，这些收集的数据最终有可能被不法分子窃取利用，容易产生个人身份被盗窃、跟踪、欺诈和其他犯罪行为。由于国家还没有颁布信息安全法，目前智能终端设备收集的数据多为单一、非结构化的形式，各调度中心只能将数据反映出的需求碎片化地传送给各养老服务供给主体。目前，大数据驱动养老服务的功能尚未有效发挥。可以预见，未来大量的平台间不断对接后梳理与分析庞杂数据的前景将更加困难重重。平台间对接的广度与深度决定了共享数据使用效率的程度，只有共享才能实现大数据驱动养老服务的功能。此外，养老服务系统内部数据交换不畅与资源互补的缺失，使新型养老服务开发动力不足、针对性服务难以供给，造成服务输送环节滞后与不畅，大数据作用的发挥面临巨大挑战。

（3）线上平台监管与线下服务跟踪亟待完善。

针对“互联网 + 养老”模式开发的养老服务线上平台吸引了民间社会资本等多方资源投资，互联网养老服务市场呈现出勃勃生机，但也存在着对线上平台的监管不到位或者存在监管漏洞的现象。从线上平台的发展来看，存在着作用重叠、功能相似、服务范围交叉等现象；从各线上平台自身发展的角度来看，由于相关政府部门尚未制定出平台如何承接部分政府服务的监管办法，线上养老服务信息平台自身也存在大量的问题。例如，有的缺乏对目标群体信息及数据的科学管理，对线上平台与线下服务圈的科学链接程序缺少规范化要求，特别是线上平台监管的缺失阻碍了“互联网 + 养老”服务模式的发展。同时，服务供给及服务跟踪的缺失也是另一个突出问题。一方面，种类繁多的线下服务虽尝试以目标群体的需求为出发点，借助互联网、智能设备及大数据的力量对潜在需求进行初步探索与挖掘，但现实的养老服务供给并不能满足老年群体养老服务的需要，服务内容仍多为简单的家政服务、生活照料服务，未能对老年人的精神慰藉需求以及失能失智老年人的基本生活需求提供多元化与精准化的服务；另一方面，目前的线下服务圈大部分是市场上各个服务主体拼凑起来的，还没有形成有机结合、科学运营的系统，养老服务体系的科学性与完整性还有待进一步完善。

(4) 政策滞后使养老服务供给失衡。

有关数据显示，中国将于2020年进入超级老龄社会，届时中国养老服务面临的问题与压力将达到极值状态。目前，中国的养老服务产业发展仍然处于起步阶段，养老服务供给与养老服务需求之间存在着结构性的矛盾。

现阶段虽然中国已经制定出台了一些有关养老服务标准的政策文件，但出台的与养老服务相关的文件多为建设性意见，由于没有政府的督促与指导，在实际操作中往往达不到理想的目标。由于缺乏规范的统一标准，在智慧养老的实践过程中，众多养老服务提供者所提供的养老服务质量参差不齐。虽然"互联网+养老"引发众多行业的跨越式融合发展，各类养老服务资源都希望在"互联网+"的浪潮中发展壮大，但制度与政策的缺位使"互联网+养老"踌躇不前。"互联网+养老"模式尚未形成有机的一体化发展，各个环节需要政府部门的有效指导与监督，最终达到有效整合的状态。

2. "互联网+养老"模式的发展路径

(1) 鼓励民间资本和社会力量开发应用"互联网+养老"智能平台。

面对中国日益严峻的人口老龄化问题，传统的依靠政府及家庭的养老方式将会被以市场化方式发展养老服务的养老产业所替代，以科学技术为基础，以"互联网+养老"为平台，鼓励民间资本和社会力量投资，加快智能设备的开发与运用，从而与养老服务对象实现无间隙和不间断的接触，为具有不同养老服务需求的老年群体提供差异化和多样化的养老服务。激发老年人的内需潜力与消费潜力，扩大企业的盈利空间。

智能设备开发商和生产商要有针对性地根据不同年龄段、不同身体状况、不同养老服务需求的老年人设计多样化和差异化的智能产品，从而迎合老年群体的养老服务需求，提高他们的满意度。目前，老年人由于自身的教育程度和接受新事物的能力存在较大差异，一部分老年群体对智能终端设备较为排斥，仍然不能接受智能设备为他们服务。实现智能化产品进入老年人生活的路径应当由"闯入式"转变为"嵌入式"；即应摆脱传统的商家推销模式，借助于社区和养老服务机构的力量帮助各种类型的老年人进行辅助式和尝试性的无偿使用。在推广过程中要遵守严格的市场营销策略：首先，针对移动终端设备，发动社区工作人员上门为老人穿戴使用，现场演示及说明。此外，还可以把设备搜集到的老年人的基本数据及生活照料信息分享给老人，有针对性地提出老年人在饮食、生活、健康等方面的建议，然后通过使用设备来满足他们的需求。其次，针对居家智能设备，应多渠道加大宣传力度，增加其在社会上的影响力，使民众树立居家智能设备能够高效、便捷、智能照护老年人的科学观念。

对通用型智能设备，应借助医疗机构与养老服务机构等社会力量，免费让有需要的老年人体验，培养老年人对该类设备的认可及依赖，最终使老年群体接受智能设备。

（2）加快医疗、护理、保健等行业与“互联网+养老”的融合发展。

为了加快医疗、护理、保健等行业与“互联网+养老”的融合发展，医疗保健机构应摆脱机构缺位、功能缺失的现状，积极嵌入“互联网+养老”模式，从传统的医疗资源运行单一模式过渡到应用大数据并根据老年消费群体的生理特征采取定制化服务；从被动等待提供服务过渡到挖掘大数据并根据老年消费群体的身体健康状况及发展趋势进行提前干预与预防，通过创新大力发展“医养结合”，实现医疗、康复、护理、保健服务融入“互联网+养老”模式。

目前，利用智能终端设备对老年人的健康数据进行实时、不间断、完整时间内收集与更新，得到的大数据传送给养老服务信息平台、老年人及其赡养人，医疗保健机构利用大数据积极融入“互联网+养老”模式。一是根据搜集到的老年人基本信息，运用健康评估方案对老年人实施以数据为基准的医疗服务。养老服务信息平台将零散的小数据整合成具有智慧作用的大数据，然后根据搜集到的数据为老年人做出健康评估方案，并定期传送给医疗机构，建立起养老国外机构、线上服务平台、智能软件与各类医疗机构的长效合作机制，通过健康评估方案与医疗机构病例管理系统的互通互联，发挥数据资源的共享作用，方便老年人在就医时将日常身体健康状况第一时间呈现给医生，为医生诊断提供科学有效的参考数据。二是依靠数据驱动服务的功能，以前瞻性服务引领需求。统计分析后的大数据应在符合数据安全性的前提下筛选并传送给康复、保健机构，带动其进入养老服务产业，成为养老服务领域中的新经济增长点。相关机构将根据数据反映出的特性化需求，提供相应的定制化的康复及保健服务，从被动提供服务转化为主动寻找服务，帮助老年人提早发现身体健康预警信号，减少重大疾病的发生率。

（3）完善社区智能化养老服务设施。

按照目前中国呈现出的“90+7+3”养老服务格局，即90%的老年人依靠居家养老，7%的老年人依靠社区养老，3%的老年人依靠机构养老。其中依靠社区力量养老可以使占总量高达97%的居家养老与社区养老的老年人共同享受到社区提供的家政、送餐、生活照料等养老服务。因此，未来“互联网+养老”模式的发展需要紧紧依靠社区对这一庞大群体的服务能力，完善城市社区智能化养老服务设施是当前及未来智能化养老的关键性硬件。

“互联网+养老”模式在社区发展的第一阶段应是建设社区智能化养老服务设施。通过完善社区智能化养老服务设施，不仅可以在社区政务、社区公共服务等方面为老年人提供养老服务，帮助老年人运用现代化通信及信息技术交互式参与社区管理；而且可以使老年人在社区层面更加方便快捷地享受到生活照料、家政服务、健康管理、精神慰藉、文化娱乐、商品服务、政务服务等全方位的为老助老服务。

第二阶段则是社区智能化养老服务设施的标准化与规范化建设。通过第一阶段各社区的分散式探索，总结出可以复制推广的建设方案，吸引一大批社会企业与民间资本进入养老服务产业，带动相关产业的可持续发展。最终，将社区视为居家养老与社区养老的聚集地，充分发挥社区提供养老服务的枢纽作用，让老年人从依靠传统的居家到依靠社区，发挥智慧社区的功能，使养老服务的触角从社区延伸至家庭，让个性化与交互式的体验最先在社区层面实现。

(4) 充分发挥政府的引导作用，优化“互联网+养老”模式建设。

从宏观层面来看，一方面政府在“互联网+养老”模式建设过程中应充分发挥政府的引领作用，为此，政府应结合当前的经济发展状况与互联网行业的发展趋势，充分考虑中国当前面临的人口老龄化严峻形势，在培育养老服务产业发展重点的基础上统筹规划，构建具有中国特色的“互联网+养老”服务大格局，使其成为中国社会治理与完善社会公共服务的有力补充。另一方面，政府通过着力建设制度体系，吸引社会力量和民间资本进入“互联网+养老”服务模式，新旧养老服务供给方共同获取并挖掘潜在的养老服务需求，借助技术手段实现养老服务资源的优化配置和养老服务的有效供给，最终以市场化的方式解决养老服务供需难以匹配的结构性失衡问题。

从微观层面来看，政府应大力融合“互联网+养老”服务模式，从原有的零散化走向协同统一。一方面要引入“大型综合公共信息平台”，打破所有平台之间的壁垒与分割，形成平台之间的有效而深度的连接，实现信息资源的一体化和立体化，不再出现“信息孤岛”。这样就能够加强各子平台间的相互联系，激发同类平台间的竞争潜能，促进养老服务信息的共享，促进养老服务向一体化和优质化方向转变。另一方面，政府应整合碎片化的政策，建立促进养老服务产业发展的政策体系。“互联网+养老”服务模式在“互联网+”背景下应运而生，其不可估量的发展潜力及其可预期的利润空间必将吸引大量的社会资本和民间力量进入养老服务产业，这意味着中国以市场化方式发展养老服务产业将迎来新的发展浪潮。这一发展趋势必然要求改变以往政府部门对养老服务工作的管理，避免因民政、商务、发改委、老龄委等部门间的政策交叉带来政策碎片化的问题，“互联网+养老”服务模式的发展需要统一的政策指导，面对养老服务产业发展的新课题，借助政策的真实性与时效性扭转养老服务领域“多口对一”的困境，运用政策调控促进养老服务产业的科学化和规范化发展。

随着大数据的迅猛增长，大数据在越来越多的领域被广泛应用。世界上许多国家和地区已经将大数据应用到老年照护领域，对不同年龄段、不同类型、不同身体状况的老年人进行分级，对老年人的照护内容和照护提供人员进行分级，建立无缝对接机制。例如，根据老年人不同的状况，可以分为失能、半失能老人和失智、半失智老人；根据老年人的年龄可以分为60~70岁、71~80岁、81~90岁、90岁以上等不同的年龄段，从而制定出不同的照护内容和照护服务。在互联网技术引领产业发展的时代，利用“互联网+”模式解决人口老龄化危机无疑成为最有效的手段之一。充分利用“互联网+”技术，把养老服务与互联网科技充分结合起来。在中国很多城市，政府在城市养老服务机构中建立了以“互联网+”为基础的智慧型养老服务设施，以互联网智能设备为线上平台，以老年人养老服务需求为要素，以线下服务圈为支撑，形成了为老年人提供线上线下互动的专业化和精准化的衣、食、住、行、医疗、社交、购物、保健等多方面的智能化服务，为老年人提供定制化和多元化的服务。同时，依托大数据信息处理与分析功能，最大限度地挖掘消费潜力，创造养老服务产业新的盈利点，从而使城市内的老年人的生活处于全程服务状态，实现了用最低的成本、最高的效率、最便捷的方式解决城市老年人的养老服务问题。

6.4　公共政策对城市养老服务体系的影响

6.4.1　公共政策与城市养老服务的基本关系

城市养老服务体系的健康运行需要相关政策和法律法规的支持，没有完善的政策和法律环境，再好的养老制度也将难以有效执行。在西方发达国家养老服务事业的发展过程中都有强有力的法律做支撑，值得中国加以借鉴。例如，日本的《老年福利法》《老年保健法》《护理保险法》，德国的《护理法》《护理教育法》《护理保险法》等，以法律法规的形式为老年护理制度提供了法律保障。中国目前只有《老年人权益保障法》，该法虽然具有普遍指导意义，但是仅仅从宏观上保障了老年人的权益，而涉及老年人具体层面的法律保障都是通过各级政府的自我规定来实现的，保障范围小，保障层次低，普遍缺乏强制性和统一性，制约了养老保障和养老服务工作的开展。此外，我国还颁布了《中华人民共和国残疾人保障法》，对城市孤寡老人、符合条件的残疾人通过社会福利院、敬老院、疗养院等方式实行集中供养。然而该法只是针对特殊困难群体提供的服务保障，这与“适度普惠”的养老服务显然不符合。为了推动和规范养老服务工作的运行，扩大养老服务的范围，提高养老服务的保障层次，完善养老服务的强制性和统一性，应该尽快完善与养老服务相关的以国家法律形式出台的政策和法律。例如：老年人福利法、老年护理机构的准入制度、老年护理服务划分标准及分级护理制度、老年护理服务质量的监管制度、养老服务人员的培训与持续教育制度等。

此外，政府应当创新工作实施制度和方法，充分吸收民间社会资本进入养老服务这块亟待开发的“朝阳”领域。政府应当在土地供应、财政、税收、费用减免等方面提供相应的政策支持，降低养老服务机构的运营成本，规范养老服务机构的运营机制，为城市养老服务供给主体的多元化发展提供良好的制度和环境平台。

从严格意义上讲，政策因素对养老服务的影响主要表现在养老服务供给方面。在市场经济条件下，政府可以通过制定公共政策来实现引导社会增加养老服务供给和增加政府的公共投入。政府通过发布相关政策起到引导和激励的作用，从而影响养老服务需求。科学合理的政策措施能够为养老服务的发展提供正确的指导，也可以吸引更多的社会力量加入养老服务之中。例如，政府可以通过税收优惠、财政补贴等途径来吸引社会力量兴办养老服务机构等。政府也需要在养老服务领域承担起相应的责任，不能完全依赖市场机制。中国是社会主义国家，构建社会主义和谐社会的目标决定了政府在养老服务过程中具有义不容辞的责任和担当。因此，国家需要进一步加大养老服务的投入，以确保弱势群体享受基本的生存权利和共享改革发展的成果。

养老服务的供给和养老服务模式的形成还受到制度因素的影响。新中国建立之初的生育高峰和 20 世纪 70 年代计划生育政策的实施，共同导致了中国人口老龄化的迅速发展，呈现出了“未富先老”的局面。然而，面对经济转型和人口老龄化，中国的公共政策似乎回应得有些迟钝，并没有提前做好制度安排以应对人口老龄化的发展。一直以来，我们高度重视经济的发展，把大部分财力、物力、人力资源都用到了发展经济上，忽视了不断老龄化所形成的人口环境，从而造成了在应对人口老龄化问题上的捉襟见肘，尤其是在养老服务供给方面。如前所述，在计划经济体制下，老年人的养老责任主要由企业和家庭承担，即有正式工作的企业员工的福利都是由所在企业全权负责，对于没有正式工作的农村人口，养老都是由家庭承担，由此形成了传统的“养儿防老”的观念。但是，随着中国经济体制由计划经济逐渐向市场经济的转变，社会福利模式也随之发生了新的变化。虽然经济和社会福利模式转型了，但是，社会化的养老服务体系并没有相应地建立起来。

中国是在经济尚不发达的条件下进入人口老龄化社会的，可以说是未富先老，面临着经济发展和老龄化的多重矛盾。当前，中国正处于社会转型的发展过程中，传统的养老方式和养老观念受到了一定的冲击，老年人的合法权益在一些地方得不到保障。例如，部分家庭子女素质较低，养老助老意识淡漠，不尽赡养义务，打骂、侮辱甚至虐待、遗弃、残害老人的现象时有发生；加之独生子女家庭的存在，来自社会压力和工作方面的压力使得家庭子女无暇照顾老人和赡养老人，对老年人的生活照料和精神慰藉更无力顾及。要切实解决这些问题就亟待创新和发展养老助老服务体系，用法律来调整社会关系，把一些道德规范上升为法律规范。

6.4.2 公共政策有助于城市养老服务体系的建设和发展

政府在养老服务体系中应发挥主导作用。近年来，有些省、市、自治区和直辖市已经出台了具体的地方性政策法规，并且取得了良好的效果。例如，为推动社会养老服务事业和产业的发展，广东省出台了《关于加快发展养老服务业的实施意见》《关于加快养老服务事业发展的意见的通知》等一系列法律文件，明确了广东省养老服务体系构建方面的目标任务和发展布局；浙江省在《老年人权益保障法》《老年人社会福利机构基本规范》等现有法律法规的基础上，出台了《浙江省老年人保健条例》和《浙江省老年设施标准》，对老年人的保健设施、相关设备的舒适化和保健化标准进行强制要求，确保老年人有比较成熟的条件进行自我保健。

城市养老服务体系的建设需要分阶段、分步骤地加以执行，需要各方的协调整合。政府通过出台与城市养老服务相关的可行性和可操作性的政策法律法规，建立体系完善、科学合理、运行有效的养老政策体系，使得城市养老服务体系建设有章可循，从而形成推动养老发展的新动力。

城市养老服务体系的建设，除了对家庭、社区、机构三种养老服务模式的优化，还需要相关配套措施的跟进与配合，协调各方面的努力，才能够建设出一套完善、协调、可持续、动态优化的城市养老服务体系。

1. 建立规范化的养老服务市场

市场经营具有趋利性和信息不对称性等缺点，如果养老服务过度追求市场化则会引起信息不对称，从而造成市场失灵、资源配置效率低下、分配不公等不良后果。因此，政府需要进行必要的宏观调控，建立符合规范的养老服务市场，建立公私兼顾的养老服务体系。政府要规范和优化养老服务市场，必须根据市场上的物价指数合理调控老年服务的消费价格，营造公平公正的市场环境。此外，要加强监督工作，确保养老服务的各项资金能够落到实处。

2. 健全老年法律法规体系

中国在 1996 年出台了《老年人权益保障法》，规定了老年人在家庭、社会生活中的权利与义务。但是，目前在老龄产业和老年服务行业等领域还没有健全的法律法规。在人口老龄化日益加重的社会背景下，传统的家庭结构在逐步解体，家庭的养老功能逐渐减弱，社会上或家庭成员虐待老年人和侵犯老年人财产的纠纷时有发生。为此，迫切需要完善的法律法规来保障老年人的合法权利，通过法律法规来保障养老服务的供给实现规范化。只有具备了完善的养老服务法律体系，才能使养老服务走上法制化和规范化的道路。

3. 建立养老服务信息网络

在构建城市养老服务体系的过程中应充分利用先进的互联网技术，建立和完善养老服务信息网。通过构建社区养老服务信息网络和服务平台，采取便民网站、热线电话、社区呼叫系统、有线电视网络等多种形式，为老年人提供便利高效的服务。在养老服务机构中可以为老年人建立基本信息电子档案，搭建机构养老服务信息平台，以此为依据对养老服务机构进行日常管理。针对老年人的基本状况和服务需求建立动态信息系统，随时跟进老年人的需求变动情况。用信息网络将居家、社区与机构养老服务衔接协调起来，大力提升养老服务的效率与水平。

中国社会养老服务的投入与实际的需求相比明显不足，国家用于社会事业及养老服务的经费比例低于许多发展中国家。北京师范大学课题组的研究报告称，每年各级政府在养老服务设施建设、政府补贴和护理人员培训等方面需要投入 3000 亿元以上才能较快提升社会服务质量，而实际上每年用于养老服务设施建设的资金仅有几十亿。除了投资总量不足以外，还存在结构性失衡的问题。政府将大量补贴投向养老服务机构的床位，而养老服务机构的床位只愿意招收健康老人，致使空巢、失能、半失能老年人急病无人知晓，慢性病老人无人照顾，医疗费用过高无力承担的“三大无助”。

针对养老服务体系建设和发展过程中公共政策领域存在的问题，提出几点对策建议。

(1) 完善相关法律和财税政策支持。

首先，中国目前还没有形成一个相对完善的养老法律环境，建立与老年人相关的政策多是出于形势发展的需要而出台应对，在一定程度上缺乏前瞻性和全局性，也没有统筹意识和整体的制度安排，不利于养老服务体系健康快速发展。因此，应当对养老服务机构的法律主体资格进行清晰认定，对养老服务中出现的过失或故意伤害进行法律界定，使产生矛盾时有责任主体，有法可依，从而保障双方的合法权益。

其次，对于老年人迫切需要的护理服务应加快研究建立符合中国国情的《护理保险法》，从法律层面保障老年人得到长期持续有效的护理服务。针对养老服务的从业人员，应制定相应的法律解决他们的社会保障问题，促进队伍稳定健康发展。目前，中国养老服务机构的规模普遍较小，而养老服务业又属于半福利性质的行业，非营利机构主要依靠政府补贴维持运转，而营利性机构则依靠自身经营和有限的财政补贴维系，因此，政府应制定合理有效的针对养老服务业的财税制度，通过税收优惠或税收减免等措施营造良好的行业发展环境。对于吸纳下岗失业人员和农村剩余劳动力达到一定比例的养老服务机构，在增值税和所得税等税种方面给予适当减免和优惠；对于养老服务从业人员的培训机构也可以给予相关税种的优惠或抵免。

(2) 培育专业化的养老服务队伍。

社会化养老服务供给不足和质量较低的一个重要原因是养老服务人员数量不足、专业性较低、服务人员整体素质不高。因此，针对城市中现有的养老服务人员，应当在政府的主导下建立健全服务人员的社会保障体系，对从业人员提供诸如子女教育、养老保障等方面的支持，解除他们的后顾之忧，加大对养老服务人员的投资力度，建立并不断完善专业化的培训机制和培训体系，设立专项财政资金支持专业人才的培训。要大力发展养老服务队伍，建立“义工联盟”制度和“时间储蓄”制度，为中青年志愿者和学生提供平台、建立档案，作为他们以后升学、奖励等方面的依据，在他们进入老年以后可以获得同样时间长度的养老服务，从而提高参与的积极性，发展壮大志愿者服务队伍。

根据预测，中国老龄人口的不断增长将至少持续到 21 世纪末，因此，要注重养老服务人才的储备工作，培养高水平的管理人才，提高与养老服务相关的各个领域专业人才培养的力度，注重高校对医疗、护理、心理、金融保险、社会学等相关专业人才的培养，提高养老服务从业人员的专业化水平和服务人员队伍的整体素质。

（3）通过多种举措解决资金短缺问题。

①大力发展经济。经济发展水平对国家的养老支付能力影响很大，经济增长得越快，对养老金的支持力度也越大，同时国民经济水平的增长也可以在一定程度上缓解养老压力。因此，要有效应对人口老龄化问题，切实保障老年人的基本养老权利，必须大力发展经济。只有国家富裕了，才能够在社会化养老服务领域投入更多的财力和物力，充分解决老年人的养老服务问题。

②不断提高养老和医疗保险的参保率，通过合理运作使资金保值增值。城市中大部分老年人购买养老服务时最重要的资金来源是养老金和医疗保险。从我国城镇职工基本养老保险来看，2013～2017 年全国城镇职工基本养老保险参保人数持续增长，2017 年末参保人数首次突破 4 亿人，同比增长 6.2%，相比 2013 年的 3.2 亿人的参保人数五年间增加了 7987 万人，进一步扩大覆盖范围，距离实施全民参保计划目标更近一步。人力资源和社会保障部最新数据显示，2016 年末全国参加城镇基本医疗保险人数为 74392 万人，比上年末增加 7810 万人。其中，参加职工基本医疗保险人数 29532 万人，比上年末增加 638 万人；参加城镇居民基本医疗保险人数为 44860 万人，比上年末增加 7171 万人。在参加职工基本医疗保险人数中，参保职工 21720 万人，参保退休人员 7812 万人，分别比上年末增加 358 万人和 280 万人。各地政府应进一步出台相关的政策措施鼓励更多的人参保。目前，养老资金的管理比较分散，运营效率不高。因此，需要研究运用金融手段，在不同的市场、银行存款或权益投资之间进行组合，确保养老资金的保值增值。

③制定财政补贴机制，提高资金的使用效率。在发展养老服务事业的过程中，中央和各地政府应制定合理的财政补贴机制，中央财政对欠发达地区的养老服务补贴应给予适当的政策倾斜，使资金投入架构更加合理，并将这些支出列入各级财政预算。同时，应努力提高资金的利用效率。例如，在资金发放过程中，可以考虑将补贴资金直接打入养老服务账号，防止层层下拨资金而落实不到位。

④大力发展社会公益事业。鼓励发展社会公益事业将为中国的城市养老服务增加资金来源。目前，慈善组织的数量还比较少，政府的税收鼓励政策相对滞后，有些慈善组织缺乏公信力等，都在一定程度上阻碍了社会公益事业的发展。因此，要进一步培育和发展慈善组织，加强公益宣传力度，完善税收鼓励政策，提高公益捐款的透明度，通过多种举措提高人们的公益捐助热情和

信心。

⑤建立符合中国国情的长期护理保险制度。中国绝大部分老年人都存在健康问题，无论选择哪一种方式养老都对护理服务有很大的需求，持续而专业的护理服务是保证老年人身体健康的重要手段。城市中老年人就医的费用大多可以通过医疗保险报销，但是日常保健护理花费的费用没有被纳入医疗保险体系，致使老年人无法获得和享受持续的保健护理。因此，通过医疗保险的改革，建立长期护理保险制度，可以增加老年人日常护理服务的资金来源，使老年人有机会享受完善而持续的护理服务。

第 7 章

城市养老服务体系建设经验借鉴

随着世界总体经济发展水平和科技发展水平的不断提升，世界范围内的老年人数量持续增加，人口老龄化问题越来越突出。目前，世界上的大多数国家都已经步入老龄化社会。当然，由于经济发展水平不同，各国进入老龄化社会的时间是不一致的，相应的，各个国家养老服务事业的发展水平也不尽相同。一些较为发达的国家和地区由于进入老龄化社会较早，因此，很早就开始发展本国或本地区的养老服务事业，并取得了一些有益的经验。

对于在养老服务体系建设方面与发达国家相比有一定差距的中国来说，一些有益的经验是值得学习和借鉴的。因此，在这部分内容中将具体分析和梳理一些发达国家和地区城市养老服务体系的建设与发展情况，从中总结出可供中国城市养老服务体系建设借鉴的经验。

7.1 日本的城市养老服务体系

早在 1970 年，日本就已经进入老龄化社会。它是亚洲最早进入老龄化社会的国家，同时也是全球老龄化进程最快的国家。这样的社会现实，使得日本的养老压力越来越大，人口老龄化问题不断升级。

面对如此严峻的人口老龄化问题，日本政府结合本国的实际情况，积极探索适合本国的养老服务模式。政府不断调整和完善相关的政策，积极整合全社会的资源发展方便快捷的社区养老服务机构，并取得了一定的成效。

7.1.1　社区居家养老服务模式

早期，日本为了解决养老服务问题，也曾借鉴西方发达国家的方式举办养老院，但是，推行一段时间后发现与本国的实际不相符合。首先，日本的老年人口比例很大，将老年人全部送到养老院的做法给日本政府带来巨大的财政压力。其次，受东方文化的影响，住进养老院的老年人经常感到孤独，心理健康问题逐渐凸显。由于以上两点原因，日本政府开始对养老院式的养老服务模式进行改革，推出了社区居家养老服务模式。实践证明，这种养老服务模式更加符合日本的国情。社区居家养老服务模式自推出之后发挥了很大的作用。

日本政府于 1989 年在全国范围开始实施“黄金计划”。这是一种新型的养老计划，该计划将社区作为养老服务的主要提供者。社区根据老年人的实际需要提供一些比较便宜的服务项目，例如：基本的医疗卫生服务以及日常的生活照料服务等。并且，政府在提供这些方便亲民的服务的同时，还免费为社区培训了大量的专业服务人员，大大增强了服务的质量。1994 年，政府对这一计划进行了修订，更名为“新黄金计划”。改进后的计划不仅进一步完善了已有的社区养老服务体系，而且还针对老年人需求的变化推出了新的个性化的养老服务内容，有效增强了社区的养老服务能力。同一时期，日本政府还创建了许多社区养老服务中心，为有需要的老年人提供专业的养老服务。

目前，这种社区居家养老服务模式在日本十分流行。它有效结合了传统的家庭养老和社区养老的优点，使有需要的老年人在不离开家庭和社区的前提下就可以享受到专业的养老服务，高效便利，深受老年人以及家属的欢迎。

社区养老中心为老年人提供的养老服务是多种多样的。例如：为老年人提供日常的照料服务，对于一些心理存在问题的老年人提供心理咨询服务，对于一些身体状况不是很好的老年人提供医疗陪护服务等。多种多样的服务内容基本上满足了日本老年人的不同需求。

在日本，社区居家养老服务的提供者主要分为三种：政府、民间组织和志愿者。毋庸置疑，政府是最主要的力量。在养老服务的提供者中，政府雇员以及民政人员的数量大约可以占到 60% ~70%，这些数量众多的政府雇员对社区居家养老服务模式的发展起着十分重要的作用。除了政府的力量之外，在日本，民间组织在养老服务事业的发展过程中也发挥着重要作用。民间组织种类繁多（例如：各种福利协会以及福利法人等），他们在提供服务时具有服务效率高、服务质量高等特点，能够很好地促进养老服务事业的发展。志愿者组织大都由学生、家庭主妇或者身体健康的老年人组成。志愿者们一般不从事劳累的体力服务，只是帮助社区从事一些比较容易的服务项目。在日本，志愿者组织十分普遍，他们对于养老服务事业的发展也作出了很大贡献。

7.1.2 城市养老服务体系的特点

由于日本很早就步入老龄化社会，因此，日本城市养老服务体系的建设很早就开始起步。自20世纪60年代开始，日本就开始关注社区养老服务模式并开始尝试。经过不断探索，日本已经建立起了比较完善的社区养老服务体系。

1. 完善的法律和政策体系

在发展养老服务事业的过程中，日本尤其重视政策与法律的引导作用，形成了比较完整的法律法规体系。20世纪60年代初，日本出台的与社区养老服务相关的法律法规就有近十部。这些法律分别从不同的角度对养老服务事业提出了规定和方向，对养老服务事业的发展起着关键的推动作用。例如：1963年，日本政府颁布了《老人福利法》，第一次对社区养老服务的内容做出规定，被看作日本推行社会化养老服务的开端。随后政府又出台了对老年人群医疗服务方面做出详细规定的《老人保健法》。1989年，政府开始确立社区在日本养老服务事业发展中的主体地位，并陆续开始颁布相关政策鼓励社区养老服务事业的发展。政府从法律上对提供社区养老服务的工作人员提供了地位的保障，同时提供各种优惠政策鼓励相关工作人员提高自己的专业化水平，为社会化养老服务储备了高素质的人才。总之，日本政府颁布了许多关于促进养老服务事业发展的法律与政策，这些为城市养老服务体系的健康发展提供了基本保障。

2. 多样化的组织形式

目前，日本的养老服务组织主要有四种形式：①以政府力量为主的组织形式，其服务人员主要由政府人员和民政人员组成；②民间组织形式，当然这些组织的创建需要政府的资助来完成；③志愿者组织形式，这种形式在日本是比较流行的，对促进养老服务水平的提高发挥着重要作用，一般由学生或者一些家庭主妇构成；④企业式养老服务组织。

在这四种主要的组织形式中，比较有特点的是由志愿者组成的非营利组织形式。非营利组织形式的出现与政府颁布的法律政策有很大的关系。1998年，日本政府出台了《特定非营利活动促进法》，该法肯定了非营利组织对于社会发展的巨大推动作用。由此，日本的非营利社会组织开始迅猛发展。

飞速发展的非营利组织主要向老年人以及社会中的弱势群体提供帮助。其中，比较著名的有活跃在川崎市的“玲之会”。“玲之会”主要由家庭主妇构成，该组织的活动经费完全靠捐赠来获得，捐赠资金的人群主要包括一些志愿者以及社会团体。该组织帮助川崎市解决了一部分养老服务问题。

3. 服务内容丰富

在日本的养老服务发展过程中，养老服务内容的多样化一直是国家和相关机构责任人比较重视的方面。国家通过调动全社会的资源鼓励养老服务的发展。因此，日本的养老服务内容十分丰富，基本满足了老年人的多样化需求。

在日本，主要的养老服务内容包括：①上门服务。这是指专门的服务人员根据老年人的需要，到老年人的家中为其提供一些基础性的养老服务。例如，帮助老年人打扫房间、整理家务或者是为老年人做饭等。主要目的是帮助老年人完成基本的日常生活。②日托服务。日托服务是将住在家中的老年人在白天的时候送到社区的养老服务机构，晚饭后再将老年人接回家的一种方式。这种方式对于那些需要白天上班，没时间照顾家中老人的子女来说是十分受欢迎的。同时，这种方式也不会使老年人觉得缺失了家庭的关爱，是一种对子女和老年人都比较好接受的方式。③短托服务。这项服务的对象主要是那些由于疾病或者是其他的原因而不能在家中养老的老年人。社区的养老服务机构将这些老年人接到服务机构中进行短时间的照顾，一般时间在一个月到三个月。④长期服务。长期服务与短期服务是相对的，短期服务的时间一般在三个月之内，而长期服务的时间一般会超过三个月。⑤老年保健咨询和指导服务。例如，在社区举行健康讲座、健康咨询活动，让老年人了解到更多与自己相关的健康知识。这些服务对老年人的身体健康以及心理健康都是十分有益的。

4. 服务人员具有较高的专业素养

日本城市养老服务体系建设取得成功的一个重要原因在于其拥有高素质的服务人员。在日本，社区养老服务机构在对其服务人员的培养上具有一套专门的标准体系。除了医生以外，日本的医护人员一般都必须修完13门必修课，这些课程都是养老服务方面的专业性知识。修完课程后，要通过专业的医护人员考试，只有拿到合格证书的人员才能到社区的养老服务机构工作。不同的医护人员根据学习的水平和特长负责不同的服务领域。同时，日本的许多高校开设了有关养老服务的课程，鼓励有兴趣的学生学习这些课程，学校也经常鼓励学生到社区养老服务机构担任志愿者，进行社会实践。这一系列措施有效保证了日本养老服务人员队伍的高素质。

由上述这些特点可以看出，日本的城市养老服务体系是比较完善的。中国在发展养老事业的过程中可以学习和借鉴其中先进而有益的经验。

7.2 美国的城市养老服务体系

美国自20世纪40年代开始进入人口老龄化社会，发展至今，已经成为典型的人口老龄化国家。由于其进入人口老龄化社会的时间较早，因此，在解决人口老龄化问题方面有着较为丰富的经验。当然，美国城市养老服务体系发展得也比较成熟。

7.2.1 城市社区养老服务模式

由于文化传统不同，东西方的老年人对养老问题的看法是不一样的。在中国以及日本等东方国家，老年人比较注重家庭的归属感，一般不喜欢独自到养老院生活，而是喜欢选择更具有归属感的社区居家养老服务模式。然而美国的情况则与之不同。美国的老年人一般比较独立，不太喜欢与儿女居住在一起，他们大多数都独自居住在家中。在这样的文化背景下，美国城市养老服务体系的建设目标是通过多样化的服务使得老年人过上“独立、健康、快乐”的生活。

在美国，社区在老年人的养老服务中承担着主要的供给职责，政府在这个过程中不直接干预，而是采取社会自治的方式。养老服务的发展由社区主导，并鼓励社区居民积极参与。

社区养老服务模式在美国十分普遍，美国的养老社区主要分为以下四种类型：（1）生活自理型社区。这种社区的主要服务对象是那些年龄在70～80岁之间，生活基本上可以自理的老年人。由于这些老年人身体状况都比较良好，因此提供的养老服务相对简单一些。（2）生活协助型社区。这类社区主要为那些年龄在80岁以上、无重大疾病，但是在生活上需要依靠他人照顾的老年人服务。社区一般会提供一些基础性的养老服务，例如餐饮、医疗等，同时也会提供一些需要额外付费的其他辅助服务。（3）特殊护理型社区。这类社区面对的服务对象主要是有慢性疾病或者处在术后恢复期以及存在记忆问题的老年人。这些老年人由于身体健康状况较差，一般都需要特殊的照顾服务。在特殊护理型社区中，许多服务人员都具备专业化的服务水平，能够根据被照顾对象的实际情况提供有针对性的养老服务和救助，这给上述老年人的家庭带来了极大的便利。（4）持续护理退休社区。在美国，有一些老年人处于刚刚退休的状态，由于年龄不是很大并且身体较为健康，他们一般都有生活自理的能力。但是，考虑到随着年龄不断增大，生活自理能力会逐渐下降等因素，这些老年人一般会选择居住在持续护理退休社区。在这里居住，不仅有专门的工作人员提供生活上的照顾，同时也不用频繁地更换居住场所，所以持续护理退休社区受到很多退休不久的老年人的欢迎。

上述四种类型养老社区的出现能够基本上满足美国老年人对于养老服务的需求，极大地促进了美国社区养老服务体系的发展。

与日本一样，美国在发展城市社区养老服务体系的过程中也十分重视法律以及政策的作用，建立了比较完善的法律体系。美国政府颁布的第一部关于养老服务的法律是 1935 年的《社会保障法》，该法对养老保障制度做出了明确的规定。1965 年，美国出台了《老人法》，该法明确了老年人在国家中的地位，使老年人获得了全方位的保障。为了提高老年人的生活质量，美国在当时还成立了专门的行政机构对老年人事务进行管理。这一系列做法保证了老年人在美国能够有尊严地生活。之后，由于经济的不断发展以及社会现实的变化，美国对 1965 年颁布的《老人法》进行了修订和补充。同时，政府组织创建了多家地方老龄事务所，它们的主要任务是对养老方面的法律法规的实施过程进行监督，以此来保证老年人的利益。此后，美国还陆续出台了许多其他的法律法规和优惠政策。这一系列的法律和政策是美国养老服务事业取得成功的重要保障。

在养老服务的供给方面，美国政府十分重视调动社会力量发展社区养老服务体系的理念。政府广泛动员社会力量参与到养老服务事业的建设中，并积极倡导社区自治，以此来提高养老服务事业的社会化进程。其中，非营利组织是推动养老服务事业发展的主要力量，它是除了政府与市场之外的第三种力量，不以营利为目的，承担了大量的社区养老服务工作。除了非营利的社会组织，广大志愿者也为美国城市养老服务体系的发展贡献出了巨大的力量。在美国，青少年以及大学在校生作为志愿者参与到社会化养老服务事业中的行为是十分普遍的，有些学校还将其作为大学录取或者是毕业的必要条件。这种鼓励学生作为志愿者参与到养老服务事业中的行为不仅丰富了服务人员的构成，同时也促进了青少年的全面发展。不论是非营利组织的参与还是志愿者团体的参与，这些举措都为老年人不依靠政府而进行自助养老提供了可能。

在养老金方面，美国的老年人主要依靠自己的养老金来度过晚年生活。在美国，由于实行弹性的退休金发放制度，因此，老年人可以根据自己的实际情况选择退休的时间。退休的时间越早，养老金发放的比例越低；相反，退休的时间越晚，养老金发放的比例就越高。老年人自己选择退休时间，然后用所得到的养老金来支付自己未来的养老服务费用。此外，除了自己的养老金，美国发达的金融业通过住房抵押等方式也可以为老年人能够享受到养老服务筹集到大量资金。同时，社会上的捐赠和家人子女们的赡养费用也是老年人可以享受到养老服务的资金来源。

7.2.2 退休社区养老服务模式

据有关学者统计，目前，美国65岁以上的人口已经达到了3000多万人，接近人口总数的15%。由此可见，美国的老龄化问题是十分突出的。但是，面对如此严峻的老龄化问题，美国却拥有着非常完善的城市社区养老服务体系。这其中，最著名的社区养老模式是“退休社区”。

退休社区是美国独特的养老服务模式之一，被认为是老年人退休后可以选择的一种养老和居住的方式之一。老年人可以根据自己的实际需求来挑选适合自己的退休社区，以此来决定自己今后的生活方式和生活环境。在美国，不同年龄的老年人会选择不同类型的退休社区。例如，80岁以上的老年人由于年纪比较大，身体状况不是很好。因此，他们比较喜欢选择那种以提供医疗服务为主的退休社区；那些年龄处在60～70岁之间的一般会选择以提供休闲娱乐为主的退休社区。美国建设的退休社区在很大程度上解决了老龄化给国家发展带来的一些问题。

美国的退休社区为了能够为老年人提供更优质的服务，一般都建有很多养老服务设施。由于老年人的需求各不相同，因此，美国退休社区内的养老服务设施也是多种多样的。建设这些养老服务设施的资金主要来源于政府的财政支持、企业的协助营建以及社会群体的爱心捐赠等。

美国退休社区的形式多种多样，比较常见的有“退休新镇”“退休村”“退休营地”三种。“退休新镇”是由私营开发商建设的，一般规模比较大，居住条件也比较好，服务人员提供的服务内容也比较丰富。开发商一般都将“退休新镇”建设在一些气候比较适宜，阳光比较充足，并且物价比较低廉的地区。这样的选址使在此居住的老年人可以很容易地进行户外运动，同时享受到较好的居住环境。一般来说，那些年龄不是很大、身体比较健康并且具有自理能力的老年人比较喜欢选择“退休新镇”的形式。同“退休新镇”一样，“退休村”也是由私营开发商建设。但是，与“退休新镇”相比，“退休村”的规模则较小，一般只可容纳1000～5000名老年人。“退休村”一般都建设在原有的社区之中，它是从原有的社区中重新划出一块空地，在这片空地之上建设起来的。因此，它的居住条件和服务能力与“退休新镇”相比差一些。由于建设在原有的社区之中，因此“退休村”一般没有单独的养老服务设施，而是使用原有社区中自带的公共养老服务设施。“退休营地”的选址与前两种都不同，它一般选择在国家公园以及河流附近进行建设，这些地区一般自然环境良好，比较适合老年人居住。“退休营地”在内部会专门建设一些供老年人娱乐或者生活的基础设施，但是这些设施一般都比较简单，只能提供最基本的养老服务，同时造价也比较低廉。与“退休新镇”和“退休村”相比，“退休营地”更像是一种度假的方式，其费用与前两种形式相比较为低廉，比较适合那些喜欢娱乐休闲的老年人群居住。

除了上述三种以丰富老年人的休闲娱乐生活为主要目的的退休社区，在美国还有一些退休社区专门从事生活照顾服务的提供。例如，老人照顾中心。该照顾中心主要为那些年龄较大、身体状况较差、生活自理能力较低的老年人服务。为了提高服务质量，该中心配备专业的服务人员，同时具有比较齐全的养老服务设施，居住环境较好。

除此以外，还有继续照顾退休社区。这种退休社区分为两种类型：第一种是“终生照顾社区”。这种模式的核心特点是能够全天候 24 小时为老年人提供照顾。相关的服务人员会根据老年人的需求随叫随到。第二种与“终生照顾社区”相类似，但是它并不能保证全天候的照料服务，它只能确保社区中的老年人可能得到优先照顾。居住在这里的老年人的年龄一般均超过 80 岁。社区内通常会建设一些方便老年人生活的基础设施，例如：健身器械、小型的商店、基础的医疗设施以及一些提供餐饮的小餐馆等。

在美国，还有一些机构会为老年人提供有偿的居家式公寓。这些居家式公寓的费用较高，比较适合那些经济条件较好、身体比较健康，基本上不需要特殊服务的老年人。老年公寓中设施十分齐全，具有很好的独立生活环境，定期会有专门的服务人员上门服务。

7.3 英国和欧盟国家的城市养老服务体系

7.3.1 英国的城市养老服务体系

英国作为老牌的资本主义国家，曾经的日不落帝国，在养老服务事业的发展过程中也取得了很大成就。由于英国属于较早进入人口老龄化社会的国家，因此，对于养老服务体系的建设也是从很久之前便开始了。

英国的城市养老服务体系也是在探索中不断发展起来的。为了解决养老问题，英国在20世纪50年代之前一直都在采用院舍式照顾的养老服务模式。然而，在之后的发展过程中该模式开始暴露出各种各样的弊端。随着福利多元主义的影响以及20世纪70年代出现的经济衰退的现实，英国政府开始探索新的养老服务模式，社区照顾模式开始出现。

1. 英国倡导社区照顾的原因

20世纪50年代开始出现的社区照顾模式是针对英国原本的院舍式养老模式出现的弊端而提出的。19世纪，英国建立了一些大型的院舍，将无人照顾的老年人接到这里进行照顾。同时，政府出资聘请许多专业的服务人员为老年人提供养老服务。在当时，这种院舍式养老服务帮助政府解决了大部分养老服务问题。然而，随着老年人口数量的不断增多，政府的财政压力越来越大。同时，院舍式养老服务模式在发展过程中不断暴露出弊端。例如：养老服务内容单一、服务人员素质逐年下降等。实践证明，随着时代的发展以及英国国情的变化，院舍式养老服务模式已经无法满足社会发展的要求，必须采取新的方式来替代它。于是，社区照顾方式应运而生。

英国放弃了原有的院舍养老方式转而选择社区照顾方式，主要有以下三点原因：

（1）经济条件的制约。

英国是传统的福利国家，每年的社会福利支出都会占据政府财政支出的很大一部分。由于社会福利支出过多，政府难以承受，因此，英国政府开始寻找减少社会福利开支的方法。例如：由于大型养老院的成本较高，政府便对大型的养老院舍进行改造，将其改造成小型的养老服务机构，以此来降低养老服务成本；同时，倡导在社区建立家庭式的养老院，以此来帮助解决社区内的养老服务问题；鼓励家庭养老的方式，使家庭成员和社区共同承担起赡养老年人的责任。这些做法在不同程度上帮助政府节省了部分福利开支。在这一过程中，政府开始改变自己的身份。政府不再面面俱到地对养老服务事业进行管理，而是进行宏观调控，将原有的权力下放，开始动员社会力量发展福利事业，主张由社区承担起发展当地养老服务事业的责任，政府只是协助。由此，社区养老服务模式开始广泛发展起来。

（2）文化传统的影响。

英国选择社区照顾模式来解决养老服务问题的一个主要原因还在于文化传

统的影响。以人为本的思想是英国的文化传统。英国人认为，社会中的所有人都有权利得到更好的生活，每个人都有权利去过自己想要的生活。在英国，保护个人隐私权是十分重要的，是所有国民以及整个国家强调的大事。然而，当时存在的院舍缺乏个人生活空间，使得很多老年人感到十分不自在。居住在这里的老年人普遍认为，院舍式养老模式并没有对个人隐私加以重视，违背了以人为本的传统思想。同时，院舍式养老模式要求老年人居住在规定的养老院舍中，这使得老年人远离自己的家庭，在心理上缺乏归属感。这种模式的另一个缺点是，它要求老年人服从统一的安排，并没有按照不同老年人的要求进行差别化的服务，因此，在一定程度上使老年人感觉到拘束。由于以上这些原因，人们开始对院舍式养老模式感到不满，并加以批评和指责。政府也意识到这种模式的不足，开始寻求新的养老服务模式。

（3）重温家庭的亲情和温暖。

古往今来，任何一种文化都肯定了家庭在一个人一生中的重要性，英国也不例外。英国很多专家学者都同意这样的观点：养老服务模式的选择必须要让老年人享受到家庭的温暖，否则，政府花费再多的资金去发展养老服务事业也是徒劳的。而传统的院舍式养老服务模式要求被照顾的老年人居住在规定的院舍中，这种远离家庭的养老服务模式根本无法让老年人体会到家庭的温暖，不利于老年人的身心健康。而社区照顾的养老服务模式则避免了这一点。它既可以让老年人居住在自己熟悉的环境中，避免使老年人产生离开家庭的失落感，又可以使老年人享受到专业化的养老服务。这样一举两得的模式受到英国人的欢迎。

上述三点因素促使英国政府对传统的院舍式养老服务模式进行改革，开始大力发展社区照顾的养老服务模式。

2. 英国社区照顾的类型

英国的社区照顾分为三种类型：在社区照顾、由社区照顾和对社区照顾。

（1）在社区照顾。

这种服务模式的提供者主要是以社区为基础的小型服务单位和家庭。将需要被照顾的老年人安置在小型服务单位或者家庭中，由专业的服务人员为其提供多样化的、正式的养老服务。这种服务方式的优点在于，首先，被照顾的老年人依旧居住在熟悉的社区中，比较有归属感；同时，服务人员都具有专业水平，能够为老年人提供高质量的养老服务；其次，该模式可以合理利用社区的各项资源，降低服务成本；最后，该模式有利于社区形成尊敬老人的社区文化，对社区内部的团结与融合具有相当大的作用。

“在社区照顾”的服务形式主要有三种：第一种模式主要是指老年人在自己的家中接受社区的辅助性照顾的模式。这种模式的主要特点是，老年人不需要离开自己熟悉的家庭，同时社会提供的只是一些辅助性的照顾。例如：帮助老年人进行一些家务劳动、社区提供专业的医疗人员对老年人进行医疗检查或者社区组织一些活动让老年人参与。第二种模式则是通过小型养老服务机构为老年人提供服务。社区将一些原有的大型养老服务机构改造成更具效率的小型服务机构，并通过它们为老年人提供多样化的养老服务。例如，在一些地区，正在发挥作用的老年庇护所就是这种模式的代表。第三种是将那些远离城区的机构重新迁移到社区，使需要被照顾的老年人重新融入社区。这样可以有效帮助老年人进行正常的社交，有利于其身心的发展。

（2）由社区照顾。

这是一种为老年人提供非正式照顾的养老服务模式。在这种模式下，需要被照顾的老年人居住在家中接受来自家庭、亲友、邻里、志愿者等提供的照顾服务。这种方式的功能发挥主要依靠社区中的非正式资源，正式的照顾资源只是起到一定的辅助性作用。在这种模式下，需要被照顾的老年人一般会得到社区中的朋友、邻居等人的照看。这种模式最大的特点就是非专业性。也正是这种非专业性的照顾，弥补了许多大型养老服务机构无法提供的服务内容。这种模式通过调动社区中的人员参与到养老服务事业中，有利于提升社区的整体素质，有助于社区团结。

“由社区照顾”主要存在三种服务网络：第一种是直接服务网络。这种服务网络一般是以地域为基础，一般情况下表现为同一个社区的亲戚、朋友、邻居等为本地区需要照顾的老年人提供照顾服务。例如，社区内部的志愿者组织到同一个社区需要被照顾的老年人家中进行家务帮助服务。第二种则是同类服务对象之间组成的网络。主要是由同类照顾对象组成的互助小组，小组成员之间通过自助或者是通过帮助他人的方式来提供服务。例如：由患有糖尿病的人群组成的糖尿病人互助小组等。第三种是社区紧急救援网络。这是为了应对紧急情况建设而成的网络系统。这种模式具有一定的特殊性，在面对老年人发生紧急事件的情况时会起到一定的积极作用。例如：应急救助呼叫系统等。

（3）对社区照顾。

这种模式是对上述两种模式的补充。为了真正提高社区照顾的水平，仅仅依靠社区内部的资源是远远不够的。社区照顾模式的发展除了要依靠社区内部力量，还需要社区外部力量的广泛参与。只有在广泛调动一切社会力量的同时积极开辟新的方式和手段，才能促进社区照顾的可持续发展。

“对社区照顾”的内容十分多元化。例如：对身体条件较差的老年人提供的康复护士服务；对特定老年人提供的“暂托”服务；对精神上需要慰藉的老年人提供的定期电话慰问服务等。

3. 英国社区照顾的主要内容

英国社区照顾的内容十分丰富，主要包括以下几个方面。

（1）生活照料。

生活照料就是为需要照顾的老年人提供基本生活方面的照顾，这是养老服务内容中最重要的一部分，具体分为四种：①居家服务。这种服务的内容主要是向那些虽然有一定的生活能力，但是不能做到完全个人自理的老年人提供的。这类服务内容是基础型的，例如：帮助老年人打扫房间、给有需要的老年人做饭或者送饭、帮助老年人采购所需的生活物品、帮助老年人洗澡洗发、陪同有需要的老年人去医院看病等。②家庭照顾。对于那些患有严重疾病，基本上是卧病在床的老年人来说，在家庭中接受家人无微不至的照顾也许是一种最好的选择。虽然社区提供的养老服务机构有更加专业的照顾团队，但是只有家人的照顾才会使得老年人真正体会到温暖。事实上，英国的许多老年人及其家庭都会选择这种家庭照顾模式。为了保障这部分老年人以及家庭的正常生活，政府会按照住院的标准发给老年人一些补助，在经济上为他们提供帮助。③老年人公寓。老年人公寓面向的对象主要是那些有生活自理能力，但是由于一些原因身边没人照顾的老年人群体。公寓一般会为在这里居住的老年人提供带有一整套生活设施的两居室，以此来保证老年人拥有较好的居住环境。同时，老年人公寓为了确保老年人的安全，在公寓的每个房间里面都设有“生命线”装置。如果老年人感觉到身体不舒服，就可以拉动“生命线”，之后就会有专门的医护人员赶来救助。④托老所。托老所分为两类，第一类是暂托所，主要服务对象是一些因为家人临时有事，在短时间内无法照顾其生活的老年人。暂托所会安排专门的服务人员对这些需要照顾的人群服务。老年人在暂托所中居住的时间可以是几天、一周，最长的时间一般为两周。暂托所规定，居住的时间最长不得超过一个月。另一类是老年人院。对于那些因自身健康水平较差，根本没有单独生活能力，同时又无人照看的老年人来说，老年人院是最适合他们的养老去处。英国的许多社区都会开设这样的老年人院。因此，有需求的老年人可以居住在自己社区的老年人院，而不用必须离开自己熟悉的环境。

（2）物质支援。

养老服务内容除了日常的生活照顾，还需要给老年人提供一些物质上的支持。例如：提供一些食物，提供养老所需要的养老服务设备，或者是政府提供一些优惠政策等。

在英国，许多地方政府和志愿者组织都无偿为符合标准的老年人发放热饭。据统计，每年将近有3000万份热饭被送到老年人家中。这些热饭不仅仅只送到老年人的家中，一些符合标准的托老所和为老年人开设的俱乐部等场所也可以得到这样的热饭供应。这些看似微小的举动却帮助许多无家可归的老年人解决了基本的温饱问题。

除了提供餐饮，许多地方政府还帮助老年人安装一些基本的家庭设施。例如：有专门的人员帮助老年人安装楼梯扶手，或者是帮助老年人安装家用电器和暖气等。

英国政府还颁布了许多面向老年人的优惠政策。例如：有些政策规定，对于那些年龄超过65岁的老年人在缴纳税款时可以被给予一定的补贴，同时住房税也会降低；而对于那些年龄超过66岁的老年人，政府规定他们在国内可以免费乘坐公共交通工具，同时电话费和取暖费等也会有很大的优惠。

以上这些例子都表明，英国政府和相关的养老服务组织为老年人提供了多种多样的物质支援服务。这些服务都促进了老年人生活质量的提升。

（3）心理支持与健康传授。

养老服务的提供除了有比较常规的生活照顾和物质支援以外，一些关于心理、精神和医疗等方面的服务也是十分必要的。英国政府以及相关的养老服务机构在这些方面也提供了多元化的养老服务。例如：保健医生到老年人家中进行就诊时免收处方费；许多养老服务机构会定期开展相关的医疗讲座，以此帮助老年人了解相关的健康知识、预防疾病；还有些机构会免费为老年人体检；许多社区会配备专业的心理疏导医生，当老年人出现心理问题时，这些专业的咨询师会帮助老年人战胜心理疾病等。

（4）精神层面的服务。

英国在发展养老服务事业的过程中十分重视精神层面的服务。他们认为，仅仅是保障老年人的身体健康和物质满足是不够的，要想使他们的晚年生活真正实现幸福快乐，还需要提供多种多样的精神服务。因此，政府会出资建设多样化的基础性的养老服务设施。例如：可以提升老年人综合素质的老年大学；帮助老年人排除心理问题的心理健康咨询室等。同时，各个城市社区也积极开展多样化的老年活动，例如：老年晚会、老年知识讲座等，这些多元化的养老服务内容丰富了老年人的精神世界。

在此值得一提的是，一些城市社区在创新养老服务内容的过程中提出了更加新颖的养老服务手段，即为有劳动能力的老年人提供工作的机会，并给予他们一些工资；或者是赋予老年人参加志愿组织的机会，使他们能够积极参与到社会活动中。由此也使得越来越多的老年人觉得自己在晚年的时候依然在创造社会价值。

4. 英国社区照顾模式的特点

（1）政府出资比例较大。

英国社区照顾模式的一个显著特点就是主要依靠政府的财政支持来发展养老服务事业。政府的出资比例较大，社区、家庭和个人的支出所占比例较小。根据大多数老年人的承受范围，英国政府对社区照顾的收费标准做了详细的规定，超出规定的部分则由政府来承担。同时，如果家庭成员在老年人养老过程中能够提供照顾，国家会给予一定的资金补偿。而且，英国社区内部的大部分养老服务设施都是政府出资建设的。在英国，社区养老服务资金的主要承担者是政府，家庭和老年人个人承担的部分较少，养老成本较低。

（2）注重政策引导的作用。

英国的城市养老服务体系建设取得巨大成就的关键因素之一是：英国政府十分善于运用政策对养老服务体系建设进行引导，并促进其不断完善。政府会定期对社会发展的实际情况和老年人的实际需求进行总结，在此基础上制定出与当时的社会发展水平相适应的养老福利政策。这些政策的出台会及时指出城市养老服务体系的发展方向。

社区照顾模式就是依靠着这种政策的引导作用才不断发展起来的。例如：一方面政府会制定相关政策使社区承担起社区照顾的职能，并严格约束社区在发展过程中的行为；另一方面也会及时出台一些优惠政策对社区照顾模式进行鼓励。同时，政府还会制定一些相应的政策鼓励民间组织加入养老服务事业中。这一系列政策的颁布，为英国社区照顾的发展指明了方向，并提供了政策上的保障。

（3）依靠多种社会力量的参与。

英国社区照顾模式的发展主要是依靠社区的力量，这是社区照顾的特点和核心，社区在这种养老服务模式中发挥着重要的作用。可以说，如果没有社区，就没有社区照顾模式的出现。首先，各种养老服务的基础设施都建设在社区中，并且在建设养老服务设施的过程中充分利用了社区的资源；其次，为老年人服务的人员也主要来自社区，为老年人提供服务的场所也是在社区中。

但是，要想使社区照顾模式发展壮大起来仅仅依靠社区的力量是不行的，还必须依靠社会上的其他力量。首先，政府在政策制定、兴建设施、财政支持、监督检查等方面占据着主体地位，把握着整体的方向。其次，非营利组织以及非政府组织在社区照顾模式不断发展的进程中也发挥着不可替代的作用。它们在一定程度上对养老服务事业给予了财政上的支持，并积极帮助社区开展多样化的老年活动。同时，那些以营利为目的的企业也在这一过程中发挥着重要作用。有些企业进行了无偿的捐款，有些则是捐赠物资或者是帮助兴建基础设施等，这些做法都促进了社区照顾事业的发展。由此可见，社区照顾在发展的过程中除了社区的关键作用之外，其他社会组织也作出了巨大的贡献。

通过上述分析可以看到，英国的养老服务事业发展得比较完善，已经形成了主体多元化、内容多层次的养老服务体系，基本上可以满足老年人的养老服务需求。其中的一些先进经验和先进理念值得学习和借鉴。

7.3.2 欧盟国家的城市养老服务体系

作为世界上经济最发达的地区之一，欧盟大部分成员国的经济发展水平都处于世界前列，各国的科技发展水平也很高。这样的现实使得欧盟多数成员国在很早之前就步入人口老龄化社会，养老问题十分突出。面对严峻的人口老龄化形势，各成员国积极建立符合本国实际情况的养老服务体系，并取得一定的成就。在此，以德国和荷兰两个国家为例进行分析。

1. 德国的社区老年学校

在德国，“社区老年学校”是一种非常受欢迎的方式。这种完全开放式的老年学校主要招收60～65岁的老年人。这些老年学员进入学校以后，按照每十个人为一组的标准分成若干个小组。每个小组都配备专门的老师为老年学员们授课。学员们在完成了自己小组的学习之后，还要去别的小组进行学习。每个学员在将所有的课程都学习完毕之后，才能从老年学校毕业。社区老年学校配备独立的学习场所和专业的设备，老师主要教授老年人关于社区老年工作方面的知识。教师在授课过程中如果发现学员已经完全掌握了所学的知识，那么教师就会对该学员进行奖励，并会给学员布置一些新的学习任务和目标。这样的授课方式能够帮助老年学员在学习知识的同时，培养自己的学习兴趣，增强学习动力，真正提高老年学员的综合素质。

作为一种比较新颖的养老方式，德国的社区老年学校具有许多其他养老服务机构不具备的优点。首先，这种在学校中为老年人传授知识的方式，在提升老年人综合素质的同时能够使他们重新发现自身的价值；其次，在学校中与同龄人一同生活的方式提升了老年人的幸福感，减少了他们的失落感；最后，在学校学习了丰富知识的老年人可以凭借自己了解的这些养老知识为其他老年人服务，这种做法能够使老年人真正实现自身的社会价值，丰富自己的精神世界。这是其他养老服务模式所不及的。

这种社区老年学校模式已经在德国普遍流行起来，并且受到了其他国家的认同和赞赏。许多国家已经开始借鉴这种老年学校的模式来发展本国的养老服务事业。

2. 荷兰的生命公寓

作为荷兰的特色养老服务模式，生命公寓为荷兰养老服务事业发展作出了很大贡献。

生命公寓作为一种创新性的养老模式，与传统的养老模式有很多区别。例如；其装修设计更加高级并更具人性化；配备的人员专业性更强；内部的管理具有系统性等。生命公寓养老模式不仅被许多学者所认同和推崇，而且在 2012 年还被评为世界上“最好的养老项目”。在荷兰境内大约有 17 个这样的生命公寓，近万名老年人居住在其中享受着专业人员提供的养老服务。生命公寓在荷兰十分流行，每年都有很多老年人进行预约，期盼着能够进入这种公寓居住。

生命公寓如此成功的原因不仅仅在于它具有酒店式的住宿环境和专业化的服务水平，还在于其周围社区的广泛参与，公寓通过与周围社区合作，共同为老年人提供高质量的养老服务。此外，生命公寓在提供养老服务的过程中十分尊重老年人。公寓的工作人员尊重老年人的需求，也尊重老年人的想法，真正以老年人的快乐为目的。生命公寓的这种工作理念不仅受到了老年人的广泛好评，同时也被许多其他的机构效仿和学习。

生命公寓模式主要特点体现为：（1）开放式的家庭文化。生命公寓模式所倡导的是一种开放式的思想。该模式鼓励在发展养老服务事业的过程中营造一种大家庭的温馨氛围。因此，与传统的养老服务机构不同，生命公寓是对外开放的。公寓以外的人群也可以自由地使用公寓内提供的基础设施，例如公寓内的超市、饭店、书店等每天都会迎来许多上班族的光顾。这种对外开放的做法使老年人没有脱离社会，反而增加了社交的可能性，十分有利于他们的身心健康。(2）不用即废的理念。人体的各项机能会随着年龄的增加出现衰退的迹象。基于此，生命公寓提出了“不用即废”的思想。即认为老年人如果不适当地进行机能的训练，这些机能将会迅速退化。因此，为了防止老年人各项机能的退化，生命公寓中的从业人员的主要工作不是伺候老人，而是通过各种方法来培养他们的自理能力。在生命公寓里，工作人员一般都会鼓励老年人承担一些力所能及的事物，这样的做法对防止老年人的机能退化有着很好的效果。(3) 对疾病的专业预防和康复。在生命公寓中，医生们的主要职责不是给老年人治疗，而是帮助老年人预防疾病。公寓鼓励老年人要健康饮食，同时适当运动，养成良好的生活习惯。希望通过这样的方式降低老年人患病的可能性。当然，即使拥有良好的习惯，老年人还是会因为年龄较大而患上一些老年疾病。对于那些患病的老年人，公寓中的医生会尽自己最大的努力进行治疗。他们会制订专业的康复计划来帮助老年人尽快恢复。(4) 给老人自己的空间。生命公寓十分注重保护老年人的隐私生活，在公寓中，每个老年人都拥有属于自己的房间。同时，公寓非常尊重老年人，服务人员在提供服务时都会十分耐心，基本不会对老年人说不，对于老人的需求，公寓中的工作人员都会认真对待，尽自己的努力满足老年人的各项需求。(5) 配备专业的从业人员。与传统的养老服务模式相比，生命公寓更加重视服务人员的专业化素质。为了实现养老服务的高质量，生命公寓中配备有康复师、营养师、激活训练师等专业的服务人员。值得一提的是，荷兰的生命公寓还创建了“主妇”职位，这是生命公寓的一大特色。这些“主妇”们都是一些比较有耐心、较为细心的女性。她们是对专业工作人员的补充，一般承担一些安排老年人衣食住行的工作，为老年人提供了不少便利。

通过上述分析可以看出，荷兰的生命公寓作为一种新型的养老服务模式能够有效帮助老年人提高生活质量，为老年人提供一种丰富多彩的生活方式。较传统的模式而言，它具有的开放式氛围更有利于老年人融入社会，真正提升了老年人的幸福感和归属感；它鼓励老年人自理的理念不仅在一定程度上能够有效防止老年人身体机能退化，同时也在一定程度上节约了费用；它倡导的尊重老年人的思想也受到老年人的欢迎。总之，生命公寓的养老模式较传统的养老模式更新颖、更人性化，能够在解决人口老龄化问题的同时最大程度地实现老年人的社会价值。这种模式值得学习和借鉴。

7.4 中国香港和台湾地区的城市养老服务体系

7.4.1 中国香港地区的城市养老服务体系

香港是我国进入老龄化社会较早的地区之一，因此，对于养老服务体系的建设起步较早，并取得了很好的效果。为了更好地解决养老服务问题，真正提升老年人的生活质量，自 1979 年开始，香港建立了以社区照顾为主体的养老服务模式。在这种模式下，老年人不用离开自己居住的社区就可以接收到专业化的养老服务。香港政府主要提供资金、土地、政策的支持，提供养老服务的责任则由非政府机构来承担。

在香港，城市社区养老服务机构是多种多样的。例如：覆盖面可以达到十万人的社区中心、能容纳五万人的社区福利大厦以及规模较小的社区会堂和老人中心等。这些不同种类的养老服务机构的建设给老年人带来了便利。

香港地区在建设社区养老服务体系时比较注重养老服务内容的多样化。当地政府认为，只有提供多样化的养老服务，老年人的需求才能得到满足。因此，政府鼓励各养老服务机构在提供基本的日常生活照顾服务的同时，还要积极对养老服务的形式和内容进行不断创新与拓展。因此，许多社区的养老服务机构为了保障老年人的需求得到满足，提供了医疗、体育和文化等多方面的服务。例如：社区养老服务机构一般都设立了图书馆、老年大学、各种社团办公室等。同时，社区养老服务机构还会举办丰富多彩的老年活动，例如：老年体育比赛、老年歌唱大赛或者是诗朗诵比赛等，这些活动丰富了老年人的生活，调动了他们的积极性，促进了他们的身心健康。

在香港，社区为老年人提供的服务主要有两种形式：一是小区服务。小区服务的形式主要以社区作为养老服务内容的提供者，社区中的工作人员为老年人提供他们所需的养老服务，并且尽量使老年人在接受照顾时不离开自己居住的社区。主要提供诸如日间护理、家居照顾、家务支持等服务。二是院舍服务。这种形式面向的服务对象主要是一些身体健康状况较差或者是由于一些原因不能在家中得到照顾的老年群体。通常，按照实际情况的不同，老年人一般会获得不同的护理。这种服务主要包括长者宿舍、安老院、护养院等。

7.4.2　中国台湾地区的城市养老服务体系

1993 年，台湾正式步入人口老龄化社会。2008 年，年龄在 65 岁以上的老年人口数量已经多达 240.2 万人，占到台湾地区人口总量的 10.43%。随着台湾地区经济的不断发展，这个比例还在一直上升，至 2015 年，已达到了 20% 以上。面对如此严峻的人口老龄化问题，如何使老年人有尊严地活着，如何解决养老问题，成为当地政府、社会以及居民共同关心的问题。

为了有效解决人口老龄化问题，近年来台湾地区加大了对养老服务事业的投入。政府设定了三大规划来引导养老服务的发展，即经济安全方向、健康维护方向、生活照料方向。经过一系列的努力，台湾地区的养老服务事业取得了很大成效。

台湾地区养老服务事业的成功，主要得益于覆盖全社会的“十年长照计划”。该计划自 2007 年起开始在台湾实施，服务对象主要是 65 岁以上的老年人。这项计划是除年金制之外台湾地区最大的社会福利计划。

“十年长照计划”在选择服务对象时，不仅考虑老年人的年龄，还考虑生活环境对老年人的影响。因此，该计划的服务对象除了包括 65 岁以上并且无生活能力的老人外，还包括那些具有身心障碍的老年人，以及因为生活质量较差而提前进入老年化的人群。可以说，该计划在选择服务对象时十分具有人性化。同时，在划分补贴等级时，相关机构充分考虑了社会公平因素，不以失能程度作为补贴标准划分的唯一依据，同时也参考了老年人的个人收入，将这项因素纳入政府决定补助额度的指标之中。可以看出，台湾地区的长期照顾计划不仅考虑到了老年人的年龄，还考虑了老年人的生活状况以及各地区的收益差异等因素。在发展养老服务事业的同时，兼顾了效率与公平。该计划在很大程度上解决了台湾的人口老龄化问题，为养老服务事业的发展作出了重要贡献。

台湾地区的长期照护模式主要分为机构式长期照护服务模式、社区式长期照护服务模式和特殊性长期照护服务模式。

1. 机构式长期照护服务模式

这种模式是指全天 24 小时都有专门的照护人员对需要照顾的老年人进行服务的模式。具体分为：（1）护理之家。护理之家主要为那些由于身体健康状况较差而无生活自理能力的老年人提供服务。这些需要被照顾的老年人都有专门的护理人员负责，并进行 24 小时的照顾。护理之家属于护理机构，开办时必须向所在地的卫生局申请。（2）长期照护机构。这种模式接收的对象基本与护理之家照顾的对象相类似，也是一种需要 24 小时全程护理的模式。但是，两者还是存在一些差别的。长期照护机构在性质上属于老人福利机构，因此，在设立时必须向当地社会局提出申请。（3）养护机构。该机构服务的对象通常是那些生活不能自理，但是不需要插管路的老年人，在性质上也属于老年人福利机构。（4）赡养机构。同样属于老年人福利机构的赡养机构一般负责照顾那些有一些生活能力的老年人。（5）荣民之家。荣民之家主要是面向那些身体较好，有生活自理能力的荣民创办的。荣民之家一般只接收荣民。

2. 社区式长期照护服务模式

这种模式的一个主要特点是需要被照顾的老年人居住在自己熟悉的环境中，接受专业照护人员的照顾。对于老年人来说这是非常便利的。

（1）居家照护。

这是老年人居住在家中即可接收照护人员的照顾的便利模式。因为是在家中进行照顾，因此能够使被照顾者既感受到家庭的温暖，又享受到专业的养老服务，是一种十分人性化的照护模式。主要包括：①居家护理。这是居家照护模式中发展最早的一种模式，是指专业的照护人员或者护理人员前往需要被照顾的老年人家中提供服务的模式，这种模式在很大程度上帮助家庭成员减轻了赡养老人的压力。专业照护人员会根据老年人的不同需求提供多样化的服务。同时，照护人员还会给家属提出一些家庭照顾建议，这些都有助于帮助老年人获得更高质量的照顾。②小区物理治疗。这种服务最早开始于台北市，后来因为9·21地震，各地区开始推广这种服务。小区物理治疗是指专业的物理治疗师会在家庭需要时上门进行物理治疗，同时，他们也会根据专业知识对有需要的家庭进行居家环境的评估工作。这样可以使老年人从专业的角度来了解自己的居住情况，从而增加他们的生活满意度。③居家职能治疗。该模式主要依靠专业的职能治疗师为老年人提供服务。职能治疗师会上门针对老年人的养老需求进行评估，并根据评估的结果为老年人制订专业的治疗计划。这是一种私人订制的养老服务模式，可以分为日常生活、工作和休闲活动三大类。该模式比较重视维持老年人的活动能力。工作人员会积极协助老年人在有限的能力和有限的居住环境下依然从事自己喜欢的活动，并希望通过这样的方式来保证老年人的活动能力，最大限度地防止身体机能的退化，防止失能情况提早出现。④居家营养。这种模式是指专业的营养师到老年人家中为他们进行营养方面的评估，然后根据评估的结果帮助他们制定最适宜的营养菜单，以此来保证老年人摄取到足量的营养，维持身体的健康。

（2）居家照顾。

这是指由非专业人员提供服务的模式，提供的大部分服务是日常生活所需要的。主要包括：①居家服务。照顾人员根据老年人的失能程度提供不同的服务，包括家务、日常生活照料以及身体照顾服务。②送餐服务。这是为独居老年人提供的一项服务。一种方式为定时点餐，即由一些固定的团体提供固定的地方，老年人在规定的时间内前往就餐。另一种方式则是由专门的服务人员前往老年人家中为其做饭，并协助其用餐。当然还有一些其他的方式，例如：与出租车司机进行合作为老年人送餐等。③电话问安。这种服务与送餐服务面向的对象相同，都是独居老年人群。志工或者是专业人员会不定时打电话到独居老人家中，关心他们的生活，这种做法在很大程度上降低了独居老人在家中发生意外的概率。

(3) 日间照顾。

这是一种介于老人中心和护理之家的照护，是指在白天为老年人提供服务，晚上老年人可以回到家中享受家庭欢乐的一种服务模式。这种服务模式一般是向那些身体较为健康、具备一定自理能力的老年人提供服务。其中，比较有代表性的服务内容包括帮助老年人康复、提供日常照顾等。

3. 特殊性长期照护服务模式

(1)“失智症”照护。

该模式主要照顾那些患有“失智症”的老年人，具体分为小区式、居家式和机构式三种。

(2) 另类疗法。

除了一些比较常规的照顾方法之外，学者们还研究出了许多新颖的方式。例如：通过音乐来治疗的音乐疗法、针对那些喜欢宠物的老年人推出的宠物疗法等。这些颇具创新的治疗方法在养老服务过程中发挥着不可替代的作用。

从上述内容可以看出，台湾地区长期照护模式发展得比较成熟，其服务模式比较完整，服务内容相对齐全，基本上满足了老年人的养老服务需求。

7.5 城市养老服务体系建设经验给予的启示

从1978年改革开放至今，中国的经济发展水平不断提高，科技的进步使得中国的医疗卫生事业取得了突飞猛进的发展，人们的预期寿命不断延长，导致老年人口的数量持续增加，人口老龄化问题日渐突出，中国养老服务事业面临着越来越大的压力。传统的家庭养老服务模式和机构养老服务模式已经无法解决中国严峻的人口老龄化问题。面对这样的社会现实，政府开始鼓励社区居家养老服务模式来发挥作用。

社区居家养老服务模式结合了家庭养老和机构养老两种模式的优点，是一种比较符合当前中国国情和老年人意愿的养老服务模式，与当前中国的经济发展水平相适应。可以说，该模式对中国养老问题的解决作出了突出贡献。但是也应该看到，中国社区居家养老服务模式的发展还处于初期阶段，在发挥作用的同时也暴露出了一些问题。例如，整体发展水平比较低、资金不足、配套设施不完善、覆盖面有限、服务人员缺乏专业知识等。这些问题都在不同程度地对中国城市养老服务体系的发展产生了影响。

西方发达国家关于养老服务问题的研究比较早，其城市养老服务体系的建设和发展也相对比较完善。因此，研究和学习它们的经验能够在很大程度上提升中国城市养老服务体系的建设水平，对促进中国城市社区养老服务的发展具有十分重要的意义。

7.5.1 建立健全相关的政策和法律体系

法律保障对于养老服务事业的发展十分重要，这是养老服务事业不断发展的前提。在国外，政府十分注重法律对养老服务事业的支持和引导作用，这是使养老服务事业取得巨大成就的关键所在。西方国家关于养老服务方面的法律体系十分完善。总体上看，法律的数量充足且内容广泛，时效性强，条款具体清晰，基本上不存在法律空白。

然而，中国相关的政策和法律体系还不够成熟，缺乏协调性和完整性，一些条款不够清晰明了，甚至存在法律空白。因此，应当吸收国外的经验教训，完善相关政策和法律体系，为中国养老服务事业的发展提供保障。

首先，要从法律角度明确养老服务体系的内容，例如：明确养老服务内容有哪些、明确规定养老服务标准、明确养老服务主体之间的地位和责权等。要对这些内容进行细化，不能模糊不清。其次，在制定相关法律法规时应该听取群众的意见，特别是老年人的意见，这样才能使相关的法规真正发挥保障老年人权益的作用。同时，也要听取专家的意见，使相关法律体系更加科学。由于老年群体具有一定的特殊性，因此在制定相关政策时一定要充分考虑到这一点，制定出科学、合理、公平、符合老年人真正需要的政策。政策制定之后，应当重视政策的宣传和推广，使老年人真正了解与自己息息相关的政策，这样做也能够为政策的执行做好准备。此外，制定出的政策不是一成不变的，政策制定者和执行者必须根据社会的变化对政策做出调整，必须将老年人的实际需求放在首位，要在全面了解老年人需求的基础上对相关的政策做出适当的调整，使其更好地服务于养老服务体系建设。

7.5.2 充分发挥政府的主导作用

在中国养老服务事业的发展过程中，政府一直处于主导地位，并发挥着不可替代的作用。这主要表现在以下两个方面：首先，政府是养老服务资金的主要提供者。作为养老服务体系建设过程中的主要财政保障，政府每年都会拨付一部分财政资金对养老服务事业进行补贴，这种资金上的保障是中国发展养老服务事业的前提。其次，政府还会及时出台一些优惠政策鼓励养老服务体系的建设和发展，这种政策上的支持对中国城市养老服务水平的不断提升起着关键性的作用。

因此，为了促进中国养老服务事业的发展，必须要坚持政府的主体作用。在建设城市养老服务体系的过程中，政府应加大对养老服务事业的财政投入，应根据现实情况及时制定出适宜的政策来引导养老服务体系的建设和发展，应积极向有需要的养老服务机构提供公共产品，充分发挥政府的职能。同时，政府还应该对养老服务体系的建设做出合理、科学的规划，引导各养老服务机构朝着既定的方向发展。政府在对养老服务机构提供支持的同时，也要充当监督者的角色，要定期对养老服务机构进行监督和调查，帮助养老服务机构完善内部管理体制，对于一些违反法律法规或者政策的行为，政府应该出面进行纠正或者惩罚。

7.5.3 鼓励不同社会主体广泛参与

许多国家都赞同社会群体要广泛参与到养老服务体系当中的思想，并鼓励企业、个人、志愿者、非营利组织等参与其中，而不只是依靠政府的力量来建设和发展养老服务事业。西方发达国家在建设养老服务体系的过程中，积极鼓励社会组织的参与，因此，其社会化程度很高。例如，在西方国家，有大批的志愿者主动参与到养老服务活动中，他们当中有大学生、家庭主妇等，甚至一些大学还将这方面的服务纳入本校的绩效考核中，这在很大程度上促进了志愿者队伍的发展，同时也在很大程度上帮助养老服务机构实现低成本、高质量、高效率的目标。

在中国，虽然也鼓励广大社会力量参与养老服务事业的建设和发展，但是，社会化程度较西方国家还有较大差距。因此，应该积极吸取西方发达国家的经验，鼓励各种社会力量参与到养老服务体系的建设之中。

首先，政府应重视发挥志愿者组织的作用。志愿者组织作为重要的补充力量，可以有效提升养老服务供给的水平，实现服务人员的多样化，促进养老服务内容的多元化。与西方发达国家相比，中国的志愿者组织还存在着数量不多、质量不高的问题。因此，应该努力寻求一些适当的方法来发展志愿者组织。例如：政府可以加强宣传，鼓励人们参与到志愿者组织当中，尤其是鼓励一些学生以及家庭主妇，这样可以有效解决养老服务人员短缺的问题。其次，政府可以对志愿者给予一定的奖励，以此来吸引人们的参与。同时，政府要加强对志愿者组织的监督。志愿者组织也要重视提高自身的管理水平，组织的领导者应该根据志愿者各自的专长，分配给他们相应的任务，这样才能够最大限度地发挥他们的作用，以此提升养老服务的质量和水平。

7.5.4 拓宽资金的来源渠道

对于养老服务体系的建设和发展而言，有充足的资金作为保障是十分必要的，这是其建设和不断发展的前提条件。西方国家养老服务事业取得成功的一个主要原因就在于其广泛的资金来源。为了促进养老服务体系的建设和发展，西方国家引入了很多力量来解决养老资金短缺的问题，并取得了成功。

在中国，制约养老服务事业发展的一个重要问题就是资金不足。中国养老服务事业的发展资金主要是政府的财政支持，这种财政上的支持在养老服务事业的发展中起着关键性的作用。然而，这种仅仅依靠政府财政支持的方式远远不能够满足养老服务体系建设和发展的需要。因此，必须努力拓宽资金的来源渠道，应该广泛动员社会力量支持养老服务事业的发展。例如，向大型企业争取捐赠或者进行社会集资等。只有拓宽了资金来源渠道，保证了资金对养老服务事业的支持，才能够保障养老服务体系的建设和发展。

7.5.5 建设和完善养老服务设施

完善的基础设施是养老服务体系发挥作用的基础。只有拥有相对完善的养老服务设施，养老服务机构才能够更好地为老年人提供各种服务。在西方国家，老年人养老服务设施建设比较完善，这也是西方国家养老服务事业取得很大成就的基础。西方国家的大部分养老服务机构都有独立完整的养老服务设施，针对不同需求的老年人提供不同的养老服务设施，这在很大程度上提高了养老服务的质量，能够有效满足老年人的各种服务需求。

目前，中国的养老服务设施相对比较薄弱，还难以满足老年人多样化的养老服务需求。面对这样的现实必须遵循方便适用的原则建设养老服务设施。在建设过程中，要充分考虑老年人的生理和心理特点，不能盲目建设无用的设施，要给老年人真正带来实惠。同时，要主动对建设的设施进行维护和不断更新，提高其利用率和服务效益。只有这样才能够真正发挥养老服务设施的作用，为老年人营造一个舒适的养老环境，从而提升养老服务事业的整体发展水平。

7.5.6 提高从业人员的专业化水平

高素质的服务人员是养老服务机构为老年人提供高水平服务的重要保证。因此，为实现中国养老服务事业的发展，培养高素质的服务人员是重中之重。这一点，国外的养老服务机构的经验值得借鉴。在西方发达国家，提供养老服务的人员都要经过专业训练，因此，从整体上看，其专业化程度较高。同时，在招聘人员时，养老服务机构只招收那些具有资格证书的服务人员，从而有效保证了工作人员的素质和水平。许多大学还开设了与养老服务有关的课程，教育学生如何做一名合格的养老服务人员。这些做法都有力地推动了专业化养老服务队伍的形成。

在我国，目前从事养老服务的人员多为下岗失业人员或者外来务工人员，他们的文化水平相对较低，大多数人没有受过系统的专业培训，专业素质不高，只会做一些简单的家政服务。因此，应当加强对养老服务队伍的建设，努力实现养老服务队伍的职业化和专业化。

首先，要对相关的人员进行培训，使他们了解养老服务知识，掌握这些知识是提升服务人员素质的基本前提。其次，要坚持持证上岗制度，养老服务机构应该选聘那些具有资格证书的工作者。对于那些已经在机构中工作了多年，但没有资格证书的老员工，养老服务机构应该鼓励他们主动学习养老服务知识，并考取相关的资格证书，以此来提升养老服务队伍的素质和水平。最后，政府应该积极鼓励各高校开设相关的课程，培养具有相关知识的高素质管理人才。要不断提高养老服务人员的社会地位，使从事养老服务的职业得到大家的认可，鼓励更多的人投入养老服务的行列中。

7.5.7 丰富和完善服务内容

随着经济的不断发展和生活质量的提升，中国老年人的思想观念也发生了很大变化，老年人的养老服务需求在不断增多。目前，所提供的养老服务主要集中在对老年人的生活照料方面，如打扫卫生、做饭、协助采购等，但是高层次的养老服务则存在供给不足的问题。同时，中国的养老服务内容比较单一，没有真正做到根据不同老年人的实际需求提供有针对性的服务，也就是说缺乏个性化的服务。这种相对落后的养老服务内容在无法提升老年人生活质量的同时，也阻碍了养老服务事业的发展。应当吸取西方发达国家的经验，不断丰富养老服务内容，使其与日益增长的老年人需求相适应。

首先，应扩大养老服务的范围，使其涵盖老年人的生活、精神、心理等各个方面，满足老年人更高层次的需求。例如，养老服务组织定期举办老年活动丰富老年人的日常生活，开办老年图书馆以及老年学校等。其次，养老服务机构应当对老年人的需求进行调查，真正了解老年人的实际需求，针对这些实际需求提供相应的服务。而且要对不同的老年人分别提供不同的养老服务，真正实现个性化服务，努力提升老年人的生活质量。

第 8 章

多层次精准化城市养老服务体系设计

人口老龄化给经济社会发展带来了深刻影响，养老问题日益成为影响国计民生的重大战略问题。“十三五”时期是中国全面建成小康社会决胜阶段，也是应对人口老龄化的重要窗口期。从现实情况看，中国不但老龄人口在增加，而且还存在一些高龄、失能、贫困、空巢老人，各级政府和社会各界共同协作开展了富有成效的应对人口老龄化的行动，初步建立了以居家为基础、以社区为依托、机构为补充的多层次养老服务体系，积极推动医疗卫生和养老服务机构相结合，探索实施长期护理保险制度。“十三五”国家老龄事业发展和养老体系建设规划明确了2015～2020 年国家层面老龄事业发展和养老服务体系建设主要指标（如表 8.1 所示）。

表 8.1　“十三五”时期中国老龄事业发展和养老体系建设主要指标

类　别	指　标	目标值
社会保障	基本养老保险参保率	达到 90%
	基本医疗保险参保率	稳定在 95% 以上
养老服务	政府运营的养老床位占比	不超过 50%
	护理型养老床位占比	不低于 30%
健康支持	老年人健康素养	提升至 10%
	二级以上综合医院设老年病科的比例	35% 以上
	65 岁以上老年人健康管理率	达到 70%
精神文化生活	建有老年学校的乡镇（街道）比例	达到 50%
	经常性参与教育活动的老年人口比例	20% 以上
社会参与	老年志愿者注册人数占老年人口比例	达到 12%
	城乡社区基层老年协会覆盖率	90% 以上
投入保障	福彩公益金用于养老服务业的比例	50% 以上

资料来源：“十三五”国家老龄事业发展和养老体系规划，2017 年。

然而，与养老服务刚性需求的快速增长相比，目前中国社会所能够提供的养老服务还远远不足。例如：城乡之间和区域之间老龄事业发展和养老服务体系建设不均衡问题突出；养老服务有效供给不足，质量效益不高，人才队伍短缺；老年用品市场供需矛盾比较突出；老龄工作体制机制不健全，社会参与不充分，基层社会的养老服务基础比较薄弱；相关的政策法规系统性、协调性、针对性、可操作性有待进一步增强。因此，如何以问题为导向，发挥市场配置资源的作用，提高养老服务的供给能力和水平，是摆在我们面前的重要课题。

8.1　新型多元主体互动情境下的城市社区治理

城市社区是社会化养老服务的基本载体，社区治理的机制体制及其绩效直接关系着城市养老服务体系的建设水平。党的十九大报告在加强和创新社会治理领域提出，要建立共建共治共享的社会治理格局。习近平同志指出，社会治理核心在人，重点在城乡社区。近年来，中国各层级的城市政府通过城市社区的治理创新协调推进“四个全面”战略的布局，努力实现城市治理体系和治理能力现代化。城市社区是城市社会的重要组成部分，是与每个人的生活息息相关的社会单元。城市社区的治理创新成为中国城市社会治理链条上的关键环节。在推进国家治理体系和治理能力现代化的进程中，城市社区治理方式的不断创新将发挥重要的作用。

中国城市社区治理思维和模式的变革路径是沿着社区管理—社区治理—社区精细化治理—社区精准化治理的轨迹进行着变革。其中，城市社区治理的主体也由单一主体转变为了多元化的主体，已经形成了网络化的多元主体共同参与的城市社区治理结构。

近年来，随着中国城市社区治理理念的不断转变，城市社区治理的方式也在发生着变化。城市社区治理的主体不仅仅是政府、社区、社会组织，而且企业、社会团体、高等院校以及其他驻社区的单位等都成为城市社区治理的主体，形成了一种新型的多元主体互动情景，服务于社区的治理和社区居民的多样化需求。与此同时，城市社区的治理和包含养老服务体系在内的各种服务体系也开始实施以社区为基础、以社会组织为载体、以社会工作者为支撑的“三社联动”机制，其目的是进一步创新城市社区治理，整合各种社区资源，有效解决社区居民的养老服务以及其他各种公共服务需求，在提高城市治理水平、获得最大化社会效益的同时，实现城市社区的精准化治理和精准化服务。

8.1.1 城市社区治理绩效及存在问题分析

从中国城市体系的整体结构来看，城市规模和城市等级有着明显的差异，城市的地位及其在国家和区域经济社会发展中的作用各有不同。在城市社区治理过程中虽然有各自的特点和具体的做法，但是，分析具有代表性的城市社区治理的“镜像”，仍然可以“透视”和概览中国城市社区在新型多元主体互动情景下的治理绩效及其存在的主要问题。在此以中国东北地区振兴发展的“龙头”和“窗口”、副省级的计划单列市大连为样本进行分析。

1. 城市社区治理绩效

(1) 城市社区治理体系日益精细化。

城市社区精细化的治理强调的是以精细为基准的专业化治理方式与低成本的结合，以达到治理效果的精细化、人性化、优质化。在精细化的社会治理过程中对治理工具的专业性和科学性提出了更高的要求，也体现了灵活适应的价值导向。

在城市社区治理创新过程中，大连市以提升政府服务效能、全方位服务于民众的生活、满足民众的多样化需求、实现社会的精细化治理为目标，不断完善具体化和项目化的社会治理模式，尤其在创新城市社区治理方式方面取得了许多成效。2011 年 12 月“大连民意网”开始运行，市民通过该网络平台可以向 100 多个政府部门提出建议或进行投诉，相关部门在第一时间为民排忧解难，由此在大连市政府部门与民众之间建立了顺畅的沟通渠道。“帮万家”为民服务项目创办于 2007 年，近年来在政府的支持下有了进一步的发展，创立了以五大服务管理平台为依托的“政府主导、市场运作、社会参与”的新型服务体制。创建了以三级工作机制、一体化的联席处理体系、社会网络工作末端、固定化的公民听证议事模式、标准化的社会服务组织、全面社会参与形式为支撑的 365 工作体系，通过转变治理模式和服务理念、变革管理职能、各种资源的最大化利用、全程监管基层社会治理，以“满足民众需要，让民众称心”为工作理念，为社区居民提供不间断的“全天候、全方位、全覆盖”的服务。365 工作体系作为基层政府为社区居民服务的重点项目，其精细化和专业化程度在不断提升。2014 ~ 2016 年，以精细化社会治理创新为目标，365 工作体系也在逐步调整和变革。2014 年成立了“365 外来务工人员综合服务中心”，服务中心的建立开创了免费为城市外来务工人员提供基本公共服务的“先河”。同一时期建立的“365 社会组织服务园”和“365 社区家园”，成为辽宁省第一家以精准化基层社会服务为宗旨的专业社会组织培育中心。其中，“365外来务工人员综合服务中心”整合了市人力资源和社会保障局、妇联、总工会、教育局、共青团、慈善总会等多方面的资源，能够向外来务工人员免费提供就业对接、技能培训、社会救助、法律援助、未成年人服务等十多项一站式的服务。

（2）多元主体共同参与城市社区网络治理。

随着社会的多样化发展，城市社区治理主体也逐步实现了多元化，由街道办事处、社区居民委员会、社区内的企事业单位、各种志愿组织和慈善组织、中介组织、物业公司、社区居民等形成了城市社区的治理网络。2012年就已经投入运行的365工作体系，破除了原有的公共资源利用与整合的壁垒，通过实施资源活化机制，充分利用了社会、政务、公益、市场、互助五种资源，实现了公共资源可持续提供与政府向社会购买的双轨制，建立了以区委区政府、市政府职能部门、公共事业单位为主体的联席制的一体化处理体系，最大程度地挖掘第三部门和非营利组织的潜在能力。2014～2016年，主动排查发现并解决问题3万多件，累计上报民情日志4万多篇，受理网格事件6000多例，办结率达到97%。“365社会组织服务园”已吸引了20多家慈善类、公益类的社会组织参与。2016年进一步实施了200多个惠及全区以社会组织为主体的公共服务项目。依托365社会治理综合服务平台，政府向社会购买公共服务，充分发挥了社会组织在社区治理和提供多样化的社区公共服务中的效用与价值。

在城市社区治理创新过程中，互联网技术成为大连市提升城市社区治理效能的重要手段。一个典型的事例是，针对普遍存在的公共服务缺乏时效性的问题，以“无线中山”作为依托，建立了区、街、社区为主体的“中山民情互联网”，建立了民意需求的沟通渠道，适时掌控民情、诉求、治安、管理等各方面的情势和问题，形成了政府与公民之间“治理与自治”的互动关系。

（3）大数据的挖掘与运用促进了城市社区治理创新。

在中国城市社会转型和发展过程中，民众的需求在日益多元化，由各种利益矛盾引发的社会冲突事件也时有发生，传统的社区服务和矛盾冲突管理方式呈现出高成本、低效能的局面，因此，如何提升城市社区服务和社区治理的效能成为当前非常紧迫的现实课题。令人欣慰的是，大数据技术的运用为创新城市社区治理提供了新的契机。在此，以大连市中山区港湾社区为例来印证大数据资源在城市社区治理中的效能。

大连市港湾社区依托大数据技术逐步建立起了由基础数据、公共服务数据和政务管理数据构成的社区信息服务平台，在不断丰富数据的基础上实现了数据的精细化。通过对数据库中的信息进行分析和挖掘，深入分析社区居民对各类社区服务的需求，进而制订出符合实际情况和富有效率的行动方案，满足社区居民的各种需求。例如，信息技术平台在养老服务中发挥了重要作用。在老年人管理过程中，居住在社区的老年人可以随时在网络平台上查找自己退休后的相关情况、进行退休年审、查看退休金领取情况等。为满足社区居民养老服务需求，建立了社区养老服务照料中心和社区养老服务信息平台，通过综合分析网络信息平台中搜集到的社区居民的收入水平和消费水平以及社区内老年人的健康状况等数据，可以及时了解老年人的整体情况，对老年人的疾病进行监控和预防，并且通过社区的信息呼叫平台及时感知老年人的服务需求，及时联系各类养老服务供给商，为老年人提供不同类型的精细化的养老服务，在老年人经济条件允许的范围内尽可能满足其养老服务需求。

社区服务信息平台的建立不仅有助于降低基层政府的行政管理成本，实现基层政务的公开透明，而且还有利于提高政府部门的服务效率和服务质量，增强社区精细化的服务能力和管理能力，从而构建起“重参与、全方位、多样化”的城市社区服务体系，切实保障了社区居民的各项权益。

（4）政府购买公共服务提升了城市社区治理的精准化水平。

大连市注重发挥市场机制的作用，把原先由政府直接组织和提供的一部分公共服务事项，按照一定的方式和程序交由具备资质和条件的社会组织、企业和其他组织机构等社会力量承担，并由政府根据签署的合同约定向这些组织支付相应的费用。

2016 年，大连市在社会福利、社会救助、优抚安置、社区建设和社会事务等领域向全市的社会组织征集社会工作服务项目，通过多渠道宣传和严格的评审程序等环节开展公益创投活动。大连市通过政府购买服务的方式投入财政资金扶持社区的专业服务队，开展旨在满足多元化公共服务需求的社会组织服务。对社会服务类、公益慈善类、行业协会类的服务项目进行扶持，丰富了社会组织开展的服务项目内容，发挥了其在城市社区治理和公共服务中的重要作用。依托服务类社会组织为社区居民提供多方面的服务，政府注入资金培育和发展在社区开展各种服务活动的社会组织，建成了广覆盖的养老服务中心、社区公共服务社、爱心超市等，进一步优化了城市社区的基本公共服务网络。通过设立专项扶持资金，给予在社区为居民提供服务活动的社会组织适当奖励和补贴，形成了培育和扶持各类社会组织发展的良好态势和氛围。

2. 城市社区治理存在的主要问题

（1）城市社区治理的行政化倾向依然明显。

在城市社区治理过程中通常都是由社区组织代行管理职能，社区组织的角色逐渐过渡为带有行政倾向的“政府组织”，呈现出比较明显的行政化色彩。之所以出现这种现象，是由于基层政府与社区是紧密相依、相互依赖的。政府需要依靠社区组织实现城市社区治理与属地化控制，社区组织需要依赖政府获取合法性与权威性。由此使城市社区治理呈现出明显的行政化倾向。

（2）社会组织时常处于“缺场”状态。

截至2016年底，已有近1.4万个社会组织在大连市登记备案，其中，活跃在社区中的社会组织约8800个。与此同时，大连市还创建了从市级到基层社区的社会组织培育中心，充分发挥第三部门在城市社区治理中的功能，形成了“财政支持、社会管理、专业指导、三方受益”的社会组织运作模式。然而，社会组织的效用水平与城市社区精准化治理的需求还有较大的差距。虽然政府出台了有利于社会组织培育和发展的公共政策，但是仍然不能够满足各种类型社会组织成长的需要；虽然许多社会组织参与到了城市社区的治理过程中，但由于其自身的原因以及种种限制，在需要社会组织发挥作用的时候却经常处于“缺场”或“失语”状态。由此也导致了城市社区治理模式的单一化现象。

（3）社区公共服务体系有待进一步完善。

大连市在城市社区治理过程中虽然建立了多元化的公共服务体系，但是从实现精准化城市社区治理的视角出发，仍然需要进一步完善公共服务体系。目前存在的主要问题是：城市社区公共服务资金短缺、社会资本融合不畅；公共产品供给失衡，资源共享存在一时难以解决的问题；从整体上看，各种民间组织、志愿组织、社区居民的参与意识还比较薄弱，城市社区治理的参与度比较低；已经建立的公共服务平台尚处于“各自为政”的状态。

（4）城市社区治理的运行机制需要进一步健全。

目前，城市社区治理运行机制存在一些问题，主要体现为：政府在公共服务设施建设中的“缺位”和某些本应由市场机制解决问题的“越位”现象没有得到彻底扭转；由于权益保障机制不健全，导致出现了社会志愿组织和志愿人员数量少、志愿服务的可持续发展能力弱、服务质量不高、服务领域窄等问题。伴随着城市的经济增长和社会发展，城市社区的结构也在不断分化，出现了由城市居民的需求日益变化引发的利益诉求多元的现象，然而反映群众利益诉求的渠道在某些地方和某些领域仍然不畅，也没有健全相关的利益协调机制；城市社区治理的绩效评估仍然是短板，绩效评估指标体系有待进一步科学化和专业化。例如，在城市外来务工人员集聚区域缺少一些基本公共服务的供给，与城市居民所享受的公共服务相比存在一定的差距，外来务工人员的社会参与处于边缘状态，当他们需要相应的服务时往往是向老乡、亲朋好友求助，而不是向政府或社会组织寻求帮助。对包括外来务工人员在内的流动人口治理的重点应该聚焦于提供各种服务和维持社会的稳定，而不应当是管制与防范。

8.1.2 新型多元主体互动情境下城市社区精准化治理方略

城市社区是国家集中治理和各种民间力量参与社会治理的交汇处，在现实的社会发展过程中，由于各种公共服务、社会矛盾与治理问题等不断向基层社会转移和聚集，使得城市社区成为城市社会治理的前沿。“精准化治理”是一种民众导向的社会治理视角，其体制特征是政治引导、多元主体参与、上下协作、基层活跃。为了进一步提升城市社区精准化治理的水平，需要不断创新和拓展城市社区治理的路径。

1. 在强化政治引导的基础上鼓励多元主体参与

在中国城市社区治理过程中虽然强调多元主体的参与，但是，党和政府在城市社区治理进程中发挥着重要的作用，承担着主要的责任。在城市社区治理过程中要在进一步转变政府职能的同时强化基层党建工作，构建党建引领城市社区治理的新格局，推进多元化社会主体共治，创建“同责共为”的现代社区治理中心。创新城市社区的治理方式，保证城市社区治理过程中政府的主动权。

为确保全面实施社区、社会组织、社工“三社联动”机制，使“三社联动”机制成为中国城市社区精准化治理的“新常态”，应当进一步建立和完善社会化的参与平台，使社区服务“社会化”，努力拓展社会化的参与空间。加大政府对社会组织的培育力度，着力发展各类服务组织、公益组织、行业协会、民办非企业单位等基层社会组织。建立并不断完善社会组织人才培养与使用体系，设计社会组织人员培养与培训计划，实施专业社工人才“培育”计划，从劳动关系、人事管理以及社会保障层面为社会组织人员提供全方位的服务。通过一系列举措实现城市社区治理主体之间关系的多元化与精细化。

2. 整合社会治理资源实现统筹联动

（1）建立和完善城市居民综合服务管理工作体系。应当统筹设计、整合资源、提高标准、建立统一的为民服务网络，搭建为民服务平台。在给城市社区工作人员进一步“减负”的同时，做好社区资源的整合工作，通过建立和完善项目库，鼓励和支持企业积极参与公益创投活动，精准而有效地解决社区居民多样化的服务需求。要在充分调研论证的基础上，突破现有公共服务平台“各自为政”的局面，在全面遴选和整合公共服务资源的基础上建立“市民综合服务中心”，将工作人员、事件受理和服务项目集中在一起，最大限度地方便社区居民。进一步健全城市行政管辖范围内由多层级构成的工作体系，将各种存在于基层的服务中心与市级的“市民综合服务中心”相衔接，实现公共资源的优化配置和统筹联动。

（2）从城市的实际情况出发，尽快建立各种矛盾纠纷调解中心。在城市社区治理过程中，是否能够解决好存在于社区的各种矛盾和纠纷，关系到城市社区精准化治理的水平。为此，应当在各基层组织建立针对城市居民诉求的调解对接中心，在市和区市县分别建立医疗纠纷调解中心，在建立市级物业管理纠纷调解委员会的基础上，应当在各个基层组织建立物业管理纠纷调解中心，从而使与城市社区居民生活密切相关的养老、医疗、物业管理、民商事物等矛盾纠纷发生之后能够迅速找到更专业化、更有针对性的解决途径，确保矛盾纠纷得到及时有效的化解。

3. 培育城市社区治理的“自治基因”

从本质上讲，城市社区属于自治性的组织。然而，在中国的现实国情条件下城市社区又不可能实现完全的自治。在党和政府的引导下，在相关政策的大力扶持下，城市社区应当充分发挥其应有的作用。因此，为实现城市社区的精准化治理，应当不断缩小政府与公民、政府与社会之间的距离，探索建立“政府—社会”“政府—社区”新型的互动机制。

从中国城市社区治理的实际出发，厘清政府的“行政权力”与社区的“自治权利”的界限，明确界定政府与社区的权责边界，真正改变政府对自治组织行政命令或者行政干预的传统做法。进一步改革行政管理体制，进行服务型政府管理流程再造，从城市到农村实行限权与放权的行政改革。深入推进城市社区和农村居民委员会的改革，着力发挥城市社区组织的自治功能，对城市社区的公共资源进行优化配置，完善多元主体参与的城市社区治理体系。随着城市经济社会的发展和市民整体素质的提升，努力为社区居民提供一个公平公正的社会环境，渲染城市社区自我治理、自我服务的政策氛围。疏通社区居民表达意愿的通道，进一步完善民情诉求机制。

4. 建立现代信息技术、大数据与城市社区治理创新的互促机制

随着中国“互联网 +”行动计划的实施，各级政府应当充分认识“互联

网 +”对城市社区治理方式带来的机遇和挑战，应当主动适应“互联网 +”这一新型的社会和政治生态环境，更新公共治理的思维观念。为此，应当结合各个城市的实际，构建网络信息技术对政府职责调整的催化机制。在城市社区治理过程中，政府应提升保障网络安全的能力和稳定网络秩序的能力，提升监控公共服务平台上所有参与方、所有系统和功能以及所有信息的信用、质量和绩效的能力。通过网络信息技术推进城市社区治理的智能化和便捷化，在可能的情况下不断提高公共信息资源的共享水平。随着大数据时代的来临，城市社区治理也迎来了进一步变革的重要契机。社会生活的数字化使得社区中每个人的行为方式都可以用数据的形式记录和处理，这些数据通过技术上的处理，可以快速实现对群体和个体行为方式的分类和精准定位，从而实现服务对象的进一步细化，使城市社区治理过程中的服务内容和服务对象更加精确。以大数据技术的运用为依托，还能够推进城市社区治理决策的科学化水平。借助互联网技术创新城市社区治理模式，深化体制机制改革，实现“小网格、大治理、大服务”，通过“智能网格”助力城市社区治理的精准化。

5. 基于建立的城市社区治理标准进行治理绩效考核

城市社区治理的效果如何，城市社区精准化治理达到了什么样的水平，城市社区治理是否在不断创新与发展，这些都需要通过建立城市社区治理水平的评价指标体系来加以综合评判。因此，应当从城市社区治理的现实出发，在借鉴国内外有益经验的基础上探索建立城市社区治理标准，推进城市社区治理绩效的动态化管理。要以强化城市社区治理绩效考核为导向，实现管理成本的精细化和城市社区治理结果优化的结合，通过回应性考核体系的建立，提升政府对公众诉求的回应能力。

以绩效考核为杠杆，逐步将城市社区精准化治理的重点转变为民生建设，规范制度安排，避免“即兴式”的治理举措。要通过建立立体化的城市社区治理绩效评价体系，为城市社区治理的精准化提供规范化的执行框架。

8.2 新型多元主体协作的城市养老服务网络

8.2.1 多元主体协作的内涵释义

为了分析多元主体参与城市养老服务体系建设的必要性及可行性，首先应当对多元主体参与城市养老服务体系建设的内涵加以分析。因此，需要对“多元”“主体”“参与”这几个基本概念进行界定，并通过这些概念来解释城市养老服务体系建设中多元主体参与的重要性。

关于“多元”的含义，在第六版现代汉语词典里将其解释为多种、多样化的某种事物或东西。多元化被解释为一种事物发展过程中呈现出的各种形态，达到了一定的境界，产生了多种类别，而且多元化已经不再是一个简单的修饰语，现在往往多用于动词特指事物的拓展。“主体”的解释在现代汉语词典中也有多种解释，归纳起来有基本解释和详细解释两种类型。其中，基本解释是指事物发展过程中能够影响事物发展的主要部分。从哲学的角度来看，主体指的是矛盾的主要方面，也就是那些对客体有认识和具有实践能力的人。很明显，城市养老服务的多元主体指的是对城市养老服务有认识、能够为城市养老提供服务的组织或个人。“参与”可以解释为能够对事物的发展走向产生影响的个人或组织，他们加入或融入某件事物的发展过程中，然后对其产生影响。显而易见，参与并不是指主导这件事情的组织或个人，而是以其他的身份加入进来。所以，将上述对多元主体参与的解释概括起来，可以把一般的多元主体参与界定为对某件事情有一定的认识并具备一定的实践能力、不是以主体身份加入、多类别的组织或个人。那么，城市养老服务的多元主体就是对城市养老服务有一定认识，并且加入到城市养老服务中，能够给城市养老提供服务，并起到非主导作用的其他组织或个人。城市养老服务作为公共服务的组成部分，显然具有非竞争性和非排他性的特点，其服务主要由政府提供。然而，随着老年人对城市养老服务需求的日益增多以及养老服务市场化程度的日益加深，政府在提供养老服务过程中的效率和消费者（主要指老年群体）的满意度逐渐下降。因此，城市养老服务的供给急需政府之外的其他多元主体广泛参与。

建立城市养老服务多元主体参与机制就是为了打破以往传统的由政府作为单一主体提供城市养老服务的格局，强调由多元主体共同参与并协作发展来满足现代社会老年人养老服务的多元化和多样化需求。从系统论的视角看，多层次多样化城市养老服务体系的构建是一个复杂的系统，在这个系统中客体是老年人，主体由政府部门、社会组织、企业、家庭构成，它们共同存在于这个系统中，通过特定的角色与责任承担，合理分工、相互依赖，从而为老年人提供便利而高效的养老服务。其中，慈善组织和非营利组织通过商业运作获得的利润用于扶助弱势群体，促进社区的建设和发展，从而改善社区养老服务的硬件和软件环境，在城市养老服务体系建设中具有不可忽视的作用。

在中国人口老龄化和“银发浪潮”来临的大背景下，老年人的养老服务需求日益多元化和多样化，但是中国城市养老服务的供给却存在总量上的不足和结构上的不合理，这种状况仅仅依靠政府的力量难以得到很好的解决，需要在政府的主导下，各种类型的社会组织和个人积极参与，将养老服务看作一个综合体系来发展，以满足老年人不同的养老服务需求。

中国城市养老服务多元化供给的目标是，在政府的主导下形成以家庭养老为基础、社区居家养老为主体、机构养老为补充的多种供给模式相结合、满足不同老年群体差异化、多层次养老服务需求多元化的养老服务体系。从养老服务的供给模式来看，要充分发挥家庭养老、社区居家养老和机构养老三者相互协调相互补充的作用，扩大养老服务的覆盖面。从养老服务的供给主体来说，政府要发挥主导作用，鼓励老年人自我服务，倡导家庭成员的养老服务，使社区、非营利组织、企业、志愿者组织等多种主体积极参与到养老服务体系建设中，推动养老服务的产业化发展，使养老服务的供给主体逐渐多元化。从养老服务的内容来说，通过供给主体的多元化，丰富养老服务的内容，从保障老年人基本的生理需求逐渐扩展到精神层面的需求，使老年人老有所靠、老有所养、老有所医、老有所乐。

8.2.2 城市养老服务的多元主体

要实现多元主体参与城市养老服务，首先要明确各个主体在城市养老服务中的地位和责任。

1. 政府的地位和作用

毋庸置疑，中国政府在城市养老服务体系建设过程中处于关键性的主导地位，引领中国城市养老服务的发展。政府所处的主导性地位表明政府在城市养老服务中的作用具有指引性、规范性和扶持性。具体表现在以下几个方面：①政府为城市养老服务建设提供制度和政策支持。为了保证城市养老服务的可持续开展、维护老年人的基本权益、清楚界定各参与主体的责任，政府必须利用其权威性，充分发挥宏观调控的作用，制定城市养老服务的法律、政策以及城市养老服务发展规划，以法律的形式调控养老服务的整体发展，为其创造良好的法制环境。②政府作为服务型政府需要提供基本的养老服务，以实现社会公平和一系列公共服务的均等化，这是新时代的要求，也是构建社会主义和谐社会的重要组成部分。政府有责任向老年人提供基本的城市养老服务，随着市场经济的进一步开放，市场在资源配置中具有决定性的作用，政府可以通过

“政府购买”和“PPP”运作模式等多种形式向市场和非营利组织购买服务。③政府可以为养老服务提供资金保障。政府应利用国家财政和中央银行的优势，将城市养老服务费用纳入公共财政预算，推动城市养老服务体系不断完善和良性运行。同时，对于参与城市养老服务的营利性组织或非营利组织给予一定的资金补助或税收减免。④政府应建立监督管理机制。城市养老服务的有效运行离不开相关部门的监督管理，政府可以通过建立监督和监管机制，通过第三方机构或社会组织对养老服务进行监督与评估，以此来提升养老服务的质量，促进城市养老服务的可持续发展。⑤大力宣传尊老爱幼的优良传统，培育社会力量和新生的储备力量。所谓新生力量是指非营利组织与志愿者组织，政府应通过制定优惠政策，充分调动社会组织或个人参与的积极性，提高社会福祉的承载能力。此外，政府要重视志愿者组织在城市养老服务体系建设中的作用，通过建立高质量和高素质的志愿者队伍来满足老年人多样化的养老服务需求。

2. 企业的地位和作用

企业是一个国家生存发展和社会运行中不可缺少的部分，是城市养老服务的参与主体之一。企业在城市养老服务体系建设中的地位和作用主要体现为：①企业的参与可以拓展政府提供城市养老服务的广度和深度。因为从一定程度上讲，政府只是提供了基本的城市养老服务，对于一些老年人提出的较高层次的养老服务需求政府可能无暇顾及。因此，企业的积极参与能够更加全面地满足不同老年群体的养老服务需求，从而扩大了提供城市养老服务的范围和深度。②企业可以根据养老服务市场的变化情况，利用商业化的运作方式提高城市养老服务的水平和效率。在提供城市养老服务的过程中引进市场竞争机制，实行优胜劣汰，从而大幅度提高了城市养老服务机构的服务能力和服务水平。③参与城市养老服务是展现企业价值的一种重要形式。企业通过参与社会化的养老服务事业，从宏观层面上说是为社会主义现代化建设作出了贡献，为社会提供了公共服务，有利于社会的稳定和协调发展。从微观层面说，通过参与社会公益事业，既可以提升企业的社会形象和知名度，又能够为企业带来更加广泛的市场潜力和多样化的商机，是一种多方共赢的举措。

总体而言，在实践过程中企业可以为城市养老服务提供的帮助主要体现在两个方面：①可以提供多层次多样化的养老服务。企业可以成为城市养老服务生产者和销售者，直接向老年人提供城市养老服务。企业可以为老年群体提供多样化、高层次、发展性的养老服务，能够满足老年人高层次的养老服务需求。养老服务的供给方式有两种，一是企业直接向老年人提供城市养老服务，发展养老服务产业，提供有偿的城市养老服务；二是企业与政府合作，通过政府购买方式或通过 PPP 模式向企业购买养老服务。②可以提高城市养老服务的层次性，增强城市养老服务的创新性。企业具有较强的灵活性和创新性，能够主动挖掘老年服务市场中存在的机遇，通过发挥其积极性、主动性和创造性实现养老服务供给的多元化和养老服务的差异化，通过养老服务供给方式创新等途径促进中国城市养老服务事业的发展。

3. 非营利组织的地位和作用

非营利组织是不以盈利为目的、具有公益性特征的组织或个人，其主要作用之一是能够有效避免政府失灵和市场失灵。非营利组织在西方国家市场失灵和政府失灵的背景下孕育而生。在国内外学术研究中，针对非营利组织有不同的名称，例如非政府组织、民间组织、第三部门等。

非营利组织在公共服务中的地位不容忽视。发达国家的经验表明，非营利组织不仅可以缓解政府的财政危机，减少政府的财政赤字，而且能够解决政府直接向公民提供公共服务时出现的问题。例如，运行效率低、腐败等问题。中国在社会转型期间需要重新塑造政企关系，企业要成为追求经济利润最大化的现代化企业，而政府要转变为以宏观调控为主的服务型政府。因此，非营利组织的产生对于政府与市场来说都十分有利。

非营利组织的特点决定了它在提供城市养老服务方面具有以下几方面的优势：①可以为老年人提供多元化的服务。老年人由于年龄和身体状况等因素的差异，造成了他们养老服务需求的差异。政府在提供城市养老服务的过程中往往只能够提供最基本的养老服务，并不能够满足一些特殊的养老服务需求，并且政府投入到城市养老服务中的财政资金有限，这些资金也只能做到向老年人提供基本的养老服务。但是，非营利组织可以弥补政府在这方面的不足，向老年人提供多元化的养老服务。②可以降低运营成本，提高运营效率。在资金来源方面，非营利组织除了有来自政府的资助或补贴外，还有一大部分资金是来自社会的捐赠，因此，它具有集中和利用社会各方面的分散资金的优势，以此来降低运行成本。③具有多种服务角色。非营利组织在提供城市养老服务过程中不仅是生产者，而且是各种养老服务的设计者和实施者。政府可以通过政府购买服务的方式向非营利组织或市场购买养老服务，这些服务项目的建设和管理全部由市场和非营利组织来掌控。例如，有些慈善组织不仅向老年人提供社会救助和帮困服务，还成立了老年人乐园及护理院，免费供老年人使用；政府还可以通过投资和外包的方式或 PPP 模式将养老服务硬件设施的建设和管理交由非营利组织或市场来进行。目前，已有部分省市开始试行养老服务机构的“公建民营”和“租赁转让”。

具体而言，非营利组织在城市养老服务中的主要作用体现为：①提供各种城市养老服务。城市养老服务包括了日常的衣、食、住、行等方面的生活照料服务、精神慰藉服务、医疗卫生和文化娱乐服务等，非营利组织丰富和完善了养老服务的内容。②参与针对老年人的社会救助和爱老助老活动。非营利组织利用自身的优势和政府的资助，可以为社会上特定的老年群体提供养老服务。例如，成立于 1994 年的上海慈源爱心基金会，一直将爱老、助老、安老作为重点发展的慈善事业之一，先后建立了陈兆寅、旭东、联华超市、鑫达等多项安老助老基金，开展了多项安老助老慈善项目。

4. 家庭的地位和作用

中国传统的养老方式是家庭养老，但是，随着社会的发展、家庭结构的变迁以及现代家庭的核心化，家庭的养老功能已经越来越退化。然而不可忽视的是，当前家庭在提供城市养老服务过程中仍然占主体地位。这其中有几个方面的原因，首先是家庭较其他参与主体而言更能够有效地向老年人提供精神慰藉和心理服务，家庭成员之间的相互信任和感情优势能够快速提高城市养老服务水平；其次是中国传统文化强调子女对老人有赡养的义务和责任，子女提供养老服务仍然是大多数老年人选择安享晚年的选择。

家庭在城市养老服务建设过程中的主要作用是：①家庭是大多数老年人的首选。对绝大多数老年人而言，他们不愿意离开自己熟悉的环境，不愿意承受难以言表的孤独感。俗话说得好，“金窝银窝不如自己的小窝”。因此，家庭仍然是老年人进行养老的首要选择。②家庭成员是老年人养老的重要依靠。中华民族“养儿防老”的传统观念深深地埋藏在老年人的记忆里，他们认为子女是自己安享晚年的支柱。虽然现代家庭的养老能力与以前相比有所减弱，但家庭仍然是老年人进行养老的重要依靠，子女及其他家庭成员在老年人养老这个问题上有着不可推卸的责任和义务，他们是老年人晚年时最希望共处的人，希望得到他们的关心和照顾。③与家庭成员尤其是与子女之间进行的感情交流是老年人最主要的情感和精神寄托。在现实生活中虽然有许多家庭的子女已经与父母分开居住，但他们仍然保持着经常性的联系。子女们对老年人的日常生活及精神生活有着更深入而全面的了解，子女们可以和父母很好地维系感情和亲情。中华民族历来重视孝道，家庭成员有义务向老年人提供情感上和精神上的支持与慰藉。

综上所述，中国城市养老服务体系的建设和发展需要政府、企业、非营利组织、家庭这四大主体的积极参与和沟通协作，不同的主体承担着各自的责任与义务，发挥着各自的功能，主体之间互相补充、协调发展，建立起有效的协作机制，这样才能够有利于中国城市养老服务的健康可持续发展。

城市养老服务体系的建设除了需要对家庭养老、社区养老、机构养老三种养老服务模式进行优化，还需要进一步完善相关的配套措施，综合协调各方面的力量，只有这样才能构建出完善、协调、可持续、动态优化的养老服务体系。

应建立规范化的城市养老服务市场。市场经营具有趋利性和信息不对称性等缺点，如果养老服务过度追求市场化，则会造成市场失灵、资源配置效率低、分配不公等不良后果。这就需要政府进行宏观调控，规范养老服务市场，建立公私兼顾的养老服务体系。政府要规范和优化养老服务市场，必须根据市场上的物价指数合理调控养老服务的消费价格，营造公平公正的市场环境。此外，要加强审计监督工作，确保养老服务的各项资金能够落到实处。

应建立养老服务信息网络。在建设和发展城市养老服务体系的过程中应充分利用先进的互联网技术，以互联网技术为平台，建立和完善养老服务信息网络。通过构建社区养老服务信息网络和服务平台，采取便民网站、热线电话、社区呼叫系统、有线电视网络等多种形式，为老年人提供便利高效的服务。在养老服务机构中可以为老年人建立基本信息电子档案，搭建机构养老信息平台，以此为依据对养老服务机构进行日常管理。针对老年人的基本状况和服务需求建立动态信息系统，随时跟进其需求的变动。利用信息网络将居家、社区和机构养老服务衔接与协调起来，有助于提高养老服务的效率与水平。

8.3 养老服务多元主体之间的互动机理

8.3.1 多元主体互动机制

对于养老服务的多元主体，学术界历来有不同的解释。有的把城市养老服务的主体分为管理层次的主体、供给层次的主体；有的从社会保障和法律的角度划分为受益主体、义务主体及行政主体。其中，受益主体是指城市养老服务的接受者，即老年消费群体；义务主体是指在城市养老服务中承担提供服务及管理和监督等责任的组织或个人；行政主体主要是指国家机构、实施并管理城市养老服务事务的行政部门。而这里所说的城市养老服务主体主要是指养老服务的提供者，包括政府、企业、非营利组织以及家庭。在城市养老服务协调机制中，政府、企业、非营利组织、家庭之间存在着密切的联系。其中，政府处于主导地位，通过制定政策法规和管理措施发挥引导作用，同时在资金、监督管理、引导非政府组织健康发展等方面发挥着重要作用。企业则利用其市场资源的配置功能，提高了城市养老服务的质量和水平，也为养老服务的创新奠定了坚实的基础。非营利组织向老年人提供多元化和专业化的服务，是政府与社会民众之间的桥梁，与此同时也起到了组织实施、监督管理、质量评估的作用。家庭是老年人的主要居住场所，是老年人养老的重要依托，为老年人提供情感支持和精神慰藉。因此，任何一种参与主体的行为都会影响到整个城市养老服务的整体运行效果。

事实上，由于多元主体之间存在各自的利益取向，各主体之间不可避免地会发生矛盾。因此，有必要建立多元主体参与的协调机制，使每个主体都能够参与其中，充分发挥其积极作用，促进多元主体的良性互动，完善养老服务市场的良性运行机制。多元主体参与城市养老服务的互动协调机制包括政策法规及管理措施保障机制、宣传机制等多种内容。

8.3.2　多元主体互动的政策支持

养老服务多元主体之间要实现协调发展，离不开相应的政策法规和管理措施的引导、支持和保障，没有法律法规的强制性规范，养老服务市场中每个主体都只会向有利于自身利益的方向发展，这样将不利于城市养老服务的可持续发展。政府通过制定与养老服务市场相适应的政策法规和制度，建立高效率和高质量的运行管理体制是很有必要的。为此，应采取以下具体措施：①完善城市养老服务相关法律法规。城市养老服务是老年人养老的基本权利，为了使得老年群体充分享受到城市基本养老服务，需要出台一系列政策和法规来确保老年人的合法权益。城市养老服务的相关政策法规涵盖的内容比较多，例如：确定城市养老服务的对象、城市养老服务机构的数量及实施标准、城市养老服务设施的数量、城市养老服务法规和实施条例等。②完善城市养老服务的管理及监督机制。完善的城市养老服务管理及监督机制是多元主体参与的城市养老服务高效运行的保证，良好的管理及监督机制可以使城市养老服务有章可循，有法可依。城市养老服务的管理及监督机制包括：养老服务机构的准入标准、养老服务机构的运行标准、养老服务人员的操作标准以及奖惩制度，等等。③建立经济补偿机制。城市养老服务可以说是一种无偿或低偿的公共服务，服务价格相比市场上的其他有形或无形的产品的价格要低很多。改革开放以来，中国政府已经实现了从计划经济体制下的全能政府向服务型政府的转变，政府有义务也有责任向老年人提供完善的城市养老服务。但是，除了政府以外，其他服务主体（包括企业、非政府组织及家庭）从城市养老服务中得到的利益比较少，这也是为什么城市养老服务市场和养老服务产业发展比较缓慢的主要原因之一。例如，城市中的居民委员会所承担的责任远不止是城市养老服务这一事务，还有日常的小区物业管理以及需要开展的其他各种活动，由于城市建设发展中可以使用的资金大多数来源于公共财政资金，而用于城市养老服务的资金就更少了。因此，为了更好地培育和发展养老服务市场和养老服务产业，政府应该通过经济补偿的方式激励社会组织及企业参与。经济补偿机制的建立需要政府的监督才能有效实施，否则可能出现滥用资金、公款私用、徇私舞弊等不良结果。

20 世纪 80 年代中国开始在城市中实行社会化的养老服务，但是与西方国家相比较，中国的城市养老服务发展的时间较短，而且不够成熟。现在一些城市居民对城市养老服务的运行模式仍然不太了解，更不清楚养老服务的内容和标准等。因此，有必要建立城市养老服务的宣传机制，使新型的养老观念深入人心，深化居民对城市养老服务体系的认识，这有益于构建社会主义和谐社会，能够推动城市养老服务体系朝着更加科学、合理、完善的方向发展。

8.4 城市养老服务资源的优化配置

人口老龄化所带来的压力已经引起国家领导人的高度重视。习近平同志指出，应对中国的人口老龄化，事关国家发展全局，事关亿万百姓福祉，要立足当前、着眼长远，加强顶层设计，完善生育、就业、养老等重大政策和制度，做到及早应对、科学应对、综合应对。在经济发展的新常态下，要让养老服务业成为中国经济发展的新增长点，要合理配置养老服务资源，推动健康养老产业的供给侧改革，解决养老服务机构“一床难求”和“入住率低”等问题。在新的形势下，优化配置养老服务资源要处理好以下三种关系。

8.4.1 养老服务规划与实施之间的关系配置

优化养老服务资源，首先要把规划和实施结合起来，要切合实际。实践证明，现实生活中养老服务资源的配置效率并不高。例如，一些远离市区的大型养老服务机构环境虽然很好，机构的养老服务设施也不错，但是床位空置率仍然较高。其中一个重要原因就是郊区的交通设施落后，周边的配套设施不完善，没有相匹配的医疗服务机构或医院，老年人来这里入住的意愿很低。一些城市的养老服务设施建设既缺乏总体规划，又缺乏专项规划，缺少对于所在地区人、财、物等多方面的调查分析，没有从老年人的需求和未来养老服务业的发展趋势出发做出具有前瞻性和操作性的规划布局；甚至有些城市养老设施的建设不是基于当地老年人的需求来布局，而是单纯从土地成本考虑，为了完成业绩需要而被动实施，没有把城市养老服务建设放在城市发展的大局上来考虑。

因此，应当从当前养老服务需求和未来城市养老服务的发展趋势出发，理论与实践相结合，对城市养老服务体系建设做出前瞻性的整体规划。同时，要根据市场的需求状况、人口分布以及地区经济发展水平，对于人、财、物等养老资源进行合理的规划布局，改变粗放型的养老服务设施规划模式，探索实施精准化的养老服务设计和医疗设施分布规划，实现养老服务资源和医疗卫生资源的有效衔接，提高规划的科学性和前瞻性。

通过一系列举措强化各级政府落实养老服务规划的主体责任，将养老服务规划中的主要任务指标纳入当地经济社会发展规划，纳入为民办实事项目，纳入政府工作的议事日程和目标责任考核内容中。健全养老服务工作的体制机制，形成推进养老服务规划实施的合力。加强专家支持系统建设，建立由多学科、多领域专家学者参与的专家顾问制度，为养老服务规划的实施提供技术咨询、评估和指导。应建立社会监督平台，建立健全第三方评估机制，适时对养老服务规划执行情况进行评估，适时将评估结果向社会公布。

8.4.2　养老服务供给与养老服务需求的关系配置

养老机构的养老服务供给和发展定位与当地的养老服务需求的匹配情况是衡量养老服务资源配置合理与否的关键。随着市场经济的发展，不同层次的养老服务机构如雨后春笋般发展起来。例如，有的养老服务机构将中等收入老年人作为目标人群，采取社区嵌入式养老模式，依托便利的交通条件、完善的配套设施以及专业化的养老服务取得了良好的发展效果。有的将失能失智老年人作为主要的服务对象，着力建设医养结合护理品牌，不断推广集医疗康复、养老助老、临终关怀、善后服务为一体的老年人医疗护理服务，已经取得了很好的效果，而且具有良好的发展前景。一些养老服务机构利用当地地理区位和气候条件方面的优势，建设和发展季节性的“候鸟式”养老服务模式，例如：

冬天在海南养老，夏天在东北养老等，满足了老年人旅居养老的需求。

因此，养老服务机构在规划建设之前应进行充分的市场调研，了解所在区域老年人的人口分布、经济发展水平、卫生与健康水平以及养老服务需求意愿等方面的信息。明确发展定位，设计相应的养老服务机构管理模式，培养养老服务机构管理服务人才，优化自身的管理，完善服务种类，提高服务质量，将机构内的日常照料、医疗诊治、护理保健等各种专业化的服务覆盖至社区有需求的老年人，充分发挥养老服务机构的最大效用。

8.4.3 养老服务机构收费与老年消费群体支付能力之间的关系配置

第四次中国城乡老年人生活状况抽样调查数据显示：2014 年，中国城市老年人年人均收入为 2.4 万元；同比当年全国城市居民人均可支配收入为 2.9 万元，老年人收入明显低于全国人均收入。同时，受消费理念和文化观念等方面的影响，老年人用于养老服务方面的支出少之又少。一些城市的养老服务机构没有考虑到当地老年消费群体的实际消费水平，盲目建设高档养老服务机构，收费高昂，一般家庭的老年人难以承受；尤其是对于失能失智老年人与高龄老人而言，退休金很难承担得起养老护理费用的开支。有的民营养老服务机构由于存在运营成本过高、银行贷款困难、资金压力大、缺乏政府的政策支持等实际问题，只能通过提高收费的方式维持运营。政府应加大对养老服务业的支持力度，包括进一步加大在资金投资、土地厂房供应、机构设备补贴、水电缴费等方面的优惠力度，通过服务外包或 PPP 模式等多种方式解决养老服务机构的投融资问题，降低养老服务机构的运营成本。要逐步完善老年人的护理保障制度，在试点地区探索“以地养老”“助老养老”等多种养老服务模式。

8.5 精准化城市养老服务体系的构建与推进策略

8.5.1 实施精准化城市养老服务的动因与战略功效

1. 实施精准化城市养老服务的动因

（1）现有的养老服务难以适应老年人的多元化需求。

在养老服务的供给方面，政府在养老服务中的定位仍然不是很清晰，在传统的家庭养老服务功能不断弱化的同时，居家养老服务和养老机构还面临诸多问题，政府、家庭和市场的协同作用没有得到充分发挥，养老服务供给不足而且低效。人口老龄化速度的加快必然形成养老服务供给的缺口，对当前中国的城市养老服务造成了巨大的冲击。在养老服务需求方面，孤寡老人、失能失智老人、空巢老人、老年慢性病患者、老年农民工等群体存在着巨大的养老服务需求，但目前中国的城市养老服务供给能力不足、保障程度低，无法满足多元化的养老服务需求。在大连市采集的数据表明，2016 年大连市户籍人口中 60 岁以上老年人口达到 136.2 万人，平均每万名老年人拥有养老服务床位仅 66 张，远远不能满足庞大的老年群体的养老服务需求。而且城市之间、区域之间、城乡之间还存在着养老服务机构发展不平衡、养老服务资源分布不均衡的现象。在大连市 11 个区市县中，相对偏远的市县和新建立的产业园区民办养老服务机构明显少于其他区域，养老服务机构的供给严重不足。从目前养老服务的实际效果看，养老服务供给还不能够精准地适应老年人的多元化需求，为老年人提供的服务主要集中在吃、穿、住等简单的日间照料、家政服务和医疗护理等基本需求层面，还不能够根据部分老年人的需求提供更高层次的养老服务。

（2）城市养老服务政策有待进一步完善。

养老服务事业的发展需要政府的鼓励、引导和扶持，特别是在财政投入、用地指标、补贴政策、重点项目和工作机制等方面，政府更应当提供有针对性的政策扶持，只有这样才能够为推动养老服务的建设和发展提供强有力的政策保障。近年来，虽然许多城市先后出台了一系列与养老服务相关的政策和文件，但从现实的情况来看，中国的城市养老服务政策存在着重原则、轻实质、缺乏配套措施、实施细则和实施标准等问题，养老服务政策在实施过程中遇到了许多困难。有些政策由于得不到相应的财政资金支持，最后往往不了了之。有些政策从本质上讲不是在促进养老服务事业的发展，而是在适应政府经济增长目标的需求和实现政府业绩的需要。具体化和可操作性的养老服务政策、实施办法和操作标准还有待进一步完善，针对精准化城市养老服务的政策还处在探索阶段。

（3）养老服务产品市场处于开发和推广阶段。

精准化的养老服务应该围绕适合老年群体的衣、食、住、行、医、社交、购物、养生保健、精神享受等方面的需要，积极开发和生产安全有效的符合老年人健康状况和身体特点的老年生活辅助用品、老年日常生活用品、老年食品药品、老年服装服饰等老年用品、用具和服务产品。政府应鼓励和支持各大商场、大型超市、批发市场设立老年用品专柜区或者老年用品专卖店，不断满足老年人的多元化需求。从目前情况看，虽然许多城市已经开始重视养老服务产品及相关产业的发展，但老龄产业的发展与老年群体的多样化需求相比仍然存在着较大的差距。老龄产品匮乏，养老服务品种单一，无法为老年人提供多元化和精准化的产品和服务；老龄产业市场不健全，养老服务市场秩序混乱，服务产品“鱼龙混杂”，缺乏对老年产品和服务的价格管理和质量管理；政府也没有建立相应的市场准入机制、行业规范和标准，无法对老年服务市场快速发展提供应有的保障。

2. 精准化城市养老服务的战略功效

党的十九大报告明确提出，中国的经济社会发展进入了新时代，发展中所面临的主要矛盾和问题也呈现出新变化和新特点，需要以新的策略积极应对。人口老龄化是决定中国社会经济格局的重大基础性问题，是中国中长期社会经济发展面临的最大挑战，养老服务已经成为党和政府关注的一项涉及民生的重大工程，解决人口老龄化问题刻不容缓。建立精准化的城市养老服务是有效应对中国城镇人口老龄化的有力举措，也是落实“以人为本”科学发展观的具体体现，是促进社会稳定和保民生的客观要求。

当前，中国城市养老服务面临着各种各样的问题，解决城市养老服务问题，必须制订出符合城市养老服务健康发展的解决方案，其关键在于构建和实施精准化的城市养老服务。实施精准化的城市养老服务既是社会发展的需要，也是一种社会责任，能够确保城市养老服务又好又快发展。

构建精准化的城市养老服务是不断满足中国老年人口多层次、多元化养老服务的需要，是不断提升中国养老服务发展水平、促进共享发展成果的客观需要，是构建和完善多层次养老服务体系必不可少的组成部分，对于加快建立适应中国人口老龄化的养老服务体系具有重要的作用。精准化城市养老服务是从系统的、动态的视角重新思考和应对中国城市人口老龄化的战略布局，有助于积极稳妥地推进适合中国国情的养老服务的发展与改革。

8.5.2 精准化城市养老服务构建的基本路径

1. 构建以家庭养老与社区养老为核心的互帮互助的养老服务模式

随着社会的不断进步，经济的稳定增长，以及受大规模人口流动等因素的影响，中国传统的家庭养老功能在不断弱化。从现阶段中国国民的物质需求和精神需求来看，家庭养老在城市养老服务中仍然发挥着主导作用。对有子女赡养的老年人仍然应当采取以子女抚养为主，辅之以社区帮助的养老方式。对于无子女赡养的老年人，社区应当发挥主要作用，不断提升对这类老年人的关怀度。对于社区养老服务而言，应提高建设规划和资源整合的力度，进一步建设和完善必要的社区养老服务设施和活动设施。加大对社区养老服务的资金支持力度，以社区为单元为老年人建设文化娱乐活动中心，实施社区养老服务机构准入制度，确保养老服务质量。同时，应鼓励具有正规执业资质的民营企业进入社区，为老年人提供正规的养老服务。

着力发展与老年群体相关的文体娱乐服务。应建立多功能、综合性的老年休闲活动中心，定期开展适合老年人的文体娱乐活动，政府应当把建设老年体育场所纳入城市发展规划中。

建立家庭养老和社区养老相互连接的网络化和智能化的养老服务模式。应鼓励和支持相关企业和科技公司建立以“互联网 +”等技术手段为平台的家庭养老服务模式，进一步完善符合老年群体服务需求的线上线下相结合的养老服务网点和居家养老网络服务信息平台，根据老年人的身体状况和服务需求的差异，提供精准化、规范化的护理服务，以及多样化的方便高效的养老服务。

按照国家的统一规划，应着力建设居家社区养老服务工程。依托城市社区公共服务综合信息平台，以失能、独居、空巢老年人为重点，整合建立居家社区养老服务信息平台、呼叫服务系统和应急救援服务机制，方便养老服务机构和组织向居家老年人提供助餐、助洁、助行、助浴、助医、日间照料等服务。实施“互联网 +”养老工程。支持社区、养老服务机构、社会组织和企业利用物联网、移动互联网和云计算、大数据等信息技术，开发应用智能终端和居家社区养老服务智慧平台、信息系统、APP 应用、微信公众号等，重点拓展远程提醒和控制、自动报警和处置、动态监测和记录等功能，规范数据接口，建设虚拟养老院。

2. 鼓励社会资本参与城市养老服务机构建设

在城市养老服务机构建设过程中，政府应起到主导和引领的作用，充分利用社会闲置资本和广泛的社会资源，用“有形的手”将政府、企业、非营利组织、个人等多方主体的资源与力量进行整合，促进养老服务机构的可持续发展。鼓励非营利组织、外资企业、民营企业等投资建设标准化、专业化的城市养老服务设施，开展多元化的养老服务。在对医疗机构空闲床位、企业建设用地、闲置学校等其他社会资源进行整合改造时，政府应为其提供绿色通道，并提供必要的协调和辅助。鼓励和支持非营利组织开办养老机构，采取民办公助、公办民营、服务外包等形式，给予一定的优惠政策和财政补贴，帮助其健康稳定发展。大力支持社会力量、非营利组织和爱心人士开办多元化、精准化的养老机构，为老年人提供精准和便捷的养老服务。

积极扶持医养结合型养老服务机构的建设，充分利用城市中丰富的医疗资源，积极构建养老、医护、康复、中医养生、临终关怀服务等相互衔接的养老服务模式，实现老年人在养老机构和医疗机构之间服务的便捷和对接。养老服务机构应提供医疗保健服务，条件相对较差的养老服务机构应设置医务室或诊所，条件好的养老服务机构应设置综合门诊部，条件具备的可申请设立医院。养老服务机构应与周边医疗卫生服务机构合作，实现资源的共享。将养老服务机构中设立的医疗机构纳入城市远程医疗综合管理平台，符合职工和城镇居民基本医疗保险条件的，可将其纳入定点医疗保险范围。鼓励医疗机构将医疗服务延伸至养老服务机构。鼓励专业医师到养老服务机构中设立的医疗机构开展多点业务。有条件的二级以上综合医院（含中医医院）应开设老年病科，增加老年病床数量。

3. 强化公办养老机构的基础性保障作用

“十三五”时期，中国各级各类城市应加大对公办养老机构的财政投入力度，根据养老机构的实际情况，遵循实用性和适用性原则，在没有养老机构的区域应建立养老机构，在养老机构床位较少的区域应根据当地的社会经济发展状况和养老服务规模增加床位，以满足老年人的需求。

此外，还应选择一些典型城市开展养老机构改革试点工作。建设公办养老机构是一项庞大的民生工程，它具有高投入、低产出、投资收益回报周期长等特点，需要大量的公共财政资金支持。为了减轻政府的财政负担，提高公办养老机构的管理水平和服务效率，政府可以把公办养老机构的养老服务以特许经营的方式转移给社会（企业），积极与社会力量合作开展养老服务试点项目和设施安全标准化建设，建立一套由主导主体、参与主体和负责主体构成的运营管理机制。与此同时，还可以根据当地公办养老机构的运营特点和优势，对公办养老机构进行分类改革。根据老年人的身体健康状况、收入情况、年龄等进行分类，把同一类型同一条件的老年人集中在一起进行照护和养老服务。

8.5.3 精准化城市养老服务的推进策略

精准化城市养老服务的建设不能够一蹴而就，需要整合多方的力量逐步加以实现。在精准化城市养老服务建设过程中，应进一步加强政府的引领作用，按照规划完成每一阶段的养老服务目标，基于当地经济和社会发展水平建立相应的服务框架、服务标准和收费标准，通过对养老服务现状进行全面的调查分析，对当前和未来的养老服务发展和养老服务需求进行精准评估和预测。在精准化城市养老服务的建设和发展过程中，政府应立足于中国城市人口老龄化的整体状况，根据城市经济和社会发展的实际情况，在精准化养老服务的推进过程中强化宏观调控的作用和养老服务行业政策法规的引导作用，制定相关的行业标准，提高部门监管的力度，调动社会各方面的力量积极参与到养老服务中，从而使精准化城市养老服务的建设和发展有条不紊地进行，满足中国日益增长的老年人多样化的养老服务需求。

1. 出台并落实与城市养老服务相关的具有可行性和可操作性的政策法规

目前，中国已经颁布实施了许多针对老年人养老服务的相关政策、法规和文件，但由于城市之间养老服务的建设和发展存在差异，具体的实施并没有达到理想的效果。只有制定可行且可操作的政策法规、实施办法和操作标准，城市养老服务的供给才能够有章可循。一些省、市、自治区已经出台了具体的地方性政策法规，并且取得了良好的效果。例如，为了促进广东省社会养老服务的发展，2015~2016年出台了《养老服务业的实施意见》等一系列政策和文件，明确了广东省的养老服务目标、任务和发展布局；浙江省在国家已经颁布的相关法律法规的基础上，针对浙江省养老服务发展状况出台了《老年人保健条例》，以立法的形式对老年人的保健设施进行保护，规定在养老服务相关设备方面做到方便、舒适和保健，确保为老年群体提供良好的活动设施。为此，各级城市政府可以在综合考虑当地养老服务资源及其存在的主要问题的基础上，根据城市的具体情况，制定符合当地实际的政策和法律法规。此外，还可以借鉴国外已有的政策法规，如英国的《老年年金保险法》、美国的《社会保障法》、日本的《老人福利法》等。美国的《社会保障法》把老年人的养老金、失业保险、老年保险全部纳入国家财政支出项目中，解决了老年人的晚年生活负担问题；英国的《老年年金保险法》将国家养老金分为一级养老金和二级养老金，任何符合条件的老年人都可以享受政府补贴；日本的《老人福利法》以立法的形式阐释老年人应享有的福利，从而使老年人的福利得到保障。

2. 加强专业人才队伍建设以提高养老服务的质量和规范性

“十三五”国家老龄事业发展和养老体系建设规划明确提出了养老服务人才培养工程，在养老服务、医养结合、科技助老等重点领域，每年培养造就一批高层次人才，符合条件的享受人才引进政策，示范带动养老服务业发展。在全国各类养老服务机构中，培养选拔优秀护理员，提供居住落户、住房保障、子女就学等方面的政策扶持。实施养老护理人员培养培训计划，“十三五”时期力争使全国养老机构护理人员都得到至少一次专业培训。对各级老龄工作机构的人员定期开展老龄政策和相关知识培训。

精准化的城市养老服务需要高素质、高质量、专业化的人才队伍提供保障，当前中国城市养老服务人员短缺与服务质量不足已经束缚了社会化城市养老服务的发展。为此，各级各类城市应加快养老服务专业人才队伍建设，充分利用各类资源，对养老服务机构的管理人员、护理人员和服务人员进行规范化和职业化技能培训，不断提高他们的管理能力和服务水平。在大专院校和职业技能培训学校开设与养老服务相关的专业课程，支持大学生群体选择养老服务行业就业，加快培养医疗诊断、中医养生、康复护理和社会工作等方面的人才。建立和推行养老服务行业合理的薪酬制度体系和职业资格制度，规范养老服务队伍管理岗位，提高养老服务工作者的薪酬待遇，展现他们的社会价值和职业价值，加强他们的社会认同感和职业认同感。制定明确的养老服务职业分类和职业标准，根据老年群体养老服务的不同需求，建立相应的职业培训和鉴定机制，提升从业人员的服务能力。

3. 充分发挥志愿者和社会工作者在养老服务中的作用

在全社会大力弘扬尊老、敬老、爱老、养老的优良传统的过程中，在城市社区和养老机构中定期开展志愿者服务活动，鼓励年轻人和社会爱心人士加入志愿者服务队伍，充分发挥志愿者和社会工作者在城市社会化养老服务中的重要作用。积极推行志愿者和社会工作者的义务服务登记制度，探索建立“志愿者银行”和志愿服务时间储备制度，建立志愿者服务终身档案管理制度，从登记到服务的对象、服务的效果、奖励情况等全部载入志愿者和社工服务档案并终身保留，待到他们年老以后可以免费享用相同时间的志愿者提供的养老服务。这样就可以通过劳务储蓄实现社会互助，能够保障志愿者和社工队伍的延续性，也能够确保志愿者和社工队伍的稳定性和号召力。

4. 实现大数据和“互联网 +”技术与养老服务的结合

互联网是人口老龄化社会的重要空间载体，大数据是人口老龄化社会的重要技术手段，大数据和“互联网 +”技术与养老服务的结合对于中国人口老龄化问题的解决和老龄社会的健康发展具有重大意义。随着大数据的爆炸式增长，大数据在越来越多的领域被广泛应用，可以将大数据应用到老年人照护领域，对不同年龄段、不同类型、不同情况的老年人进行分级，同时对老年人的照护内容和提供照护的人员进行分级，从而形成无缝对接机制。例如，根据老年人的身体健康状况，可以将其分为健康老年人、失能半失能老年人、失智老年人，从而制定出不同的照护内容和照护服务。充分利用“互联网+”技术，把养老服务与现代科学技术有效结合起来。可以在城市中建立以“互联网+”为基础的智慧型养老社区，以互联网智能设备为线上基础设施，以老年人需求信息为要素，以线下供给为支撑，形成为老年人提供线上线下互动的智能化的养老服务平台，实现为老年人24小时全程服务。

江苏省通信服务有限公司高级工程师屈芳认为，“互联网+大数据”养老具有与传统养老体系完全不同的特征，可以概括为：①基于知识的服务。“互联网+大数据”养老是建立在信息采集、信息整理、信息利用和信息服务基础上的一种养老服务体系。对数据和信息的管理，以及对知识的升华应用是信息社会的典型特征，依托于数据、基于知识的增值服务是任何传统的养老方式无法比拟的。②技术的多样性。“互联网+大数据”养老服务体系是多种信息通信技术的综合利用，包括传感技术、存储技术、计算技术、通信技术、数据分析技术和人工智能技术等，这些信息通信技术的集成应用使多元异构信息汇聚和数据融合挖掘成为养老服务体系的基础。“互联网+大数据”养老服务体系的实现是多种信息通信技术的综合体现和共同支撑，不是一种或一类技术能够代表的。③业务的综合性。“互联网+大数据”养老服务体系是综合集成的业务集群。传统的养老方式是以居家养老、社区养老、机构养老来区分，而“互联网+大数据”养老服务体系依托网络和数据，脱离了空间性，模糊了时间性，它使得老年人在任何时间、任何地点、任何场景下都能享受到服务，满足实时性的用户需求，甚至发掘出潜在的用户需求。④行业的融合性。“互联网+大数据”养老服务体系带动行业之间的融合与产业的集群式发展。“互联网+大数据”养老服务涉及的行业几乎涵盖所有已知的传统服务行业和以信息技术为代表的新兴产业，例如，智能建筑、智能家居、智慧医疗、网络金融、在线交易等。通过信息融合和数据挖掘，这些看似相去甚远的行业和领域得以交叉产生新的业务和共享用户。

大数据和“互联网+”技术与养老服务相结合是适应当前社会发展的一种新型的养老服务模式，在人类社会发展进入网络社会的新时代，“互联网+大数据”养老服务模式能够为老年人提供全方位、广覆盖、智慧化的养老服务。

5. 积极发展老龄产业和养老服务产业

近年来，随着中国城市老年人口的日益增长，老年消费群体的需求越来越大。现阶段，中国城市养老服务市场还处于开发阶段，针对老年消费群体的服务产品和服务种类少之又少。为此，政府应当引导相关的研发部门和企业积极开发适合老年人养老需求的产品和服务，大力发展老年人日用消费品、社区家政服务、医疗卫生保健和老年特色旅游等，促进老龄产业和养老服务产业与老年保险、老年再就业、中医养生和文化娱乐等相关产业的发展。充分利用各种机遇和互联网媒体媒介，宣传积极老龄化和先进的养老理念，引进新的养老产品和服务，促进城市老龄产业的发展。鼓励发展提供养老服务的中小企业，重点扶持能够充分发挥城市特色产业资源优势的企业，建立符合城市发展方向的产业集群。建立健全老龄产业市场规范机制和行业标准，治理和维护市场秩序，对老年产品和养老服务制定严格的价格质量管理机制，为老年人提供多元化和精准化的养老产品和养老服务，促进城市老龄产业和养老服务产业的可持续发展。

6. 强化老年生活信息和咨询服务

老年人的养老服务需求和养老服务市场供给信息如何有效对接，是精准化养老服务的必然要求。因此，信息平台建设及其给予的精准咨询服务是多样化养老产业生态圈中的重要环节。

目前，中国对养老服务市场机会的关注主要还是集中在建立养老服务机构，大多数人的眼光都在关注近期的机会。对比国外的养老服务市场可以看到，除了直接建立养老服务机构，围绕着如何服务好大量的养老服务机构，产生了许多成功的创业公司。A Place For Mom（APFM）是一家美国老年生活信息和咨询服务公司，创建于 2000 年，是由个人发起并创办的营利性的高级护理转诊服务机构。APFM 主要为老年人提供全面的生活服务信息和咨询服务，同时充当着数以千计的养老服务机构的营销工具。它提供的信息涉及所有需要服务的老年人和 18000 多家老年人护理机构，包括赡养院、疗老院、老年痴呆症保健护理、安老院、退休社区、家庭护理等，业务遍及美国和加拿大。目前，该公司有 400 多名专业养老咨询顾问，每年服务 20 多万老年家庭，累计已经服务 100 多万老年家庭。

APFM 是养老服务机构和老年人之间沟通的桥梁，帮助老年人根据自己的需求找到最适合的养老场所。APFM 的服务对象有两类：服务的提供者——多种类型的养老服务机构；服务的寻找者——老年人。一方面，它集中了数千家养老服务机构，老年人在 APFM 平台能够根据自己的需求寻找到所需要的养老服务机构，节省了大量的时间和精力，并且可以得到免费的咨询顾问的服务。另一方面，各种养老服务机构通过支付佣金和接受审核的方式进入 APFM 在线信息平台，并得到 APFM 的适当推荐，为线下养老服务机构输送目标用户。

APFM 在整个过程中起到了中间人的作用。这种向养老服务机构导流，收取中介费用的盈利模式已经在中国一些在线养老服务信息平台实践过，也证明了是可以落地的。因此，为了满足老年人多层次、精准化的养老服务需求，应当鼓励和支持这类新兴的现代服务企业进入老年服务市场，达到进一步完善城市养老服务网络和优化配置养老服务资源的目的。

8.6　多层次精准化城市养老服务体系的运行机制

在完善多层次精准化城市养老服务体系运营机制的过程中，要充分发挥政府的引导作用，充分调动社会各主体的积极性、主动性和创造性，形成以老年人为中心，由家庭、社区、养老机构、志愿者组织等其他社会组织和个人组成的共同承担责任的多层次的城市养老服务体系。在该体系中，老年人是城市养老服务的对象，养老服务的供给主体主要有家庭成员、社区、企业、志愿者组织等其他社会组织和个人，也包括养老服务机构。老年人可以根据自己的养老服务需求向任何一个供给主体选择养老服务。在这样的体系中，社区养老服务的建设关系到整个养老服务体系的建设水平。社区养老服务可以把家庭、社区、养老服务机构、养老服务企业很好地融合在一起，使城市养老服务体系得以高效率、高质量地运行。

8.6.1　家庭成员应承担养老服务责任

家庭养老是许多老年群体选择养老的最主要方式，虽然现在家庭结构已经发生了很大变化，但是家庭养老仍然是现代老年人选择养老的方式之一。老年人之所以选择家庭养老，一方面是因为这种养老方式可以和自己的子女生活在一起，可以含饴弄孙，有利于子女和老人保持良好的亲情关系；另一方面是由于传统的养老观念使得老年人不愿意搬出家庭离开子女去养老机构养老。为此，可以使家庭成员的养老服务转化为社会化的养老服务，可以通过对有老年人的家庭实施税收优惠和给予发放补贴等办法来购买或鼓励家庭成员提供养老服务，实现家庭养老服务的社会化。这样做既可以减轻子女赡养老人的经济负担，又可以使得家庭成员成为社会化养老服务体系的一个组成部分。

8.6.2 优化城市社区养老服务中心建设

1. 建设以互联网技术为智能平台的信息服务社区养老服务中心

目前，在中国现有的国情条件下要建设庞大的多功能社区养老服务中心还需要一段时间，因此，建议可以先将社区养老服务中心的主要职能定位为信息服务，以整合社会养老服务资源为主。社区养老服务中心提供的养老服务主要有记录和更新老年人的健康信息和需求信息；为老年人提供一些基本的养老咨询服务；通过养老服务信息智能平台建立起老年人与养老服务机构之间的联系，当老年人需要某种养老服务时，智能平台可以向其推荐提供商以供选择或是协助其选择；还可以对养老服务进行监督与评价，老年人在享受养老服务之后可以对其服务效率和服务质量进行评价等。

2. 加强建设规划和资源整合，完善社区养老服务设施和活动设施

要提高社区的养老服务质量，必须在社区服务设施建设上下功夫。虽然可以通过整合现有的服务资源来提供部分社区养老服务，但是有些社区的养老服务设施和养老活动设施是不可替代的，例如，社区的老年人日常照料服务设施、老年人的文化活动设施、老年人的体育活动设施、老年人的教育活动设施等。因此，政府或企业在社区建设过程中应科学规划、合理布局、标准化建设，留出足够的场地及资金以便开展养老服务和供老年人活动；在一些老社区，也应该尽量通过资产置换、整合、转变用途等方式将闲置的小区空地、厂房等改造成养老服务设施或活动设施。政府的职能在于通过规划和资源整合保证社区具备上述设施，设施的经营管理可以通过小区物业或第三方部门进行管理。

3. 实施社区养老服务提供商准入制度，保证养老服务的质量

在精准化城市养老服务体系建立之后，老年人可以自行购买养老服务，也可以通过养老服务智能信息平台和养老服务中心来寻求养老服务。对于通过养老服务智能信息平台和养老服务中心提供服务的企业，要建立市场准入制度，规范其提供的养老服务标准。符合准入制度的企业或社会组织可以通过养老服务智能信息平台或养老服务中心向老年消费群体展示，以供老年人选择。通过定时或不定时地对服务商的服务质量进行评价，以此来保证良好的服务运行机制。对于那些服务满意度低、服务质量差的服务商将从列表中剔除。对于符合养老服务准入制度的企业，可以考虑给予一定程度的财政补贴和税收减免，从而增加企业或组织从事养老服务的主动性、积极性和创造性。

8.6.3　逐步形成多层次的养老服务机构

公办养老服务机构之前接受的群体只是城市三无老人，并没有把生活自理能力较差的低收入老年人和高龄老年人以及失能失智老年人纳入进去。虽然有些城市有公办养老服务机构，但往往存在着服务质量差、床位空置率高的问题。为此，应调整公办养老服务机构的功能和服务范围，把城市中不能生活自理的低收入老年人和高龄老年人以及失能失智老年人纳入进去，建立公办养老服务机构的服务标准和运行机制，提高公办养老服务机构的运行效率和服务质量。要建立多层次的养老服务格局，在布局大型公办福利养老机构的同时，首先在社区周围布局一些功能性的养老服务机构，做到分散化、小型化，实现老年人就近养老；其次，经营性养老服务机构的布局应遵循市场化原则，实现养老服务资源的最优化配置，通过政府补贴和税收等措施引导部分养老服务机构向高龄老人和自理能力差的老年人倾斜，成为准福利机构。另外，还可以根据当地经济发展水平建立高端养老服务机构，走优质高价的发展之路，满足部分老年人的高端需求。

8.7　城市养老服务体系与经济社会的协同发展

城市养老服务体系的构建是一项庞大的社会工程。从现实情况看，仅仅依靠政府提供养老服务机构和养老服务产品已无法满足社会的需求，因此，应当在创新思维的基础上建立公平、公正、规范的养老服务业准入机制，集聚民间资本，使社会力量成为养老服务的重要力量。政府应重点解决民营养老服务机构在规划、土地、金融等方面的问题，探索运用公建民营、民办公助、政府补贴、购买服务等多元化的资金投入和经营方式兴办养老服务业。

城市养老服务体系的建设应当与社会经济的发展相适应，既不能超前于当时的经济社会发展水平，也不能滞后于经济社会的发展水平。二者应相辅而行，相互促进，共同发展。一方面城市养老服务可以分享社会经济发展带来的成果，另一方面城市养老服务也能够促进社会经济的发展。为此，应当在以下几个方面积极作为。

8.7.1 积极推动制度创新

制度是经济社会发展的核心因素，有效的制度安排能够促进经济发展与社会的和谐进步。要推动城市养老服务的制度创新，就要完善相关的法律法规。一方面要建立健全城市养老服务的法律法规体系，例如尽快出台《社会养老服务实施办法》等一系列法律法规，为城市养老服务提供法律保障；另一方面要根据城市的实际需求，改善养老服务机构的市场运营环境，引导养老服务产业健康发展。通过引入市场竞争机制，可以让企业在巨大的生存压力之下改进生产方式、提高服务质量，实现城市养老社会服务机构的供给主体多样化、供给方式多样化和养老服务的多元化。

8.7.2 推进城市养老服务的多样化进程

充分发挥各级政府的引领作用，在市场经济中发展城市养老服务，政府可以采取税收减免、资助补贴、实行土地划拨等形式，实现供给主体的多样化、供给方式多样化和养老服务的多元化。鼓励社会组织、民间资本参与城市养老服务体系的建设，这样既解决了民办养老服务机构的生存问题，也为老年消费群体提供了多元化的养老服务。

应当结合经济社会发展的实际，制订城市养老服务业发展规划。将养老服务业发展纳入国民经济和社会发展规划，充分发挥规划的引导和推动作用。要结合各个城市的经济社会发展情况，确定近期、中期和长期老龄产业、养老服务和养老服务体系建设和发展的优先领域，以确保养老服务的健康和可持续发展。政府应加强统筹协调，形成城市养老服务发展的合力，进一步优化养老服务的环境和氛围。

8.7.3 大力发展居家养老服务

传统的养老观念已经深深地存在于老年人的脑海里，他们仍然认为家庭是最好的养老场所。但是，城市中家庭的养老功能在逐渐弱化已经是不可逆转的事实。因此，需要在城市中建立完善的居家养老服务系统，其范围可以覆盖城市所有65岁以上的老年人，其重点服务对象是失能半失能老年人及高龄、病残等生活不能自理的老年人。通过建立一支高素质、高质量、专业化的城市养老服务队伍，以养老服务信息为智能平台，形成家庭、社区相互联系的养老服务网点。其服务方式主要以上门服务为主，服务内容主要为日常的家庭照料（洗衣、做饭、收拾卫生、聊天解闷等）。要建立以城市老年社会福利机构（包括公办养老院）为依托的运营机制，养老服务人员应依托于城市的养老院，其薪资由养老院支出，服务对象所支付的费用也交给城市养老福利机构。鼓励老年人多参加社会活动，例如专门针对老年人举办的社区老年文化活动，丰富他们的老年生活，满足他们对精神世界的追求。

8.7.4　培养专职的城市社会工作者

社会中的很多人对老年社会工作和社会工作者的概念和工作内容不了解，甚至有的都没听说过，据调查，90%的城市老年人不知道老年社会工作的概念。他们仅仅是习惯了社区养老服务机构提供的各种服务，而对于养老服务人员具体能够提供哪些服务并不是很了解。只有让老年人了解了老年社会工作的作用和具体的工作方法尤其是提供什么服务之后，老年消费者才会提高在社区养老和机构养老的热情。因此，需要增强对老年社会工作的舆论宣传力度，服务人员也应当在服务的过程中渗透社会服务的理念。在此基础上，政府应在全社会培养专职的城市社会工作者，使他们参与到居家养老服务中。

8.7.5　逐步增加财政支持力度

充分利用现有的城市养老基金和养老财政支出，进一步加强城市养老院的建设，扶持民办养老院的发展，以政府补助的形式降低老年人自身承担的入住费用。每个民办养老服务机构可以根据所提供的服务得到政府相应的补贴，其资金的来源一方面是城市养老基金和政府给予的补贴；另一方面是老年人自己支付的费用。城市养老服务体系的完善关乎老年人的切身利益，不仅是城市社会稳定的基石，更是实现城市经济可持续发展，社会建设更加和谐的战略问题。

参考文献

[1] 边恕，黎蔺娴，孙雅娜．社会养老服务供需失衡问题分析与政策改进［J］．社会保障研究，2016（3）：23－31.

[2] 蔡小慎，牟春雪．治理现代化背景下我国城市基层治理的比较与选择［J］．学习与实践，2016（2）：65－72.

[3] 曹煜玲．进一步发挥政府对促进慈善组织发展的作用［N］．光明日报（理论版），2015－5－30.

[4] 曹煜玲．我国老年人的照护需求与服务人员供给分析——基于对大连和南通的实证研究［J］．人口学刊，2014（3）：41－51.

[5] 陈成文，孙秀兰．社区老年服务：英国、美国、日本三国的实践模式及其启示［J］．社会主义研究，2010（1）：116－120.

[6] 陈进华．中国城市风险化：空间与治理［J］．中国社会科学，2017（8）：43－60.

[7] 陈俊峰，王硕．城市“医养结合”型养老存在的问题及其解决途径：以合肥市为例［J］．城市问题研究，2016（6）：92－97.

[8] 陈莉，卢芹，乔菁菁．智慧社区养老服务体系构建研究［J］．人口学刊，2016（3）：67－73.

[9] 单奕．老龄化背景下我国居民消费结构变化前瞻［J］．商业经济研究，2015（23）：46－48.

[10] 邓大松，王凯．国外居家养老模式比较及对中国的启示［J］．河北师范大学学报（哲学社会科学版），2015（2）：134－139.

[11] 邓睿，冉光和．两代农民工的社区公平感有何不同？——农民工融入城市社区背景下的经验研究［J］．公共管理学报，2017（1）：89－103.

[12] 邓云龙，阳中华，陈向一．社会支持和家庭功能与老年人主观幸福感的相关性［J］．中国老年学杂志，2012，32（16）：3501－3503.

［13］邓子纲，雷俊．失能老人长期照护体系建设及产业化的三个维度［J］．社会保障研究，2014（4）：44－49.

［14］董红亚．中国社会养老服务体系建设研究［M］．北京：中国社会科学出版社，2011.

［15］杜鹏，王雪辉．“医养结合”与健康养老服务体系建设［J］．兰州学刊，2016（11）：170－176.

［16］杜为公，王静．转型期的中国城市贫困问题及治理［J］．当代经济管理，2017，39（6）：23－30.

［17］冯延平．平顶山市“医养融合”养老服务体系建设现状与对策分析［J］．中国医药导报，2017（3）：184－187.

［18］耿爱生．养老模式的变革取向：“医养结合”及其实现［J］．贵州社会科学，2015（9）：101－107.

［19］辜胜阻，吴华君，曹冬梅．构建科学合理养老服务体系的战略思考与建议［J］．人口研究，2017（1）：3－14.

［20］顾昕．走向全民健康保险：论中国医疗保障制度的转型［J］．中国行政管理，2012（8）：64－69.

［21］郭延通，郝勇．失能与非失能老人社区养老服务需求比较研究——以上海市为例［J］．社会保障研究，2016（4）：25－33.

［22］国家人口和计划生育委员会．国家人口发展“十二五”规划辅导读本［M］．北京：人民出版社，2012.

［23］国务院办公厅印发《社会养老服务体系建设规划（2011～2015）》．［EB/OL］．http：//www. gov. cn/xxgk/pub/govpublic/mrlm/201112/t20111227_64699. html.

［24］黄海波．传统与新兴养老模式的互补与对接［J］．人民论坛，2017（6）：76－77.

［25］黄建伟，刘文可．失地农民可持续生计政策满意度研究——基于江西省的调研数据［J］．中国行政管理，2017（11）：89－94.

［26］贾伟，王思惠，刘力然．我国智慧养老的运行困境与解决对策［J］．中国信息界，2014（11）：56－60.

［27］敬乂嘉，陈若静．从协作角度看我国居家养老服务体系的发展与管理创新［J］．复旦学报（社会科学版），2009（5）：133－140.

［28］李淑云，张伟新，宋久存．城市居家老年人应对方式的特点及与主

观幸福感相关性［J］．中国老年学杂志，2015，35（21）：6247－6248.

［29］李巍．人口老龄化背景下网络消费何去何从？——基于中老年产品网络消费市场现状的分析［J］．兰州学刊，2017（3）：191－199.

［30］李志明．中国老年优待制度的发展定位与政策建议［J］．学术研究，2015（4）：85－90.

［31］林明鲜，刘永策，展光祚．城市“空巢”老人与孤独现象的实证研究——以烟台市城市社区为例［J］．现代预防医学，2009（1）：77－80.

［32］林姗姗．我国长期照护保险制度的构建与财务平衡分析［J］．福建师范大学学报（哲学社会科学版），2013，178（1）：34－40.

［33］刘超．城镇化中的空间排斥与老年人地位的边缘化［J］．学习与实践，2017（3）：99－107.

［34］刘宏，高松，王俊．养老模式对健康的影响［J］．经济研究，2011（4）80－93.

［35］刘焕明．失能失智老人长期照护的多元主体模式［J］．社会科学家，2017（1）：46－50.

［36］刘晶．城市居家老年人口生活质量及其综合评价理论模型研究［J］．青海社会科学，2008（6）：44－47.

［37］刘然．社区居家养老服务站虚置化现象研究——以武汉市为例［J］．理论观察，2015（5）：101－103.

［38］刘晓静，张继良．中国养老服务体系建设的理念、路径及对策［J］．河北学刊，2013（3）：123－127.

［39］吕学静，丁一．北京市老年人网络养老服务需求意愿及影响因素分析［J］．社会保障研究，2013（5）：122－123.

［40］马克·戈特迪纳著，任晖译．城市空间的社会生产［M］．南京：江苏凤凰教育出版社，2014.

［41］穆光宗．家庭养老面临的挑战以及社会对策问题［J］．中州学刊，1999（1）：64－67.

［42］裴晓梅，房莉杰．老年长期照护导论［M］．北京：社会科学文献出版社，2010.

［43］彭嘉琳．香港老年互利与特点［J］．中国民政，2005（11）：63－65.

［44］亓寿伟，周少甫．收入、健康与医疗保险对老年人幸福感的影响

[J]．公共管理学报，2010，7（1）：100－107，127－128.

[45] 秦伟江，戴欣桐，刘雅岚．香港居家养老服务保障模式及经验借鉴[J]．广西经济管理干部学院学报，2011（23）：29－36.

[46] 邵德兴．医养护一体化健康养老模式探析：以上海市佘山镇为例[J]．浙江社会科学，2014（6）：87－92.

[47] 师曾志，金锦萍．新媒介赋权：国家与社会的协同演进[M]．北京：社会科学文献出版社，2013.

[48] 史云桐．网络化居家养老：新时期养老模式创新探索[J]．南京社会科学，2012（12）：59－64.

[49] 睢党臣，彭庆超．"互联网＋居家养老"：智慧居家养老服务模式[J]．新疆师范大学学报（哲学社会科学版），2016（5）：128－135.

[50] 孙茹，吕新萍．政府职能转变对养老服务社会法发展的影响研究[M]．北京：首都经济贸易大学出版社，2012.

[51] 孙泽宇．关于我国城市社区居家养老服务问题与对策的思考[J]．中国劳动关系学院学报，2007（1）：98－101.

[52] 唐灿．中国城乡社会家庭结构与功能的变迁[J]．浙江学刊，2005（2）：201－208.

[53] 唐钧．中国老年服务的现状、问题和发展前景[J]．国家行政学院学报，2015（3）：75－81.

[54] 唐美玲，张建坤，雒香云，邵秋虎．智慧社区居家养老服务模式构建研究[J]．西北人口，2017，38（6）：58－71.

[55] 唐咏．去碎片化：中国老年长期照护政策的整体化路径[J]．深圳大学学报（人文社会科学版），2012，29（5）：55－58.

[56] 王海娟．论交换型养老的特征、逻辑及其影响——基于华北平原地区的调查[J]．南方人口，2013（5）：53－60.

[57] 王诗宗．地方治理在中国的适用性及其限度——以宁波市海曙区政府购买居家养老政策为例[J]．公共管理学报，2007（4）：45－52.

[58] 王素英等．医养结合的模式与路径——关于推进医疗卫生与养老服务相结合的调研报告[J]．社会福利，2013（12）：11－13.

[59] 王雯．推行"医养结合"养老服务模式的必要性、难点和对策[J]．中国老年学杂志，2016（5）：2539－2540.

[60] 王晓平，张申峰，李国栋，王森浩．基于预测模型的我国人口结构

问题研究［J］. 数学的实践与认识［J］. 2017, 42（12）196－203.

［61］王艳梅. 浅谈老年护理人员的素质要求及培养对策［J］. 中国康复理论与实践, 2003（9）: 511－512.

［62］王玉芬. 探索医养结合模式的政策思考［J］. 开放导报, 2016（3）: 78－79.

［63］王媛媛. 我国城市社区居家养老服务体系的构建［J］. 学理论, 2012（19）: 100－101.

［64］温海红, 王怡欢. 社区养老服务政策实施效果评价体系构建及其应用——以西安市为例［J］. 社会保障研究, 2017（1）: 14－22.

［65］吴惠娟, 沈鉴清, 王翔. 社区老人幸福度与所获社会支持的相关性分析［J］. 中国农村卫生事业管理, 2011, 31（10）: 1039－1040.

［66］吴玉韶、郭平. 2010 年中国城乡老年人口状况追踪调查数据分析［J］. 北京: 中国社会出版社, 2014.

［67］武荣. 建设完善内蒙古养老服务体系, 积极应对人口老龄化［J］. 北方经济, 2017（1）: 69－72.

［68］席恒, 任行, 翟绍果. 智慧养老: 以信息化技术创新养老服务［J］. 老龄科学研究, 2014（7）: 12－20.

［69］席恒. 分层分类: 提高养老服务目标瞄准率［J］. 学海, 2015（1）: 80－87.

［70］向永泉. 试论居家养老服务的供给主体与供给机制创新——以厦门市为例［J］. 厦门特区党校学报, 2014（1）: 51－57.

［71］萧子扬. 积极探索城市社区综合养老服务体系建设［N］. 中国人口报, 2017－2－6.

［72］徐怀伏, 张玉婷. 城镇老人入住民营医院设立的医养结合机构医院研究［J］. 卫生经济研究, 2016（4）: 51－55.

［73］薛澜, 赵静. 转型期公共政策过程的适应性改革及局限［J］, 中国社会科学, 2017（9）: 45－67.

［74］严妮. 城镇化进程中空巢老人养老模式的选择: 城市社区医养结合［J］. 华中农业大学学报（社会科学版）, 2015（4）: 26－27.

［75］杨文忠. 社会转型时期我国城市家庭养老模式初探［J］. 武汉大学学报（哲学社会科学版）, 1998（5）: 82－85.

［76］于潇, 孙悦. “互联网＋养老”: 新时期养老服务创新发展研究

[J]．人口学刊，2017，39（1）：58－66.

[77] 约翰·W. 金登著．丁煌、方兴译．议程、备选方案与公共政策[M]. 北京：中国人民大学出版社，2004.

[78] 詹国彬．公共服务与城镇化质量的关联测度［J］．政治学研究，2016（4）：113－124.

[79] 张宏如，李群，彭伟．供给侧改革视阈中的新生代农民工就业转型研究［J］，管理世界，2017（6）：170－171.

[80] 张立龙．居住安排对老人孤独感的影响［J］．老龄科学研究，2015，3（2）：57－64.

[81] 张丽霞．机构养老遇坎儿，如何助其“成长”［J］．人民论坛，2017（9）：74－75.

[82] 张昕．走向公共管理新范式：转型中国的策略选择［J］．政治学研究，2016（6）：115－124.

[83] 张秀敏，李为群，刘莹圆．社区老年人主观幸福感现状及影响因素分析［J］．人口学刊，2017，39（3）：88－96.

[84] 张云，陈旭清．近十年来我国医养结合养老服务研究述评［J］．理论月刊，2017（5）：138－143.

[85] 赵静，薛澜．回应式议程设置模式——基于中国公共政策转型一类案例的分析［J］．政治学研究，2017（3）：42－51.

[86] 赵青航．民办非企业单位的困境与发展——从民办养老机构的发展现状谈起［J］．社团管理研究，2012（11）：34－37.

[87] 赵晓芳．健康老龄化背景下“医养结合”养老服务模式研究［J］．兰州学刊，2014（9）：129－136.

[88] 甄小燕，刘立峰．我国养老政策体系的问题与重构［J］．宏观经济研究，2016（5）：23－27.

[89] 郑功成．对延迟退休年龄的基本认识［J］．人大复印资料社会保障制度卷，2012（11）：83－85.

[90] 郑功成．中国社会保障改革与发展战略［M］．北京：人民出版社，2011.

[91] 中国老龄科学研究中心课题组．全国城乡失能老年人状况研究[J]．残疾人研究，2011（2）：11－16.

[92] 中国人口与发展研究中心课题组．中国人口老龄化战略研究［J］.

经济研究参考，2011（34M－3）：2－23.

［93］中华人民共和国国家统计局：2010年第六次全国人口普查主要数据公报［EB/OL］. http：//www. stats. gov. cn/tjsj/tjgb/rkpcgb/qgrkpcgb/201104/t20110428_ 30327. html.

［94］周彩姣，陈成文，孙秀兰. 论发展社区老年服务与实现社会和谐［J］. 湖南社会科学，2011（3）：97－99.

［95］朱海龙. 智慧养老：中国老年照护模式的革新与思考［J］. 湖南师范大学社会科学学报，2016（3）：68－73.

［96］朱月兰，林枫，闫国华，王勇. 基于可穿戴计算的智慧养老移动服务平台的设计与挑战［J］. 软件工程师，2015（2）：48－49.

［97］Clarke，P.，George，Linda K. *The Role of the Built Environment in the Disablement Process*［J］. American Journal of Public Health，2005（95）：1933－1939.

［98］Huber，M. & Hennessy，P. *Long-term Care for Older People.* OECD Publishing，2005.

［99］Kyriakos S.，Ostir，Glenn V. *Examining the Disablement Process among Older Mexican American Adults*［J］. Social Science & Medicine，2003（57）：413－425.

［100］LIShuo，XIE Zhaohui，SHAO Jun，et al. *Subjective Well-being of the Elderly in Xi Cheng District*，*Beijing*［J］. Shang-hai Archives of Psychiatry，2012，24（6）：335－345.

［101］Low L. F.，Yap M.，Brodaty H. *A Systematic Review of Different Models of Home and Community Care Services for Older Persons*［J］. Bmc Health Services Research，2011，11（1）：1－15.

［102］M Pinquart，S Sörensen. *Influences of Socioeconomic Status*，*Social Network*，*and Competence on Subjective Well-being in Later Life*：*A Meta-analysis*［J］. Psychology & Aging，2000，15（15）：187－224.

［103］Sarah B. Pralle. *Timing and Sequence in Agenda-setting and Policy Chang*：*A Comparative Study of Lawn Care Pesticide Politics in Canada and the US*［J］. Journal of European Public Policy，2006，13（7）：987－1005.

［104］Schmitt，C. & H. Obinger. *Spatial Interdependencies and Welfare State Generosity in Western Democracies* 1960－2000［J］. Journal of European Social Policy, 2013, 23 (2): 105 - 114.

[105] Zeng Yi, Vaupel, James W. *Functional Capacity and Self-valuation of Health and Life of Oldest in China* [J]. Journal of Social Issues, 2002 (58): 733 -748.

[106] Zimmer, Zachary & Kwong, Julia. *Socioeconomic Status and Health among Older Adults in Rural and Urban China* [J]. Journal of Aging and Health, 2004 (16): 44 - 70.

[107] Zsembik, B. A., Peek, M. K., Peek, C. W. *Race and Ethnic Variation in the Disablement Process* [J]. Journal of Aging and Health, 2000 (12): 229 - 249.

后记

人口老龄化是世界各国都不可避免的全球性社会问题，它影响到一个国家的政治、经济、社会等各个方面。中国作为人口大国，人口老龄化问题日趋严重，需要政府、社会和企业共同协作应对随之而来的一系列社会问题。纵观国内外的相关研究可以看出，学者们从不同的视角对养老服务体系、养老服务方式、养老服务方式存在的问题等进行了研究，并基于研究结论提出了相应的对策和建议。然而，由于中国不同地区和不同人群的养老服务需求存在较大差距，而且随着经济社会的发展和思想观念的变化，老年人的养老服务需求呈现出了多层次、多类型。因此，需要有针对性地构建多层次精准化的养老服务体系。

本书试图对中国如何构建多层次精准化的城市养老服务体系进行深入而系统的研究，深化对中国城市养老服务体系发展现状及存在问题的认识；比较准确地划分和设计中国城市养老服务体系的类型和层次以及发展阶段、发展目标和发展路径；为准确把握城市养老服务发展的内在机制和城市居民养老服务的分层分类提供科学依据。在中国经济社会快速发展，不断加强社会福利和社会保障制度建设的背景下，对于城市养老服务体系进行深入系统的研究，不仅能够为中国城市养老服务体系的建设和完善提供科学依据，而且具有重大的现实意义和长远的战略意义。

多层次精准化城市养老服务体系研究是一个复杂的系统工程，涉及包括公共管理学、社会学、经济学等在内的多学科的知识。因此，在书稿的撰写过程中阅读了诸多国内外学者的研究成果，对完成本书具有很大的启迪作用。在此，我要向这些学者表示深深的谢意。在书稿撰写过程中，我指导的硕士研究生张二伟、李晨畅、闫贝明、郑立华、于佩等做了大量的基础性工作，为书稿的顺利完成作出了重要贡献，在此我也要对这些活泼可爱、勤学善学的学生们说一声谢谢！

感谢东北财经大学公共管理学院的领导和同事们，正是由于他们的鼓励、支持和帮助，才使得书稿顺利完成。本书能够呈现在读者面前也得益于辽宁省一流建设学科——公共管理学科的强力支持。真诚地感谢经济科学出版社对本书出版给予的帮助。

学然后知不足。学研之路尚漫漫，吾将上下而求索。

曹煜玲

2018 年 5 月